ralph grossmann
klaus scala

intelligentes krankenhaus

**innovative beispiele der organisationsentwicklung
in krankenhäusern und pflegeheimen**

**mit beiträgen von katharina heimerl,
andreas heller, georg zepke**

Springer-Verlag Wien GmbH

Univ.-Prof. Dr. Ralph Grossmann
Univ.-Prof. Dr. Klaus Scala
Institut für Interdisziplinäre Forschung und Fortbildung
der Universitäten Klagenfurt, Wien, Innsbruck und Graz

Gedruckt mit Unterstützung des Bundesministeriums
für Bildung, Wissenschaft und Kultur in Wien

Satz: Reproduktionsfertige Vorlage

Lektorat und graphische Gestaltung: Erhard Waldner

Gedruckt auf säurefreiem, chlorfrei gebleichtem Papier – TCF
SPIN: 10842975

Mit 6 Abbildungen

ISBN 978-3-211-83702-3   ISBN 978-3-7091-6165-4 (eBook)
DOI 10.1007/978-3-7091-6165-4

Inhaltsverzeichnis

Vorwort

Was haben Intelligenz, Krankenhaus und Organisationsentwicklung miteinander zu tun?

Die Intelligenz von Organisationen wird immer mehr zu einem Kernthema gesellschaftlicher Entwicklung. Krankenhäuser sind dafür ein treffendes Beispiel: Sie stehen unter großem Druck, werden zur Veränderung gezwungen. Die ökonomischen und rechtlichen Rahmenbedingungen verschärfen die Konkurrenzsituation untereinander. Die legislativen Veränderungen erfordern immer wieder Reformen der Reform und führen zu Verunsicherungen. Die ökonomischen Sicherheiten gehören endgültig der Vergangenheit an. Was jahrzehntelang unvorstellbar war, ist heute Realität: auch Krankenhäuser müssen schließen. Patienten erwarten beste medizinisch-pflegerische Qualität; persönliche Betreuung, High-tech und High-touch rund um die Uhr. Die Mitarbeiterinnen müssen immer neue Anforderungen bewältigen. Die Belastungen nehmen für alle zu. Mit knapper werdenden Mitteln muss mehr erreicht werden. Die Qualität der Arbeitsprozesse und ihrer Ergebnisse muss bei geringeren Ressourcen besser werden.

Mit den Mitteln der Gesetzgebung oder der Ressourcensteuerung kann die Politik die Rahmenbedingungen für die Entwicklung der Organisationen durchaus wirkungsvoll beeinflussen, aber die tatsächliche Entwicklung der Organisationen und die Qualität ihrer Dienstleistungen sind als eine interne Leistung zu verstehen. Das führt zu ganz anderen Interventionsstrategien. Die Selbstorganisation des Systems tritt in den Vordergrund und dementsprechend sind Konzepte der Organisationsentwicklung gefragt, die einen Beitrag zum Management und zur Beratung von Veränderungsprozessen in komplexen Organisationen leisten können.

Eine andere Innovationsstrategie ist deutlich an ihre Grenzen gestoßen: die Veränderung über Qualifizierung und Bewusstseinsbildung. Die Erfahrung aus der Organisationsberatung bestätigt, dass Lernprozesse von Personen – auch wenn es sich um viele Mitglieder desselben Systems handelt – nicht notwendigerweise eine Veränderung des Systems bewirken. Personen und soziale Systeme entwickeln sich nach unterschiedlichen Logiken. Qualifizierung von Individuen ist eine notwendige, aber keine hinreichende Bedingung von Veränderung.

Im Krankenhaus steht die Arbeit an Menschen im Vordergrund. Menschen haben diese Dienstleistung zu erbringen. Der Dienst am Menschen erfordert aber unterstützende Strukturen in der Organisation. Das Krankenhaus ist eine hoch komplexe, funktional differenzierte Organisation. Dienstleistungen ohne geeignete Rahmenbedingungen können qualitativ auf Dauer nicht erbracht werden.

Ein intelligentes Krankenhaus erfordert intelligente Entscheidungen. Wichtige Expertise und teure Erfahrungen müssen besser genutzt werden. In allen Bereichen wird die Zeit immer knapper und kostbarer, die zu bewältigenden Aufgaben werden immer komplexer. Deshalb werden Innehalten und Nachdenken wichtiger, weil sorgfältig entschieden werden muss. Der Alltagsdruck prägt zwar das Handeln. Aber umso mehr ist es notwendig nachzudenken, intelligente Lösungen zu finden. Es braucht gute Ideen und vor allem deren Realisierung.

Dieses Buch ist in erster Linie ein Beitrag zur aktuellen Entwicklung in der Krankenversorgung. Verantwortliche Entscheidungsträger, Führungskräfte und Fachleute aus diesem Bereich sollen die Gestaltungsmöglichkeiten und das Veränderungspotenzial von Organisationsentwicklung kennen lernen und einen Zugang zur professionellen Nutzung dieses Instruments finden.

Darüber hinaus konturiert das Buch exemplarisch das Profil einer „intelligenten Organisation". Die Ansprüche an die Intelligenz von Organisationen steigen gegenwärtig rapide an, ohne dass jedoch schon ausgemacht ist, wie organisationale Intelligenz herzustellen ist. Ein gesellschaftlich zukunftsweisender Umgang mit öffentlichen Gütern wie Gesundheit, Bildung, Sicherheit, soziale Integration u.a. stellt hohe Anforderungen an die dafür eingerichteten Organisationen und ihre Steuerung. In diesem Sinn sind die Beiträge in diesem Krankenhausbuch beispielhaft für intelligente Organisationen in anderen Sektoren. Die Diskussion über intelligente Organisationen soll mit diesem Buch vorangetrieben und inhaltliche Standards sollen gesetzt werden.

Letztendlich soll mit diesem Buch der fachliche Diskurs in der Organisationsentwicklung bereichert werden. Hier geht es vor allem um eine konsequente und vertiefte Auseinandersetzung mit der Organisation Krankenhaus sowie mit der Entwicklung von dafür angemessenen Veränderungskonzepten und Interventionsinstrumenten.

Zu Beginn wird der – bislang zu wenig beachtete – Stellenwert der Organisationsentwicklung für die komplexen Steuerungsanforderungen des Krankenversorgungssystems aufgezeigt (Kapitel I). Die professionelle Bearbeitung von Veränderungsprojekten wird anhand der ausgewählten Praxisbeispiele dargestellt. Sie vermitteln einen guten Überblick über unterschiedliche Zugänge und Problemstellungen von Veränderung. So werden alle unterschiedlichen Leitungsebenen – Politik, Trägerorganisation, Krankenhaus, Abteilung – und die Steuerungsthematik zwischen ihnen beleuchtet; Beispiele aus öffentlichen und konfessionellen Einrichtungen, aus Akutspitälern und Altersheimen werden aufgezeigt sowie die aktuellen Themen wie Kundenorientierung, Qualität, Leitbildentwicklung, Führung, Evaluation und Personalmanagement beispielhaft thematisiert; an ihnen wird der Beitrag der Organisationsentwicklung aufgezeigt.

In dem groß angelegten Outcome-Projekt der Gesundheitsdirektion des Kantons Zürich und seiner Spitäler (Kapitel II) geht es um die Konzeption und

Umsetzung eines an der Qualität der Leistungen orientierten Steuerungsmodells. Der Erfolg einer Organisation zeigt sich letztlich am Ergebnis (Outcome), das ihre Dienstleistungen beim Kunden hervorrufen. Die Definition und Messung der Outcomes einer Organisation sind Angelpunkte einer wirksamen Steuerung über Qualität. Die erfolgreiche Verankerung von Outcome-Indikatoren erfordert einen Entwicklungsprozess in und zwischen Organisationen, der, wie das Beispiel belegt, zu neuen Kooperationsformen zwischen Organisationen führt. Um die Gestaltung der Beziehung zwischen Politik, Verwaltung und den dezentralen Organisationen bei einem Reformprozess geht es auch bei der Implementierung von Qualitätssystemen in den Kranken- und Altersheimen der Stadt Zürich (Kapitel III). Dieses Beispiel belegt sehr schön, wie der Entwicklungsprozess von Organisationen mit der Qualifizierung der Personen verknüpft wird. Wie sehr die Einführung neuer Instrumente des Personalmanagements die Expertise von Organisationsentwicklung braucht, wird anhand der Einführung des Mitarbeitergesprächs im Wiener Kaiser-Franz-Josef-Spital dokumentiert (Kapitel IV). Mit der Problematik der Betreuung sterbender Menschen setzt sich das Diakonieprojekt in Düsseldorf auseinander. Es macht deutlich, welchen großen Anteil die Organisationsgestaltung für die Qualität der Betreuung hat. So wird die Unterstützung bei der Auseinandersetzung mit dem eigenen Tod als Kernaufgabe der Betreuenden definiert und dafür der nötige organisatorische Rahmen geschaffen (Kapitel V). Die Behandlung todkranker Menschen ist auch zentrales Thema in der onkologischen Abteilung des Landeskrankenhauses Graz. Hier gilt es die Polarität von High-tech und High-touch zu managen. Das Beispiel zeigt, wie diese und andere Widersprüche durch kluge organisatorische Lösungen bearbeitbar gemacht werden können und welche Rolle dabei der Führung auf der Abteilungsebene zukommt (Kapitel VI). Organisationsentwicklung als Veränderungskonzept wird in dem Maß nutzbar, in dem es die Wirkung sichtbar zu machen gelingt. Dazu braucht es Evaluation von Organisationsentwicklungsprojekten und eine für diesen Gegenstand geeignete Methode (Kapitel VII). Die wesentlichen Faktoren, die die Intelligenz eines Krankenhauses ausmachen, werden am Schluss zusammengefasst (Kapitel VIII).

Das Buch wendet sich an:

- Geschäftsführer, Verwaltungsdirektorinnen, leitende ärztliche und pflegerische Mitarbeiter, Vertreterinnen von Krankenhausträgern sowie Leitungskräfte auf allen Ebenen in Krankenhäusern, Sozial- und Gesundheitseinrichtungen. Der Nutzen besteht im Gewinn neuer Perspektiven für das eigene Arbeitsfeld: theoretisch fundiert und an Praxisbeispielen veranschaulicht werden konkrete und solide Hilfestellungen für die eigene Praxis bereitgestellt.

- Als zweite Gruppe sind Professionelle im Fach Organisationsentwicklung – Supervisoren, Trainerinnen und Organisationsberater – angesprochen. Sie profitieren einerseits durch eine fundierte Analyse des Krankenhauses als

Organisation und seiner Enwicklungsperspektiven wie auch durch die breite
Palette von Veränderungsprojekten, deren Management explizit und detailliert ausgeführt ist.

• Darüber hinaus werden die wissenschaftlichen Disziplinen Organisationstheorie und Organisationsentwicklung bereichert, wobei besonders die feld-
spezifischen Aspekte des Krankenversorgungsbereichs bearbeitet sind.

Erfahrungen mit Organisationsentwicklung und Projektmanagement in unterschiedlichen Arbeitsfeldern bilden den professionellen Hintergrund der Auto-
ren. Sie haben über viele Jahre Führungskräfte trainiert und Projekte beraterisch
begleitet. Sie sind am IFF – dem Institut für Interdisziplinäre Forschung und
Fortbildung – in Wien tätig und betreiben dort den Arbeitsbereich „Organisationsentwicklung". Seit mehreren Jahren wird ein universitäres Masterprogramm
„Organisationsentwicklung in Dienstleistungsunternehmen" für Führungskräfte
und Beraterinnen angeboten. Das wissenschaftliche Programm dieser univer-
sitären Einrichtung bezieht sich auf den wachsenden Bedarf an Organisationskompetenz von Leitungskräften und Experten in öffentlichen und privaten
Dienstleistungsunternehmen. Die Frage, wie Lernprozesse von Individuen und
Gruppen sinnvoll auf Organisationen bezogen sowie Prozesse des organisatorischen Wandels fachlich unterstützt werden können, steht im Zentrum unserer
Forschungs- und Entwicklungsarbeit.

Die wissenschaftlichen Grundlagen dieser Arbeit beziehen sich auf neue Entwicklungen der Organisationstheorie, die verschiedene sozialwissenschaftli-
che Traditionen wie Aktionsforschung, Gruppendynamik und Organisationsentwicklung integriert. Erkenntnisleitend sind vor allem neuere Entwicklungen in der soziologischen Systemtheorie und praktische Erfahrungen mit einem systemischen Ansatz in der Organisationsberatung. Die Etablierung von
Organisationsentwicklung als eigenständige Disziplin, wissenschaftlich fundiert und praxisrelevant ausgestaltet, ist den Autorinnen ein besonderes Anliegen.

Die theoretischen Ausführungen sind auf jene Themen beschränkt, die uns für
die praktische Anwendung notwendig und sinnvoll erscheinen. Die meist vor-
findbare Kluft zwischen Sozialwissenschaft und sozialer Praxis ist als grund-
legende Schwäche von beiden zu sehen. Erfolgreiche Organisationsentwicklung basiert notwendig auf solider Theorie; eine solche Theorie muss jedoch
nicht allein wissenschaftlichen Standards genügen, sondern auch für Praktiker
brauchbar sein. Ähnlich wie in den IFF-Trainingsprogrammen geht es nicht
darum, fertige Rezepte für Organisationsentwicklung zu liefern, sondern ein
solides Verständnis von Organisationsdynamik zu schaffen und vor allem die
Fähigkeit zu betonen, situativ angemessene Strategien zu entwickeln.

Wir möchten besonders unseren Klienten danken, deren Arbeit und Engagement für uns die Erfahrungsbasis geschaffen und unser Lernen vorangetrieben

haben. Wir danken auch unseren Kolleginnen und Kollegen aus unterschiedlichen Kontexten: namentlich Heinz Ebner und Christian Köck (Köck, Ebner & Partner) für die Zusammenarbeit bei den Züricher Projekten sowie Ernst Domayer (OSB – Gesellschaft für systemische Organisationsberatung) für die Zusammenarbeit bei der Implementierung von Mitarbeitergesprächen.

Männliche und weibliche Sprachformen werden abwechselnd verwendet, auch wenn jeweils beide Geschlechter gemeint sind (z.B. Ärzte, Ärztinnen).

KAPITEL I

Krankenhäuser als Organisationen steuern und entwickeln

RALPH GROSSMANN, KLAUS SCALA

Krankenhäuser und andere Organisationen medizinischer und pflegerischer Dienstleistungen sind einem einschneidenden Organisationswandel unterworfen. Im Kern geht es um einen „Musterwechsel" in der Steuerung dieser Organisationen. Gegenwärtig erleben wir eine intensive Auseinandersetzung um die angemessene Form der Steuerung dieser Dienstleistungseinrichtungen. Sie betrifft sowohl die interne Steuerung der Organisationen als auch die Ausgestaltung der organisationalen Beziehung zwischen ihnen und ihren Trägerorganisationen und Financiers. Dieser Umbauprozess ist Teil einer umfassenden Neuorganisation des öffentlichen Sektors, der zweifellos zu den zentralen Veränderungsprozessen auf europäischer Ebene zählt. Dieser Wandel der Steuerungskonzeption erscheint notwendig, um die Leistungsfähigkeit dieser komplexen Organisationen aufrechtzuerhalten bzw. zu steigern und einen effektiven, gesellschaftlich verantwortlichen Einsatz öffentlicher Ressourcen sicherzustellen. Klassische bürokratische Steuerungsformen, aber auch die Überantwortung der Steuerung an den Markt sind nicht in der Lage, die Leistungsfähigkeit mit hoher Qualität für diese Organisationen und ihre spezifische Art der Leistung zu garantieren.

Die hierarchisch-bürokratische Lenkung dieser Expertenorganisationen, sowohl im Inneren wie im Verhältnis zu den Trägereinrichtungen, verstärkt erfahrungsgemäß organisatorische Verantwortungslosigkeit. Die „Steuerung" über den Markt riskiert Versorgungslücken. Die in diesem Buch dargestellten Fallbeispiele der Organisationsentwicklung befassen sich zentral mit dieser Steuerungsthematik und zeigen interessante Versuche, ein neues, den spezifischen Leistungen der Gesundheitsorganisationen angemessenes Steuerungsverständnis sowie die dazu tauglichen Instrumente und Verfahrensweisen praktisch wirksam werden zu lassen.

Die mit der Implementierung neuer Steuerungskonzepte verbundene Organisationsveränderung ist einschneidend und wird in der Regel unterschätzt. Häufig bleibt die Umsetzung in alten Mustern politischer oder bürokratischer Einflussnahme verfangen und mit dieser Fortschreibung alter Muster in der Kreation des Neuen wird das intendierte Ziel letztlich verfehlt. Ein tatsächlich innovatives Steuerungskonzept – so unsere Kernthese – muss so umgesetzt werden, dass die Prinzipien dieses Konzepts auch für die Implementierung leitend sind. Das betrifft Änderungen der gesetzlichen Rahmenbedingungen ebenso wie die Einführung neuer Arbeitsabläufe in einer Abteilung. Das Bemühen um die Kongruenz von Veränderungskonzept und Prozessgestaltung bei der Realisierung zeichnet die vorgestellten Organisationsentwicklungsprojekte aus.

Organisationen in Richtung auf eine neue Steuerungskonzeption zu entwickeln ist ein sehr anspruchsvolles Vorhaben. Es geht nicht nur um die Optimierung einzelner Leistungsbereiche, sondern es werden auch wesentliche Bauprinzipien der Organisationen und Grundorientierungen ihrer Arbeitsweisen tangiert. Das braucht einen Veränderungsansatz, der mit den intendierten Reformen kompatibel ist. Das Buch wählt einige Fallbeispiele von Veränderungsprozessen in Krankenhäusern und Pflegeeinrichtungen aus, die einerseits unterschiedliche Instrumente und Organisationsformen der Steuerung und Führung von Gesundheitsorganisationen vorstellen, andererseits die Gestaltung von Veränderungsprozessen mit dem Konzept der systemischen Organisationsentwicklung und dem systemisch orientierten Transformationsmanagement beschreiben (vgl. Grossmann/Scala 2001; Janes/Prammer/Schulte-Derne 2001; Königswieser/Exner 2000; Wimmer 1999). Dieser Veränderungsansatz erscheint für die intendierten Reformbestrebungen adäquat, weil er in besonderer Weise darauf achtet, die Ziele bereits in der Methode der Umsetzung schrittweise zu realisieren. Den Fallbeispielen ist das Ziel gemeinsam, die Kompetenz der involvierten Organisationen zur Selbststeuerung und damit auch ihre Fähigkeit zu erhöhen, sich als Organisationen auf neue Anforderungen der Umwelt einzustellen, sei es von Patienten oder Partnerorganisationen oder seitens der finanzierenden und kontrollierenden Institutionen. Dieser Fähigkeit kommt vor dem Hintergrund der zentralen Funktion von Organisationen in der modernen Gesellschaft große Bedeutung zu.

Die Gesellschaft ist von der Entwicklungs- und Kooperationsfähigkeit der Organisationen abhängig

Ein hoher, ständig wachsender Organisationsgrad ist eines der hervorstechendsten Merkmale entwickelter Industriegesellschaften. Die meisten persönlichen und gesellschaftlichen Problemlagen werden in und von spezialisierten Organisationen bzw. Netzwerken von Organisationen bearbeitet. Die Tendenz zur fortschreitenden Spezialisierung und damit auch zur Selektivität der Organisationen ist ungebrochen. Das Krankenversorgungssystem ist dafür ein besonders eindrucksvolles Beispiel. Diese funktionale Ausdifferenzierung vollzieht sich innerhalb der Organisationen und auf der Ebene der gesellschaftlichen Sektoren wie Bildung, Wirtschaft, Wissenschaft, Krankenversorgung, Politik und Verwaltung etc.

Die um bestimmte Aufgaben herum gebauten spezialisierten Organisationen lösen Probleme und lassen andere unbearbeitet bzw. produzieren durch ihre spezifischen Leistungen auch neue Probleme, für die wiederum organisationsförmige Lösungen gefunden werden müssen. Diese funktionale Spezialisierung sowie organisationale Ausdifferenzierung der Gesellschaft und ihrer Sektoren hat das gesellschaftliche Potenzial, Probleme zu bearbeiten, enorm gesteigert und gleichzeitig ist die Gesellschaft in ihrer Entwicklung in einem historisch noch nie da gewesenen Ausmaß von der Leistungs- und Entwicklungsfähigkeit der Organisationen abhängig. Gesellschaftsreform ist daher wesentlich als Organisationsreform zu realisieren.

Organisationsentwicklung und das Management von Veränderungsprozessen innerhalb und zwischen autonomen Organisationen bzw. ihren Teilsystemen erhalten damit einen neuen Stellenwert, nicht nur für die Entwicklung der einzelnen Organisationen, sondern auch für die Gesellschaft insgesamt. Die Eigendynamik und der Eigensinn spezialisierter Organisationen treten immer deutlicher hervor, ebenso der unverwechselbare Charakter der Sektoren bzw. Funktionssysteme. In dieser Gesellschaft von Organisationen verblasst die Rolle von Politik und Verwaltung als steuerndem Zentrum, auch wenn es diesem Sektor besonders schwer fällt, das als Realität anzuerkennen und sich in seinem Handeln darauf auszurichten. Politik und Verwaltung werden zu einem Funktionssystem neben anderen, allerdings zunehmend herausgefordert von der Wahrnehmung neuer Koordinationsaufgaben zwischen den Sektoren und der Artikulation von gesellschaftlichen Problemlagen, die in den Organisationen der anderen Sektoren (noch) keinen Platz finden.

Die Eigendynamik spezialisierter Organisationen fördert Autonomie und steigert gleichzeitig die gegenseitige Abhängigkeit. Mit fortschreitender Autonomie steigt der Koordinationsbedarf. Der Austausch zwischen und die Koordination von selbstständigen Systemen werden – wie auch die Fallbeispiele in diesem Buch demonstrieren – zu einer immer wichtigeren und anspruchsvolleren Leistung von Management und Beratung.

Die Umorientierung von der Hierarchie zum Netzwerk von Organisationen markiert die Richtung in der Umgestaltung der Steuerungsbeziehung innerhalb der einzelnen Dienstleistungseinrichtungen, aber auch im Verhältnis zwischen diesen und ihren Auftraggebern und Financiers.

Wie können komplexe Organisationen in ihrer Entwicklung wirkungsvoll beeinflusst werden? Welche Voraussetzungen an internen Strukturen und Arbeitsweisen brauchen die Organisationen, um als autonome Systeme zu überleben, ihre interne Entwicklung selbstständig zu steuern, ihre Leistungsfähigkeit und Arbeitsqualität zu sichern und gleichzeitig konstruktiv auf Steuerungsimpulse von außen zu reagieren?

Der Zusammenhang zwischen Steuerungskonzeption und Organisationsentwicklung rückt dabei ins Zentrum der Aufmerksamkeit. Die Organisationen brauchen einerseits neue Formen der Selbststeuerung und der Beziehung zu wichtigen Umwelten; gleichzeitig ist die Etablierung dieser Steuerungsform selbst ein sehr anspruchsvoller Organisationsentwicklungsprozess, mit dem sich die Gesundheitsorganisationen zu befassen haben. Ein elaboriertes Organisationsentwicklungskonzept, wie es in den Fallbeispielen zu realisieren versucht wird, erscheint als notwendige Antwort auf die Paradoxie, eine neue Steuerungskonzeption zu entwickeln und in der Umsetzung diese schon voraussetzen zu müssen, um die Organisation in die gewünschte Richtung entwickeln zu können.

Die Vorstellungen von der Beeinflussbarkeit komplexer sozialer Systeme haben sich radikal gewandelt

Dieser notwendige Wandel im Steuerungsverständnis – gesellschafts- und organisationstheoretisch in den 1980er und 1990er Jahren differenziert argumentiert (vgl. Simon/Conecta 1992; Wimmer 1989a; Wimmer 1993a; Willke 1998) – gewinnt in der Führungspraxis langsam an Boden, nicht auf Grund eines Wertewandels in der Gesellschaft, sondern basierend auf der in unterschiedlichen Feldern gemachten Erfahrung, dass die tradierten Steuerungsinstrumente an ihre Grenzen gestoßen sind. Die Vorstellung, ein Unternehmen durch Entscheidungen und Anweisungen von der Spitze aus bis zu den Ausführungen der einzelnen Abteilungen und Gruppen detailliert bestimmen zu können oder eine Einrichtung wie ein Spital oder eine Universität durch die hierarchische Abfolge von Gesetzen, Verordnungen, Erlässen und Dienstanweisungen inhaltlich lenken zu können, ist obsolet geworden. Das erleben Politiker, Verwaltungsbeamte, Generaldirektoren und andere Leitungskräfte täglich hautnah. Organisationen sind primär an ihrem Überleben orientiert und von ihrer internen Dynamik bestimmt. Sie sind von außen beeinflussbar, aber die Impulse von außen werden intern interpretiert und verarbeitet. Die Entwicklung einer Organisation oder ihrer Subsysteme wie Kliniken, Abteilungen und Teams ist immer eine Eigenleistung des jeweiligen Systems. Sie hängt sehr stark von den internen Strukturen und Ressourcen ab. Steuernde Interventionen können zwar Impulse und Bedingungen für die interne Entwicklung setzen, aber diese Einflussnahme ist nicht linear zu denken. Ein bestimmter Input lässt nicht einen genau vorhersehbaren Output erwarten.

Mit Sicherheit lässt sich von außen nur die Destruktion bewirken. Man kann Organisationen und ihre Leistungsfähigkeit zerstören: durch Entzug von Ressourcen, durch gesetzliche Beschränkungen etc. Nicht selten tritt dieser Effekt als unerwünschte Nebenwirkung von gut gemeinten, von außen gesetzten Strukturreformen auf. Organisationen werden dann kaputt reformiert (vgl. Dörner 1997). Die bisherigen Versuche, in dirigistischer Weise ökonomische Aspekte als Lenkungsinstrumente in die Steuerung der Spitäler einzubauen, haben als Ergebnis mehr die Grenzen direktiver Konzepte deutlich gemacht als reale Einsparungen gebracht. In der Beobachtung ganz unterschiedlicher Systeme ist deutlich zu sehen, dass direktive Formen der Einflussnahme – wie der Versuch, durch engmaschige, bürokratische Anordnung und Kontrolle gewisse Leistungen zu erzwingen – eher zu einer Vermeidungshaltung bzw. zu organisatorischer Verantwortungslosigkeit führen. Soziale Systeme und insbesondere Expertenorganisationen lassen sich nicht von außen in eine bestimmte Richtung zwingen (vgl. Mintzberg 1992; Grossmann/Pellert/Gotwald 1997). Das gilt für Spitäler als Gesamtorganisationen ebenso wie für ihre Kliniken und Abteilungen oder für das soziale System eines Teams. Sie sind beeinflussbar, aber nicht determinierbar. Das gilt umso mehr auf der inhaltlichen Ebene der Leistungen. Patientenorientierte Krankenbehandlung, innovative Forschung sowie eine gediegene fachliche Ausbildung von Medizinerinnen und Pflegekräften sind qualitativ sehr anspruchsvolle und komplexe Leistungen, die man von einem Krankenhaus erwartet. Sie setzen Eigenmotivation und damit Selbststeuerung der Organisation voraus und können nicht von außen erzwungen werden. Es braucht daher ein reflektiertes Steuerungs- und Interventionsverständnis.

Das Steuerungsparadoxon:
Selbstständige Organisationen sind besser steuerbar

Wenn man im Sinn eines systemtheoretisch aufgeklärten Steuerungsverständnisses die notwendigen Eigenleistungen eines Systems für seine Entwicklung ernst nimmt, dann ist eine steuernde Intervention der Versuch einer gezielten Einflussnahme in einer Form, welche die Autonomie des angesprochenen Systems respektiert (vgl. Willke 1987). Dieses Verständnis von Steuerung impliziert keinen Verzicht auf Einflussnahme; nur die Formen, Einfluss zu auszuüben, sind entschieden andere. Im Gegenteil: Beide Seiten können an Einfluss gewinnen. Die Grundthese lautet, dass eine Steuerungsbeziehung von zwei Leistungen geprägt ist: vom Steuerungsimpuls von außen und von der Selbststeuerung des Adressaten. Diese Steuerungsbeziehung erhält ihre Chance des Gelingens durch die Gleichzeitigkeit von Autonomie und wechselseitiger Abhängigkeit. Eine gezielte Einflussnahme setzt Bedingungen, sie ermöglicht damit dem Gegenüber autonom zu entscheidende Handlungsoptionen und begrenzt sie zugleich. Auf der Seite des angesprochenen Systems wiederum erfordert es die Auseinandersetzung mit diesen Handlungsoptionen und letztlich eine Selbstfestlegung. Willke (1998) spricht von „konditionierter Autonomie".

Dieser Steuerungsmodus ist sehr voraussetzungsvoll. Der Widerspruch zwischen der Vorstrukturierung des Handlungskontextes und der Autonomie der beteiligten Systeme ist unvermeidlich und kontinuierlich zu bearbeiten. Der Versuch einer Auflösung dieses Widerspruchs nach einer Seite hin muss zum Scheitern der Steuerungsbeziehung und zu einem Rückfall in traditionell hierarchisch-bürokratische Muster führen. Das Verhandlungssystem ist, wie auch die Fallbeispiele zeigen, das logische Medium, um diese Steuerungsbeziehung produktiv zu gestalten.

Ein Krankenhausträger kann die Ausrichtung medizinischer, pflegerischer und administrativer Leistungen an transparenten und auch messbaren Qualitätskriterien auf die politische Agenda setzen. Wenn er möchte, dass sein intendiertes Qualitätskonzept nicht an defensiven Routinen der angesprochenen Leistungserbringer scheitert, wird er gut beraten sein, die konkrete Ausformung des Qualitätskonzepts und die Definition der Erfolgskriterien, an denen letztlich Qualität gemessen werden soll, in einem Verhandlungssystem zwischen den politisch-administrativen Stellen und den Leistungserbringern aushandeln zu lassen. Dieses Verhandlungssystem zwischen wechselseitig abhängigen Organisationen wird damit zu einem zentralen Steuerungsmedium. In diesem Fall ist kräftige sowie konsistente politisch-administrative und fachliche Einflussnahme im Sinn des gewählten Qualitätskonzepts und seiner Umsetzung möglich und notwendig. Andererseits ist zu akzeptieren, dass dieses Konzept letztlich nur mit den gewünschten Intentionen der Qualitätsverbesserung wirksam werden kann, wenn es also von den angesprochenen Organisationen, ihren Leitungskräften und auch Mitarbeiterinnen mitgetragen werden kann. Es eröffnet sich für diese damit die Möglichkeit der Einflussnahme auf die konkreten Bedingungen des Qualitätssystems und seine Umsetzung. Aber auch eine Entscheidung im Sinn von Selbstbindung an die erarbeiteten Konzepte wird verlangt (vgl. Kapitel II und III).

Der Leiter einer medizinischen Klinik oder Abteilung kann aus seiner Leitungsrolle heraus autoritätsvoll bestimmte fachliche Ziele und Erfolgskriterien als Orientierungsrahmen in die Arbeitsplanung und die Arbeitsprozesse in seinem Bereich einführen. Wenn er Interesse daran hat, dass diese fachliche Ausrichtung in der medizinischen Forschung und der Versorgung des Patienten nachhaltig wirksam wird, dann ist er gut beraten, den Sinn der Konkretisierung dieser Ziele mit den Expertinnen des Teams so zu verhandeln und dabei ihre fachlichen Ressourcen zu nutzen und einzubeziehen, dass letztlich eine gemeinsame Entscheidung über die Ausrichtung des Arbeitsprogramms erreicht werden kann.

Die Ausrichtung der Arbeit an nachvollziehbaren Zielen kann von einer Leitungsinstanz als Steuerungsimpuls gegenüber einer Organisation oder einem Team durchgesetzt werden. Die nähere Definition der Erfolgskriterien ist zu vereinbaren und dabei Selbstbindung anzustreben. Die Art und Weise der Realisierung ist der autonomen Praxis der beteiligten Systeme und Personen zu überlassen.

Die öffentliche Finanzierung von Gesundheitseinrichtungen über die Aushandlung von Globalbudgets und der zugehörigen Leistungsvereinbarungen ermöglicht eine kräftige Einflussnahme im Sinn der Ressourcenbegrenzung und des Ressourceneinsatzes. Dies kann gleichzeitig die Selbststeuerung der Organisation stärken, wenn die damit verbundenen Schwerpunktsetzungen der internen Ressourcensteuerung überlassen bleiben. Eine zu direktive Einflussnahme in die interne Budgetgestaltung untergräbt zweifellos die Eigenverantwortung des Systems und behindert es dabei, sich Schwerpunkte und Prioritäten zu setzen und die Verteilung der Ressourcen verantwortlich zu organisieren.

Das Steuerungskonzept ist für beide Seiten sehr fordernd

Die Orientierung an dem vorgestellten Steuerungskonzept bedeutet für die steuernde Instanz, dass sie in mehrfacher Hinsicht in ihrer Autorität und Kompetenz gefragt ist: Erstens erfordert die Aushandlung von Leistungsvereinbarungen, von Zielen und Erfolgskriterien eine viel deutlichere Explorierung der eigenen Zielvorstellungen als normativ bürokratische Regelungen „von außen". Diese Form der Steuerung und Führung bedeutet ferner, sich der Auseinandersetzung mit dem Gegenüber zu stellen, die eigenen Vorstellungen und Optionen zum Gegenstand von Verhandlungen zu machen sowie Festigkeit und Flexibilität gleichzeitig zu realisieren. Und drittens – das ist nach unseren Erfahrungen ein sehr wesentlicher Punkt – ist der Verhandlungskontext zu gestalten, in dem eine solche kontraktorientierte Auseinandersetzung stattfinden kann. Das erfordert Erfahrung und Fachkompetenz in der Gestaltung von Strukturen und Prozessen eines geeigneten Bearbeitungs- und Aushandlungsverfahrens. Kontrakte brauchen eine breitere Beteiligung als hierarchische Entscheidungen. Dafür bedarf es unterschiedlicher Settings, die es ermöglichen, komplexe Themen differenziert und engagiert zu bearbeiten sowie eine breite Meinungsbildung gut mit vorantreibenden Entscheidungen zu verknüpfen. Alle drei Dimensionen sind sehr anspruchsvoll und für die Akteure häufig ungewohnt.

Das liegt einerseits an der Neuartigkeit der Situation und der erforderlichen Fähigkeiten, andererseits daran, dass die Doppelrolle, den Prozess zu gestalten und inhaltlich darin eine wesentliche Rolle zu spielen sowie Positionen zu vertreten, strukturell überfordernd ist. Die Beiziehung externer und interner Berater sowie eine intelligente Rollenverteilung innerhalb der Organisation bieten hier Entlastungsmöglichkeiten.

Für die andere Seite der Steuerungsbeziehung – für ein Spital, eine Abteilung und seine Leitungskräfte oder ein Team in Auseinandersetzung mit den Leitungskräften – bedeutet diese Steuerungsform ebenfalls, sich auf die Auseinandersetzung einzulassen, und erfordert vor allem auch hohe Eigenleistung im Sinn der Selbststeuerung: z.B. sich über die eigenen fachlichen Ziele Rechenschaft abzulegen, intern Prozesse für die Ressourcenaufteilung zu etablieren. Auch hierbei ist eine ausreichend breite sowie zugleich selektive Beteiligung der Expertinnen und Betroffenen zu organisieren.

Traditionelle hierarchisch-bürokratische Steuerung hatte für beide Seiten Vorteile: Die Organisationen und ihre Mitarbeiterinnen mussten nicht selbst wirklich Verantwortung für die fachlichen Prioritäten, die Aufteilung von Ressourcen oder den Outcome der eigenen Tätigkeit im Sinn organisatorischer Verantwortung übernehmen. Die politisch-administrativen Instanzen oder Leitungsorgane wiederum mussten sich einem solchen Verhandlungsvorgang nicht aussetzen, in dem man inhaltlich immer stärker gefordert ist als in der Einflussnahme durch Vorschriften und Anweisungen.

Die Möglichkeiten des Einflusses steigen für beide Seiten

Dieses neue Steuerungskonzept ist sicherlich für beide Seiten mit einem größeren Aufwand verbunden, ermöglicht aber beiden eine größere Einflussnahme als ein traditionell hierarchisches Steuerungskonzept. Über die unterschiedlichen Verhandlungsformen ist es beiden Seiten möglich, mehr von den eigenen Vorstellungen und konkreten Zielen einzubringen. Andererseits ist es notwendigerweise mit Selbstbegrenzung und Selbstbindung im Sinn einer Entscheidung unter stärkerer Übernahme von Verantwortung als Organisation verbunden.

Hierarchische und bürokratische Steuerungsformen eröffnen immer eine Verantwortungsdelegation nach außen. Paradoxerweise steigen die Steuerungsmöglichkeiten von außen mit dem Grad der Selbststeuerungskompetenz der Partner. Je entwickelter und autonomer eine Organisation ist, je reifer sie ihre Selbstorganisation betreibt, desto eher ist sie für Steuerungsimpulse von außen ansprechbar. Kontextsteuerung und Autonomie, wirkungsvolle Einflussnahme und Selbstorganisation gehören zusammen. Autonomie und Selbstorganisation machen die Steuerungsarbeit sicher unbequemer, aber sie erhöhen dennoch die Chancen wirksamer Steuerung. Nur wenn Autonomie und die Fähigkeit zur Selbstorganisation gestärkt werden, können Krankenhäuser oder Pflegeeinrichtungen als Organisationen konstruktive Verhandlungspartner sein. Anderenfalls reagiert ein System auf Lenkungsimpulse von außen auf der Basis jener Partikularinteressen, die sich intern mangels wirksamer Selbststeuerung am besten durchsetzen. Ändert zum Beispiel ein Krankenhauserhalter den Finanzierungsschlüssel von Krankenhäusern von der Bettenbelegung zur Zahl der Behandlungen, ohne jedoch in einen differenzierten Aushandlungsprozess über Qualitätskriterien der zu erbringenden Leistungen einzutreten, sinkt zwar vielleicht die Zahl der belegten Betten, die Zahl der Behandlungen jedoch steigt und der gewünschte Einsparungseffekt ist nicht wirklich greifbar.

Steuerungsinstanzen wie Führungskräfte oder budgetverantwortliche Abteilungen der Verwaltung müssen sich ständig entscheiden, wo sie in der Kontextsteuerung dem Gegenüber harte Grenzen setzen wollen, die nicht zur Disposition stehen, und wo Spielraum für Verhandlung besteht. Dabei ist eben zu beachten, dass eine *gegenseitige* Abhängigkeit besteht. Die steuernde Instanz kann zwar harte Bedingungen setzen, aber das Ergebnis im Inhalt nicht erzwingen. Wenn Asymmetrie in der Beziehung besteht – die budgetbewilligende Institution hat die Hoheit über die Ressourcenentscheidung, die Führungskräfte können Mitarbeiter sanktionieren –, ist die Versuchung groß, bei der ersten Schwierigkeit auf Zwang auszuweichen; jedoch immer mit dem Risiko, kontraproduktive Wirkungen zu erzielen. Es ist für den so genannten Stärkeren in einer Steuerungsbeziehung schwer zu akzeptieren, dass gegenseitige Abhängigkeit besteht und dass der Verzicht auf den Einsatz von Machtmitteln produktiv auch im Sinn der eigenen Intentionen sein kann.

Die Fallbeispiele in diesem Buch zeigen auch recht deutlich, dass eine solche Steuerungsarbeit ein großes Maß an Transparenz und Offenheit in der Auseinandersetzung braucht. Dazu gehört auch eine Kommunikation, die es den Beteiligten ermöglicht, die Interessen und Beweggründe der jeweils anderen Seite verstehen und einschätzen zu können. Steuerung in diesem Sinn verträgt nicht viel an Taktik und manipulativen Verhaltensweisen, ohne einen Rückfall in ein anderes Beziehungsmuster zu riskieren. Ein gewisses Maß an wechselseitigem Vertrauen der Beteiligten in ihre Paktfähigkeit ist konstitutiv für dieses Steuerungs- und Führungskonzept.

Das führt im angestrebten Reformprozess zu der schwierigen Situation, dass intendierte Steuerung scheinbar nur funktionieren kann, wenn ihre Voraussetzungen – nämlich entwickelte Selbstorganisation und reflektierte Einflussnahme auf der anderen Seite – schon gegeben sind. Da das nicht der Fall ist, braucht es die Kunst, in der Gestaltung dieses Veränderungsprozesses experimentell Situationen zu schaffen, z.B. im Rahmen einer projektförmig organisierten Transformation, die es beiden Seiten erlauben, in dieser Richtung zu lernen und positive Erfahrungen mit dieser Art von organisierter Auseinandersetzung zu sammeln. Gelingt das nicht – und das ist in vielen Fällen der Verwaltungsreform, aber auch bei der Reorganisation von Profitunternehmen zu beobachten –, so unterläuft die Reform in ihrer Praxis das angestrebte Ziel. Die beteiligten Systeme fallen dann meist auf ihr früheres Beziehungsmuster zurück; mit dem zusätzlichen Problem, dass die Steuerungsinstrumente dabei auch noch diskreditiert werden.

Steuerung impliziert, den eigenen Kommunikationsaufwand jeweils zu entscheiden

Der hohe Aufwand des hier vorgestellten Steuerungskonzepts erfordert Kompetenz in der Einschätzung, wofür jeweils welches Bearbeitungs- und Entscheidungsverfahren zu wählen ist. Es geht nicht darum, zeitintensive und energetisch aufwändige Verhandlungsverfahren als durchgängiges Arbeitsprinzip zu etablieren. Im Gegenteil: Die Investition in die Aushandlung von Zielen, Schwerpunkten und neuen Arbeitsverfahren soll auch dazu beitragen, sich im Arbeitsalltag auf ein gemeinsames Verständnis über Abläufe und situativ zu treffende Entscheidungen verlassen zu können. Durch mangelnde Klarheit in den Prioritäten, den Zuständigkeiten und den Abläufen bedingte Störungen verschlingen Ressourcen (vgl. Scala 1995; Grossmann 1995b).

Viele Bereiche des Alltagsmanagements sind einer direktiven Steuerung zugänglich und können bzw. müssen durch einseitige Festlegungen geregelt werden. In vielen Fällen alltäglicher Steuerungsentscheidungen ist es – auch im Sinn von Entlastung – zweckmäßig und notwendig, die kommunikativ unaufwändige Form der hierarchischen Anordnung oder der raschen einseitigen Entscheidung zu nutzen. Dieser mit einem unterschiedlichen Einsatz von Autorität verbundene Wechsel zwischen verschiedenen Steuerungsformen stellt eine der zentralen Leistungen von Führungskräften und anderen Steuerungsinstanzen dar. Diese Leistung verlangt viel Augenmaß und Differenzierungsvermögen, weil zwischen denselben Personen die Beziehungsebenen variieren müssen.

Angesichts des enormen Kommunikationsaufwands für Aushandlungen und Koordination ist sehr selektiv vorzugehen und sorgfältigst zu prüfen, was von den Organisationseinheiten wirklich selbstständig übernommen werden kann. Es ist situativ zu entscheiden, wo ungestraft auf den Kommunikationsaufwand der Verhandlung verzichtet werden kann. Steuerung folgt so einer Figur von Öffnung und Schließung zwischen Entscheidung und Interaktion; und die Aufgabe, die Interaktion zu gestalten, verweist auf den entscheidenden Punkt: In einem solchen Steuerungsverständnis, in dem der Kommunikationsgrad steigt, ist das Know-how für die Gestaltung von Entwicklungsprozessen nicht nur für dramatische Veränderung von Bedeutung, sondern auch im Alltagsmanagement, in der alltäglichen Arbeitsorganisation.

Generell kann zwischen der Steuerung innerhalb von organisatorischen Kerneinheiten und der Steuerung zwischen Organisationen bzw. zwischen Organisationseinheiten unterschieden werden. Innerhalb einer Abteilung kann auf der Basis von kommunikativ ausreichend vereinbarten Richtlinien und Verfahren viel durch direktive Entscheidungen gemanagt werden. In der Kommunikation zwischen Zentralleitung und selbstständigen Abteilungen, zwischen einem Ministerium und der Universität oder zwischen Krankenhausträger und Spital läuft eine hierarchisch direktive Entscheidung Gefahr, die angestrebte Autonomie und Eigenverantwortung zu unterlaufen.

Es braucht daher auch eine entwickelte und belastbare Beziehung, um den notwendigen Wechsel vornehmen zu können, ohne in das typische Muster von machtdominierten Beziehungen und Verantwortungsdelegation zu fallen.

Der kulturelle Wandel wird unterschätzt

Die Reform des öffentlichen Sektors mit dem Konzept des „New Public Management" verfolgt als Grundintention ein solches neues Steuerungskonzept. Die Leistungserbringer, etwa Krankenhäuser, werden als Organisationen verselbstständigt und schrittweise mit mehr ökonomischer, personalpolitischer und inhaltlicher Verantwortung ausgestattet. Zwischen den Leistungserbringern und den finanzierenden bzw. die (öffentliche) Aufsicht führenden Trägerorganisationen wird eine Steuerungsbeziehung im skizzierten Sinn herzustellen versucht. Dazu werden eine Reihe von Instrumenten wie Globalbudgets, Leistungsvereinbarungen, Leistungskennzahlen und Evaluation eingeführt.

Aus der Arbeitserfahrung mit Führungskräften und Mitarbeiterinnen vieler Organisationen wird immer wieder sichtbar, dass die Instrumente als solche wesentlich weiter entwickelt sind als die Kompetenz und die Kultur, sie in dem genannten Steuerungsverständnis zu implementieren und zu nutzen. Der kulturelle Wandel in den Beziehungen zwischen den Organisationen, aber auch innerhalb der Organisationen, zwischen Gesamtleitung und Subeinheiten oder zwischen Führungskräften und den Mitarbeiterteams wird gravierend unterschätzt.

Auch Wissenschaftlerinnen und Promotoren des New Public Management (vgl. Schedler/Proeller 2000) betonen, dass die *Gestaltung des Veränderungsprozesses* hin zu einer tatsächlichen Reform des Öffentlichen eine bislang noch weit unterschätzte Dimension darstellt. In den meisten Versuchen wird auf breiter Front externe Beratung eingesetzt, von der man sich die Umsetzungsarbeit erwartet. Manche großen internationalen Beratungsfirmen entsprechen mit ihrem von außen kommenden Ansatz gut dem technokratischen und betriebswirtschaftlichen Implementierungsverständnis der meisten Entscheidungsträgerinnen und Experten. Das Problem der Veränderung ist an Externe delegiert und man meint, damit als Entscheidungsträger und Führungskraft von der Veränderung nicht unmittelbar betroffen zu sein. Der unvermeidliche Wandel in der Art der Beziehung der Akteure trifft jedoch die tradierten Kommunikationsmuster im Kern und kann nur kurzfristig zur Seite geschoben werden, sofern man das angestrebte Ziel erreichen möchte.

Die Instrumente selbst können die neue Beziehungskonstellation etwa zwischen Financiers und leistungserbringender Organisation nicht hervorbringen. Die Einführung der Steuerungsinstrumente benötigt ein Organisationsentwicklungskonzept, das auf die Veränderung der Beziehungskonstellation und den damit verbundenen Kulturwandel ausgerichtet ist. Eine Schwachstelle in der Reform des New Public Management liegt darin, dass es nicht mit einer systematischen Vorstellung der Gestaltung von Veränderungsprozessen innerhalb und zwischen Organisationen verbunden ist und daher in diese Seite der Reform zu wenig investiert wird.

Wenn die Instrumente ohne den dazugehörigen Entwicklungs- und Veränderungsprozess eingesetzt werden und es daher zu keinem Musterwechsel in den organisationalen Beziehungen kommt, besteht die Gefahr, dass der technisch-instrumentelle Charakter dominiert, die Anwendung der Instrumente letztlich hierarchisch-bürokratischen Charakter bekommt und ihre anders lautenden Zielsetzungen unterläuft. Eine neue Form der Bürokratisierung der öffentlichen Dienstleistungsorganisationen sehen wir dabei als Hauptgefahr. Die Gefahr der Verselbstständigung der Instrumente, die dann zu bürokratischem Zwang bzw. bürokratischer Pflichterfüllung führen, lassen auch die Fallbeispiele in diesem Buch erkennen. Gleichzeitig dokumentieren sie den zusammenhängenden Prozess der Implementierung von Steuerungsinstrumenten verbunden mit einer Veränderung der Beziehung zwischen den beteiligten Systemen.

Die neue Steuerung entfaltet ihre Wirksamkeit über die Gestaltung von Prozessen

Wenn wir ausgehend von den in diesem Buch dargestellten Organisationsentwicklungsprojekten die Steuerungsformen und Instrumente in ihrem Einsatz und in ihrer Wirkung näher betrachten, so fallen vor allem zwei Merkmale besonders auf: Der schon skizzierte Doppelcharakter von autoritätsvoller Intervention und partnerschaftlicher oder kontraktorientierter Auseinandersetzung sowie damit verbunden der Prozesscharakter der Steuerung. Nicht nur die Einführung neuer Führungs- und Steuerungsinstrumente braucht einen Entwicklungsprozess, sondern auch die erfolgreiche, dauerhafte Anwendung ist auf einen kommunikativen Prozess angewiesen. Die Wirkung der steuernden Intervention stellt sich primär über diesen Prozess her.

Das Mitarbeitergespräch als Führungsinstrument (Kapitel IV) ist eine gute Gelegenheit für Führungskräfte, kräftig Einfluss zu nehmen, in dem sie z.B. Ziele für die Ausrichtung der Organisationseinheit oder die Leistung des einzelnen Mitarbeiters formulieren. Gleichzeitig ist es von der dialogischen Anlage des Gesprächs eine Möglichkeit für die Mitarbeiterin, sich mit diesen Zielen auseinander zu setzen, aus ihrer fachlichen Sicht und Erfahrung auch auf diese Ziele Einfluss zu nehmen und letztlich gemeinsam zu Vereinbarungen über die wünschenswerte Ausrichtung der Arbeit zu kommen. Die Wirkung des Instruments entfaltet sich in diesem Prozess der Auseinandersetzung. Es geht hier in unserem Verständnis nicht darum, ein Ergebnis zu erzwingen, sondern durch Austausch und Reflexion bei den beteiligten Führungskräften und Mitarbeitern Wirkung im Sinn der Selbstbindung zu erzielen.

Die Einführung einer am Outcome orientierten Qualitätskonzeption ist als gesundheitspolitische und professionelle Weichenstellung eine sehr kräftige Intervention (Kapitel II). Sie bedeutet die systematische Hereinnahme der Patientinnensicht in die Diagnose und Überarbeitung der Leistungsprozesse und rückt dieselben ins Zentrum der kontinuierlichen Qualitätsarbeit. Ein solcher Steuerungsversuch von Expertenarbeit über wirkungsorientierte Kriterien ist in seiner Umsetzung vor allem davon abhängig, dass die Berufsgruppen und Organisationseinheiten, die angesprochen sind, die Erfolgskriterien und Indikatoren, an denen ihre Arbeit gemessen werden soll, auch mitentwickeln und mittragen können. In diesem Prozess der fachlichen Auseinandersetzung mit den Ergebnisindikatoren und der kontraktförmigen Bindung an dieselben liegt der wesentliche Teil der Steuerung. Das gilt auch in der kontinuierlichen Anwendung solcher Indikatoren. Nicht die bürokratische Pflichtübung der regelmäßigen Messung entfacht inhaltliche Steuerungswirkung, sondern der Prozess der systematischen Selbstbeobachtung und Auswertung der Arbeit, der damit angestoßen werden kann. Nur wenn es gelingt, über die Vereinbarung von Erfolgskriterien und über verbindliche Messungen die angesprochenen medizinisch-pflegerischen Organisationseinheiten zu einer systematischen fachlichen Auseinandersetzung mit den patientenbezogenen Leistungsprozessen oder wichtigen organisatorischen und professionellen Schnittstellen zwischen Berufsgruppen und Subeinheiten zu stimulieren, findet Qualitätsentwicklung statt. Nur wenn Messungen mit Prozessen der Optimierung der untersuchten Leistungsbereiche verknüpft werden, ist steuernde Wirkung erzielbar.

„Standard Operating Procedures (SOP)“, wie sie im Kapitel über die Organisationsentwicklung der onkologischen Abteilung einer Universitätsklinik beschrieben werden (Kapitel VI), sind ein wirkungsvolles Instrument im Alltagsmanagement einer medizinischen Einrichtung. Voraussetzung für diese Wirkung ist aber ein Prozess der gemeinsamen Diagnose der Arbeitsabläufe und eine partizipativ vorgenommene Optimierung dieser Abläufe inklusive der Formulierung der SOP. Erst als Ergebnisse dieser gemeinsamen Entwicklungsprozesse können die SOP festgeschrieben und damit der Alltag von ständiger Auseinandersetzung über die Steuerung der Abläufe entlastet werden. Die Gestaltung von Arbeitsprozessen dieser Art wird zu einer wesentlichen Kompetenz von Führungskräften und Mitarbeiterinnen.

Instrumente werden erst durch prozessorientierte Anwendung zu Steuerungsmedien

Die Inszenierung solcher Entwicklungsprozesse rückt damit ins Zentrum des Interesses. Die Instrumente sind einerseits Gegenstand und andererseits Hilfsmittel dieser Prozesse. Damit kommen auch die geforderten Kompetenzen in den Blick, sowohl die von Personen als auch die der Organisationen. Entscheidungsträger, Führungskräfte, Inhaber von Stabstellen für Organisationsentwicklung, Qualitätsmanagement u.a. brauchen Kenntnisse der Instrumente (z.B. Globalbudget, Leistungsvereinbarung, Leitbildentwicklung, Qualitätsmanagement, Leistungsprozessoptimierung, Evaluation), vor allem aber Kompetenzen für die Einrichtung und Gestaltung von Settings, in denen Prozesse der Aushandlung, der Auswertung und der Strategieentwicklung stattfinden können. Damit rücken Prozess- und Designkompetenz ins Zentrum der geforderten Qualifikationen.

Für die Organisationen bzw. Organisationseinheiten ist entscheidend, ob sie über Strukturen verfügen, in denen solche Prozesse stattfinden können, und ob sie sie regelmäßig warten. Wissen über Steuerungsinstrumente ist sicherlich eine unverzichtbare Voraussetzung; Organisationen brauchen jedoch auch eine entsprechende Kultur und funktionierende Strukturen, in denen diese Instrumente im Sinn des vorgestellten Steuerungskonzepts eingesetzt und genutzt werden. Das bedeutet: die Instrumente als Medien eines permanenten Entwicklungsprozesses zu verwenden und zu verhindern, sie bürokratisch zu exekutieren. Erst damit werden aus Instrumenten Steuerungsmedien und können so ihre Wirkungen erzielen.

Ziele werden nicht durch Vorgaben kreiert, sondern durch Klausuren, Mitarbeitergespräche und Strategie-Workshops. Aber auch diese modern anmutenden Instrumente können rasch zu bürokratischen Pflichtübungen verkommen, wenn sie nicht konsequent an die inhaltliche Arbeit anschließen und die Beteiligung der Akteure nicht fachlich-inhaltlich motiviert ist, sondern als Zusatzaufwand erlebt wird. Dazu sind elaborierte Designs und prozessorientierte Gestaltung gefordert.

Welche Informationen eine Organisation über sich sammelt, welche Indikatoren für Leistung, Qualität und Effizienz definiert und als Messinstrumente eingesetzt werden, wie Budgeterstellung und Budgetcontrolling organisiert sind, spielt eine zentrale Rolle für die Steuerung. Die Steuerungswirkung hängt dabei in hohem Maß davon ab, inwieweit die Festlegung auf die ausgewählten Daten auf einem gemeinsamen Verständnis beruht. Verbindlichkeit erreichen Indikatoren dann, wenn sie in den zentralen und dezentralen Einheiten in periodisch organisierten Workshops zur kontinuierlichen Auswertung der eigenen Arbeit genutzt werden.

Eine Leitbildentwicklung ist kontraproduktiv, wenn die dabei zu lösenden Probleme diffus bleiben oder man damit nur einem Trend folgt. Leitbilder als Wunschbilder haben keine steuernde Kraft. Leitbilder können und sollen auch mangelnde Führungsarbeit und professionelles Management im Alltag nicht ersetzen. Leitbilder entfalten ihre Wirkung, wenn in allen Teilen der Organisation die Alltagsarbeit darauf bezogen ist, gemeinsame Zukunftsbilder verankert und Entscheidungen über Schwerpunktsetzungen erleichtert werden.

Klassische Widersprüche der Organisation Krankenhaus werden transformiert

Das hier vorgestellte und in den Fallbeispielen konkretisierte Steuerungsverständnis stellt auch für das Krankenhaus bekannte Organisationswidersprüche (vgl. Grossmann 1995b; Grossmann 1997; Pelikan 1993; Pelikan/Wolff 1999) in einen neuen Bezugsrahmen. Im Kern lassen sich vier zentrale Widersprüche identifizieren, die in der Alltagsarbeit laufend zu bearbeiten sind:

- der Widerspruch zwischen Fach- und Professionssystem einerseits und Organisation andererseits;
- der Widerspruch zwischen der ausgeprägten Expertenkultur und der Notwendigkeit, die Kundinnen- bzw. Patientensicht als relevante Messgröße in die Ausrichtung der Arbeit zu integrieren;
- der Widerspruch zwischen der fortschreitenden Arbeitsteilung und Spezialisierung und dem Bedarf an fach- und berufsgruppenübergreifender Kooperation in den Leistungsprozessen;
- der Widerspruch zwischen der Eigendynamik und Autonomie der Fachbereiche und dem Bedarf an Integration und Handlungsfähigkeit der Gesamtorganisation.

Aus der Perspektive des neuen Steuerungskonzepts verschwinden diese Widersprüche zwar nicht, erfahren jedoch eine Reformulierung, die gravierende Konsequenzen für den Umgang mit ihnen hat.

Vom Widerspruch zwischen Fach und Organisation zur Verknüpfung von Inhalt und Form

Der Widerspruch zwischen Fachorientierung und Organisation ist charakteristisch für so genannte Expertenbetriebe. Die Professionssysteme im Krankenhaus und anderen Expertinnenbetrieben wie den Universitäten sind in ihren Entscheidungen und fachlichen Prioritäten nicht primär auf die Entwicklungsbedürfnisse der Organisation Krankenhaus bezogen, sondern mehr ihrer Professionalität verpflichtet, also den Inhalten der Arbeit und den darauf bezogenen fachlichen Standards, Werten, Erfolgskriterien und Karrieremustern. Die „Organisation" hat aus ihrer Sicht die Rahmenbedingungen für eine inhaltlich befriedigende und erfolgreiche Arbeit bereitzustellen. Die Befassung damit wird als eine Zusatzarbeit zur „eigentlichen professionellen Arbeit" erlebt. Ein Krankenhaus braucht eine hoch entwickelte Medizin und die Medizin braucht zur professionellen Entwicklung die Ressourcen des Krankenhauses. Aber erfolgreiche Entwicklung der Medizin bedeutet noch nicht erfolgreiche Organisationsentwicklung des Krankenhauses.

In den gegenwärtigen Umbauprozessen wird versucht, durch Einführung der oben genannten Steuerungsinstrumente nach dem Konzept des New Public Management die Organisationsebene zu stärken: Selbststeuerung zu entwickeln und organisationale Verantwortung zu schaffen. Wenn jedoch ein solcher Managementansatz primär durch administrative und ökonomische Parameter zu steuern versucht, bleibt er in der Wirkung deshalb problematisch, weil er diese Trennung noch vertieft. Steuerung und Management werden dann noch stärker als etwas empfunden, was dem Inhalt äußerlich und als etwas Störendes abgespalten ist. Reformen bringen dann in den Augen der Experten noch mehr Zusatzarbeit, die von der eigentlichen fachlichen Tätigkeit abhält. Instrumente wie Evaluation, Leistungsindikatoren und Globalbudgets werden per Gesetz eingeführt – im guten Glauben, damit ein offensichtliches Defizit an organisationaler Steuerung zu beheben. Doch gewinnen diese so eingeführten Instrumente so lange keine Steuerungswirkung, so lange sie nicht von den Expertinnen als Vehikel zur Verbesserung der fachlich-inhaltlichen Arbeit wahrgenommen und im Interesse der eigenen professionellen Entwicklung genutzt werden.

Eine wirklich innovative Steuerung zielt vor allem darauf ab, auf unterschiedlichen Ebenen Verantwortung für die Organisation zu übernehmen und die Integrationsleistung von Fach und Organisation zu erbringen. Dazu sind Einsicht und Evidenz herzustellen, dass die Organisation inhaltskonstitutive Bedeutung hat und die Qualität der Arbeit wesentlich von der Organisation abhängig ist. Der beste Mediziner kann sich in einem schlecht organisierten Umfeld fachlich nicht wirklich entwickeln und die gewünschte Reputation erreichen. Professionelle Autonomie und Entwicklung sind durch die Mitgestaltung der Organisation zu gewinnen. Daraus folgt für die Anlage der Reform und die Methode der Implementierung, stark auf der inhaltlichen Ebene anzusetzen, und zwar dort, wo dieser Zusammenhang von Form und Inhalt deutlich wird: auf der Ebene der Leistungsprozesse und auch auf der Ebene der Qualität der Arbeit. Wenn man diesen Widerspruch produktiv bearbeiten will, macht es wenig Sinn, nur die Management- und Organisationsseite zu forcieren, sondern man muss die Aufmerksamkeit auf die inhaltliche Seite legen und in der Art der Bearbeitung der Kernaufgaben die organisationale Seite in den Blick bringen. Insofern gibt es ohne Verzicht auf die ökonomische Dimension in der Steuerung zweifellos eine Präferenz für Steuerungsmedien, die diese Verknüpfung von Inhalt und Form forcieren, und das sind qualitäts- und leistungsprozessbezogene Instrumente.

Die Fokussierung der Leistungsprozesse ermöglicht es, den Widerspruch zwischen Expertenorientierung und Kundinnensicht produktiv zu nutzen

In der oben erwähnten Trennung von Fach- und Organisationsbezug liegt auch eine Wurzel für die geringe Umweltsensibilität der Expertenorganisationen. Neue Inhalte werden aus dem Fachhorizont, aus den medizinisch-technischen Möglichkeiten und weniger in Bezug auf Umweltanforderungen an die Organisation Krankenhaus definiert. Die medizinische Profession als Wissenschaft ist zwar sehr konkurrenzorientiert und sehr gewohnt, sich im internationalen Wettbewerb zu messen, jedoch nicht gewohnt, Einschätzungen außerhalb des Expertensystems, etwa von Patientinnen, als relevante Messgröße zu betrachten.

Die Schwierigkeit der Expertenorganisationen, die Kundinnensicht, vor allem von Patienten, Heimbewohnerinnen und Angehörigen hereinzunehmen, hat in den Krankenversorgungseinrichtungen eine doppelte Bedeutung: Auf der einen Seite sind Patienten als Koproduzentinnen des Ergebnisses, der Heilung,

des Therapieerfolgs ernst zu nehmen und auf der anderen Seite sind sie eine unverzichtbare Wissensressource für die Gestaltung der Organisation. Der Haupt-
nutzen liegt darin, dass über die Kunden die Leistungsprozesse in den Blick
kommen. Erst durch eine radikale Betrachtung der Arbeitsprozesse aus Kundinnensicht kommt der ganze Leistungsprozess in den Blick. Für die Optimierung der Leistungsprozesse – und dies ist das Hauptziel der Steuerung und der
Entwicklung der Organisation – sind die Kunden ein unverzichtbares Element.

Wenn man diesen Kundinnenbezug in der Bearbeitung der Leistungsprozesse
ernst nimmt, dann kommen nicht nur die externen Kunden, d.h. die Patientinnen und Heimbewohner, zu ihrem Recht, sondern auch die internen Kundinnen, d.h. die Kooperationspartner und Zulieferanten. Damit treten die komplexen Beziehungen der Zusammenarbeit ins Blickfeld.

Die Orientierung an den Leistungsprozessen fördert multi-professionelle Koordination und reduziert standes- sowie fachbezogene Segmentierung

Die Organisationsdynamik des Krankenhauses ist geprägt vom Neben-, Mit-
und Gegeneinander der Berufsgruppen mit ihren unterschiedlichen professionellen Traditionen. Die Art der Segmentierung nach Berufsgruppen im Krankenhaus wird heute generell als Problem und nicht als Lösung gesehen. Das ändert
nichts an ihrer Wirkung und steuernden Kraft; die individuelle Entwicklung
der Professionellen findet im Kontext von Berufskarrieren statt und dieser Rahmen mobilisiert viel Energie sowie Motivation. Es wird auch sehr viel in die
Frage investiert, wie diese Segmentierung aufgelöst werden kann, doch greift
man meist auf formal-organisatorische Lösungsvarianten zurück, d.h. in der
Regel auf Hierarchisierung: indem man z.B. einen Arzt an die Spitze setzt.

Wenn man sich aber die Perspektive auf die inhaltskonstitutive Dimension der
Organisation zu Eigen macht und so konsequent an der Verknüpfung von Inhalt und Form festhält, rücken die Leistungsprozesse ins Zentrum der Aufmerksamkeit. Es geht dann um die intelligente Koordination der Leistungen
und um die Optimierung dieser Koordination. Wenn die These stimmt, dass
Experten in erster Linie an ihren fachlichen Aufgaben orientiert sind, dann
sind die Berufsgruppen am ehesten dazu zu gewinnen, die Kooperation bezogen auf die Aufgabe in den Mittelpunkt zu stellen.

Die Autonomie der Fachbereiche kann die Handlungsfähigkeit der Gesamtorganisation stärken und umgekehrt

Die Organisation Krankenhaus ist mehrfach segmentiert: horizontal und verti-
kal. Die Organisationsdynamik wird von sehr autonom agierenden Organisationseinheiten geprägt, d.h. von Kliniken, Abteilungen und Instituten, die um

die medizinischen Fachrichtungen und professionellen Interessen gebaut sind. Sie sind die Motoren der fachlichen Entwicklung und sehr stark an ihren fachlichen Ansprechpartnern außerhalb des Krankenhauses orientiert. Das durchschnittliche Krankenhaus stellt sich organisatorisch als ein „Reich von Fürstentümern" mit einer institutionell schwachen Zentralgewalt dar.

Um die Steuerungsmöglichkeit von Krankenhäusern zu stärken, liegt es nahe, das zentrale Management zu stärken. Doch bringt eine rein formale, quantitative Verlagerung von Entscheidungsmacht zur Zentrale keine Lösung in der Gestaltung des Verhältnisses zwischen der Gesamtleitung und den dezentralen Einheiten. Die Subeinheiten können nur erfolgreich sein und so ihren Beitrag zur Qualität des Krankenhauses leisten, wenn sie in ihrer fachlichen Entwicklung autonom agieren können. Die Autonomie und die starke fachliche Außenorientierung sind gleichsam das „Kapital", das Stationen, Abteilungen und Kliniken ins Gesamtunternehmen einbringen. Dem neuen Steuerungskonzept gemäß geht es um die Etablierung der oben genannten konditionierten Autonomie. Die Leistungsfähigkeit der Expertenorganisationen wird durch die bestmögliche Unterstützung dieser Selbstständigkeit gewährleistet, bei gleichzeitiger Rückbindung an die Gesamtorganisation: das bedeutet, diese Autonomie so wahrzunehmen, dass die Belange des Ganzen mit abgedeckt werden.

Sowohl bei der Zusammenarbeit der Berufsgruppen als auch beim Verhältnis der Subeinheiten zueinander und zur Gesamtleitung handelt es sich um einen Koordinationsprozess zwischen selbstständigen Systemen, also weg von der hierarchischen Steuerung zu einer Steuerung im Netzwerk dieser Organisationen (vgl. Wimmer 1993a). Die Gesamtleitung ist gut beraten, so viel wie möglich an Selbstständigkeit in den Einheiten zu belassen und nicht hierarchisch zu zwingen. Alle Versuche, diese Selbstständigkeit bürokratisch einzufangen, werden zu defensivem Verhalten führen.

Die Alternative besteht darin, offensiv in Koordinationsformen zu investieren. Dazu liefern die Fallbeispiele reiches Material. Die geschilderten Projekte nutzen vielfältige Formen hierarchieübergreifender, interprofessioneller sowie interorganisationaler Zusammenarbeit und zeigen modellhaft, wie Steuerung von selbstständigen Systemen funktionieren kann. Sie dokumentieren ferner, wie die Arbeit an einer inhaltlichen Thematik mit Strukturentwicklung verknüpft werden kann und muss.

Investition in interprofessionelle Teams und in die Selbststeuerungskompetenz von Teams ist dabei eine unverzichtbare Strategie, Koordinationsmechanismen zu forcieren. Teams sind Promotoren von Qualität, sie sind eine Grundlage für Motivation und Arbeitszufriedenheit, sie können aber auch Integrationsfaktoren und Träger kulturellen Wandels sein. Diese Forderung bleibt jedoch nur eine emphatische Beschwörungsformel, wenn Teamarbeit allgemein und überall als Innovation propagiert wird und andere Arbeitsformen damit pauschal abgewertet werden. Es ist genau zu überlegen, wo Teams sinnvoll eingesetzt werden können und wo man besser auf sie verzichtet. Teamarbeit kann grundsätzlich auf drei Ebenen realisiert werden: als Arbeitsteams innerhalb der Kerneinheiten, als Führungsteams und als bereichsübergreifende Projektteams:

- *Arbeitsteams* z.B. auf Stationen bewähren sich überall dort, wo der Arbeitsgegenstand wirklich echte Teamarbeit zulässt und erfordert oder wo es darum geht, periodisch die eigene Arbeit zu evaluieren und Verbesserungen zu entwickeln. Teamarbeit kann hier die unterschiedlichen Fachkompetenzen und Erfahrungen der Personen und Berufsgruppen besser nutzen, soziale Unterstützung geben und erhalten, die Integration der Station auf fachlicher Ebene und auf der Ebene der Beziehungen fördern, Partizipation ermöglichen, die Arbeit regelmäßig auswerten und Lernprozesse anregen – bei den Personen, aber vor allem auch in den Kerneinheiten als soziale Systeme. Eine solche Teamperspektive, die immer auch auf die Erhöhung von Verbindlichkeit, auf gemeinsame getragene Zielvorstellungen und Standards ausgerichtet ist sowie aktive Beteiligung einmahnt, kann durchaus ambivalente Reaktionen auslösen. Es werden damit immer auch individueller Gestaltungsspielraum sowie Freiheit eingeengt und informelle Einflusschancen reduziert. Das ist der Preis, der für mehr Rückhalt im Team und erhöhte formelle Einflusschancen zu zahlen ist. Profitieren werden davon jedenfalls die Patientinnen und mittelfristig auch das fachliche Profil sowie der Ruf der Abteilung.

- *Führungsteams:* Eine in den geschilderten Projekten mehrfach eingesetzte und besonders bedeutende Form der Verknüpfung sind interdisziplinäre Führungsteams. Gelingt es hier kooperative Formen von Führung zu entwickeln und – unabhängig von berufsspezifischen Funktionen – ein Führungssystem aufzubauen, so ist das auf die Entwicklung des Gesamtsystems sehr wirkungsvoll.
Eine ganz wesentliche Leistung von Führung im Krankenhaus besteht in der Verknüpfungs- und Integrationsarbeit. Diese Funktion von Führung wird sinnvollerweise von Führungsteams wahrgenommen. Die häufig gescholtenen kollegialen Leitungen der Krankenhäuser bieten diesbezüglich große Chancen, wenn es ihnen gelingt, sich als Führungsteams zu entwickeln. Führungsprozesse verlagern sich in modernen Wirtschaftsunternehmen, aber auch in den Expertinnenorganisationen Krankenhaus und Universität in Teams, die ihrerseits Teams führen. Zu verknüpfen sind solche Teams über personelle Doppelmitgliedschaften, die für eine rasche Verzahnung der Prozesse zur Entscheidungsfindung sorgen. Die Qualität der Zusammenarbeit auf Leitungsebene ist ein äußerst wirkungsvolles Signal für die Organisationskultur einer Abteilung und eines ganzen „Hauses".
In dieser schwierigen Balance zwischen der Autonomie der Subeinheiten und der Suche nach Lösungen für das größere Ganze wird es für den Erfolg der Krankenhäuser immer entscheidender, in welcher Qualität die Führungskräfte in ihren jeweiligen Teams zusammenarbeiten.

- *Projektteams* werden eingerichtet, wenn es darum geht, in einer strategischen Perspektive eine fachliche Neuorientierung und Positionierung von Abteilungen oder der Gesamtorganisation zu betreiben. Kooperationen zwischen Abteilungen, aber auch zwischen Spitälern können im Kontext einer Gesamtstrategie des Hauses bzw. des Trägers in Entwicklungsprojekten etabliert und erprobt werden. Dafür liefern die folgenden Fallbeispiele viel Anschauungsmaterial. Projektteams sind der kritische Erfolgsfaktor für das Projektmanagement (siehe Kapitel VIII) und daher oft eine sehr gute Antwort auf die strukturellen Widersprüche der Organisation des Krankenhauses. Sie können dabei helfen, Kooperationen zwischen den Berufsgruppen zu intensivieren, ohne die grundsätzliche Autonomie der Berufsgruppen aufzuheben. Sie können Mitarbeiterinnen auf unterschiedlichen Hierarchieebenen sowie mit unterschiedlicher fachlicher Perspektive und Berufserfahrung die Möglichkeit zur Mitsprache und Mitgestaltung bieten.

Für die Organisationsentwicklung des Krankenhauses wird man in der Regel auf Projektteams angewiesen sein, weil tief greifendere Verbesserungen nur im Zuge von Projekten zu realisieren sind.

KAPITEL II

Auf das Ergebnis kommt es an

Die Verankerung von Outcome-Indikatoren als Entwicklungsprozess in und zwischen Organisationen

RALPH GROSSMANN

Der Erfolg einer Organisation zeigt sich letztlich an der Wirkung, die ihre Dienstleistungen beim Kunden hervorrufen. Auch die Qualität der Strukturen und Prozesse findet ihren Maßstab am Ergebnis, dem „Outcome". Die Definition und Messung des Outcome einer Organisation sind Angelpunkte in einer wirksamen Qualitätsentwicklung und einer Steuerung der Organisation über Qualität.

In den Expertinnenorganisationen wie Krankenhäusern, Universitäten, Kulturbetrieben oder im Sozialbereich ist der Outcome nicht alleine über Zufriedenheit der Kunden mit Produkten oder einer klar abgegrenzten Dienstleistung, die sich in Kauf oder Nicht-Kauf ausdrückt, zu definieren. Zum Teil sind ihre Leistungen mit Veränderungen an den Kundinnen verbunden, etwa Heilung von Krankheiten oder Wissenszuwachs, und erfordern eine Koproduktion mit den Kunden. Andererseits konstituieren medizinische, pflegerische oder auch lehrende Tätigkeiten ein spezifisches Abhängigkeitsverhältnis der Adressatinnen gegenüber den Experten. Die Messung dieses Outcome braucht die Einschätzung der unmittelbaren Leistungsempfängerinnen ebenso wie die systematische Selbstbeobachtung durch die Experten. Das drückt sich auch darin aus, dass in der Regel zwischen Leistungserbringerin und Leistungsempfänger eine sehr starke Asymmetrie der Informationen besteht.

Expertinnenbetrieben fällt es besonders schwer, sich eine Außensicht der Kunden zu organisieren. Sie operieren nur sehr bedingt in einem Markt. Die Leistungen sind sehr vielschichtig; die Verwendung von ökonomisch eindeutigen Erfolgsindikatoren, etwa die in Zahlen fassbaren wirtschaftlichen Erfolge anderer Unternehmen, ist zwar möglich, aber angesichts der Aufgaben von Spitälern wenig sinnvoll. Die Einschätzung der Leistung wird andererseits von den Expertinnen selbst primär als ihre Aufgabe gesehen und es fällt ihnen schwer, die Aussagekraft der Kundenrückmeldungen zu akzeptieren.

Die Auseinandersetzung mit Ergebnisindikatoren zwingt zur Beschäftigung mit der Kundinnensicht und eröffnet einen neuen Blickwinkel auf die Organisation. Die systematische Beschäftigung mit den Ergebnissen rückt die Leistungsprozesse ins Blickfeld, die zu diesen – befriedigenden oder weniger befriedigenden – Ergebnissen geführt haben. Ausgehend von den Ergebnissen können rückwirkend die Handlungsketten betrachtet werden, die das Ergebnis bedingen.

Systematische Ergebnismessungen am Patienten legen eine Befassung mit den Leistungsprozessen nahe und machen ohne eine solche Konsequenz auch wenig Sinn. Die Optimierung von Leistungsprozessen ist das komplementäre Instrument zur Messung der Ergebnisse. Gemeinsam sind sie ein wirkungsvolles Qualitätsentwicklungs- und Steuerungsrepertoire.

Die Prozessperspektive hat für das Krankenhaus besondere Bedeutung. Seine horizontale und vertikale Fragmentierung – nach Berufsgruppen, Organisationseinheiten und Hierarchieebenen – sperrt sich besonders gegen die Arbeit an durchgehenden Prozessen. Leicht bleibt auch engagierte Qualitätsarbeit in *einer* Berufsgruppe gefangen. Die Betrachtung vom Ergebnis her und mit der Rückmeldung aus Patientinnensicht rückt den gesamten Leistungsprozess ins Blickfeld. Der Zusammenhang zwischen Ergebnis der Tätigkeit und Organisation der Arbeit wird hergestellt, wobei es im konkreten Fall schwierig bleibt, eindeutige Kausalzusammenhänge zu erstellen. Je unbestimmter das Ergebnis und die Erfolgsindikatoren sind, desto beliebiger bleibt die Organisation. Die systematische Erfassung der Ergebnisse macht die Organisation auch strategiefähiger. Die Schwächen und Stärken treten deutlicher hervor und legen Schwerpunkte sowie Entwicklungsprogramme nahe. Die Qualitätsunterschiede innerhalb der Organisation werden sichtbar und eröffnen bei systematischer Auseinandersetzung ein Lernen der Organisation an diesen Unterschieden.

Die „Outcome-Projekte" als Organisationsentwicklungsprozess

Das „LORAS-Outcome-Projekt" des Kantons Zürich

Auf Initiative und im Auftrag der Gesundheitsdirektion des Kantons Zürich wurde 1996 bis 2000 ein umfangreiches Projekt zur Ergebnismessung in einer Reihe von Spitälern des Kantons durchgeführt. Es war ein kooperativ angelegtes Projekt zwischen Gesundheitsverwaltung und Spitälern sowie in der Folge im Interesse der dauerhaften Verankerung mit den Versicherern. Das Outcome-Projekt war ein Vorhaben im Rahmen der Verwaltungsreform im Sinn des New Public Management – „wirkungsorientierte Verwaltungsführung – wif!". Unter diesem Label wird in der Schweiz versucht, öffentliche Dienstleistungseinrichtungen zu modern organisierten, effizienten, kundenorientierten Dienstleistungsbetrieben zu entwickeln.

Der Kanton Zürich reformierte seit Mitte der 1990er Jahre die Steuerung der Spitäler im Sinn der wirkungsorientierten Verwaltungsführung. Das geschah im Rahmen des mehrjährigen spitalsbezogenen „wif!-Projektes LORAS" (Leistungsorientierte Ressourcenallokation im Spitalsbereich) der Gesundheitsdirektion. Mit LORAS wurde versucht, einen Wechsel von der Input-Steuerung zu einer Output- bzw. Outcome-Steuerung zu vollziehen. Die Steuerung der Spitalstätigkeit sollte nicht mehr durch die Bewilligung von Ressourcen (Personal- und Sachmittel) erfolgen (Input-Steuerung), sondern auf Grund der erbrachten Leistungen (Output-Steuerung), wobei die Leistungen nicht bloß quantitativ erfasst (z.B. Anzahl der Blinddarmoperationen), sondern an der Wirkung und damit der Qualität der Ergebnisse, an definierten Messkriterien (Outcome), festgemacht werden sollen.

Die Verwaltungsreform im Spitalsbereich wurde durch ein Bündel von Reformansätzen und zugehörigen Projekten durchgeführt: Steuerung über Globalbudgets und Leistungsvereinbarungen, Einführung von DRG (Diagnostic Related Grouping) und am Outcome orientierte Leistungsmessung. Mitzudenken ist auch, dass auf der Ebene des Kantons gleichzeitig Budgetkürzungen für den Spitalsbereich und, als ein Umsetzungsinstrument dazu, die Deckelung der Budgets auf Seiten der Leistungserbringer realisiert werden mussten. Von den für die Reform eingesetzten Finanzmitteln wurde rund ein Drittel für die Entwicklung, Erprobung und Verankerung von Ergebnisindikatoren eingesetzt.

„Outcome" war als Steuerungs- und Qualitätsprojekt angelegt. Der Ansatz strebte an, dass eine möglichst hohe Qualität der medizinischen und pflegerischen Leistungen primäres gesundheitspolitisches Ziel bleiben sollte und dass die Einrichtungen des Gesundheitswesens zueinander primär über Qualität in Konkurrenz treten sollten. Dabei ging man von der Annahme aus, dass Expertenorganisationen am ehesten über qualitätsbezogene Steuerungsimpulse ansprechbar sind. Mit den qualitätsorientierten Outcome-Projekten sollte auch der Gefahr begegnet werden, dass bei der Einführung leistungsbezogener Steuerungs- und Finanzierungsmodelle neben dem gewünschten Effekt der effizienten Leistungssteuerung und Ressourcenallokation ebenso ein Qualitätsrückgang, eine verdeckte Rationierung und damit eine verschärfte Zwei-Klassen-Medizin bewirkt werden könnten (wif!-Projekt LORAS 1998, S. 5).

Der Reformprozess wurde de facto über drei Projekte realisiert, wobei das dritte Projekt in der Gründung des „Vereins Outcome" mündete:

1. Outcome 1: 1996-1998; Indikatorenentwicklung und Testung in drei Spitälern (Pretest)
2. Outcome 98: 1998-1999; Indikatorenverbesserung; breite Testung in acht Spitälern
3. Verankerung: 1998-2000; Verankerung der Outcome-Messungen im Kanton Zürich
4. „Verein Outcome": ab 2000

Im Rahmen des Projektes Outcome 1 wurde ein erstes Set von Outcome-Indikatoren entwickelt, getestet und evaluiert. Es wurde von Sommer 1996 bis

Frühjahr 1998 mit drei der neun LORAS-Spitäler durchgeführt, die sich im Zuge einer Ausschreibung als Pilotprojekte und Partner gemeldet hatten.

Auf der Evaluation aufbauend wurden die Indikatoren zwischen Outcome 1 und Outcome 98 verbessert. Von Frühjahr 1998 bis Frühjahr 1999 wurde das Projekt Outcome 98 angeschlossen. Die Zielsetzungen lauteten:

1. Vertrautheit aller LORAS-Spitäler mit der Outcome-Philosophie und dem Outcome-Instrumentarium
2. breite Testung und Evaluation der Indikatoren mit den Schwerpunkten Vergleichbarkeit, Aussagekraft und Anwendbarkeit
3. Vorbereitung der Spitäler auf künftige Messungen
4. Erarbeitung von Empfehlungen für die Implementierung der Outcome-Messung nach Outcome 98

Die Outcome-Projekte selbst waren nicht darauf ausgerichtet, die Ergebnisqualität der einzelnen Spitäler auszuweisen oder transparent zu machen, auch wenn sie in der längerfristigen Orientierung konzeptiv darauf ausgerichtet waren. Unmittelbare Anstöße für die Qualitätsentwicklung zu geben war nur indirektes Ziel. Zentrales Ziel war die möglichst konsensuelle Entwicklung von Outcome-Indikatoren, Instrumenten und Messmethoden, ihre praktische Erprobung und die praktische organisatorische Vorbereitung der Spitäler auf Outcome-Messungen.

Parallel zu Outcome 98 wurde von der Gesundheitsdirektion ein Verankerungsprojekt durchgeführt, das die Verankerung der Outcome-Messungen im Kanton vorbereiten sollte. Daran beteiligten sich neben der Gesundheitsdirektion und den LORAS-Spitälern auch die Versicherer, die Patientenorganisationen sowie die grundversorgenden Ärztinnen und Ärzte. Die Empfehlungen von Outcome 98 zum weiteren Vorgehen, was die Implementierung des Outcome-Ansatzes betrifft, finden in diesem Projekt einen direkten Adressaten. Der zentrale Vorschlag des Verankerungsprojektes wurde inzwischen verwirklicht – die Entwicklung einer unabhängigen Stelle zur Durchführung der Messungen und zur Weiterentwicklung der Instrumente, getragen von den Projektpartnern Versicherer, Gesundheitsverwaltung und Leistungserbringer. Der „Verein Outcome" hat Anfang des Jahres 2000 seine Arbeit aufgenommen und ab Herbst 2000 flächendeckende Messungen in allen 17 Akut-Spitälern des Kantons Zürich durchzuführen begonnen. Inzwischen wurden auch Verträge mit außerkantonalen Spitälern und Trägern wie dem Kanton Bern abgeschlossen.

Organisationsentwicklung in und zwischen Organisationen

Mit den Outcome-Projekten wurde ein sehr anspruchsvoller organisatorischer Veränderungsprozess in und zwischen Organisationen in Gang gesetzt. Der längerfristige Erfolg des Vorhabens bedingt einen tief greifenden Wandel der

Logiken und Verfahren der beteiligten Organisationen, sowohl intern als auch im Kontakt miteinander. Die Projekte werden hier auch primär unter dem Blickwinkel der Organisationsentwicklung diskutiert. Die erarbeiteten Ergebnisindikatoren werden hier nur kurz vorgestellt (siehe unten), für die gesundheitswissenschaftliche Diskussion der Indikatoren verweisen wir auf andere Publikationen (Managed Care 4/2000; wif!-Projekt LORAS 1998; Ebner/Köck 1996).

Die Outcome-Projekte wurden von der Wiener Beratungsfirma Köck, Ebner & Partner mitkonzipiert und begleitet. Der Autor hat als Prozessberater und Partner dieser Firma von Herbst 1996 bis Frühjahr 1999 das Projekt unterstützt – einerseits als Berater der Steuerungsgremien in Outcome 1 und Outcome 98, andererseits durch Supervision mit den spitalsinternen Projektleitern, durch Bilanzklausuren der erweiterten Projektleitung sowie durch die Gestaltung von Informations- und Transfermeetings innerhalb der Gesundheitsdirektion. Unter seiner Leitung wurden im Rahmen von Outcome 1 auch drei Fallstudien zur innerorganisatorischen Umsetzung des Outcome-Ansatzes in den Pilotspitälern erstellt. Zusätzlich zu den Beobachtungen aus der Sicht des Organisationsberaters und den Ergebnissen der Fallstudien lieferten die Evaluationsmaßnahmen innerhalb des Projektes sowie die Berichte Material für diese Darstellung.

Steuerung ist ein Vorgang zwischen relativ autonomen Systemen, hier zwischen der Gesundheitsdirektion des Kantons und den Spitälern im Kanton. Für diese Spitäler ist die Gesundheitsdirektion einerseits Behörde in der Gestaltung von Rahmenbedingungen und andererseits in unterschiedlichem Ausmaß Mitfinancier. Innerhalb der Spitäler sind die relativ autonomen dezentralen Einheiten – die Departements, Kliniken oder Abteilungen – die Adressaten der Steuerung. Die Steuerungsproblematik ergibt sich aus dem Umstand, dass eine lineare, inhaltliche zwingende Einflussnahme auf autonome Systeme nicht möglich ist (vgl. Kapitel I), ohne die Arbeitsfähigkeit der Systeme zu gefährden. Dies wird in Qualitätsfragen besonders deutlich. Die Qualität der Leistung ist zentral von der Professionalität und der Motivation der Mitarbeiterinnen in den Spitälern abhängig. Sie ist also letztlich nur auf der Basis einer Entscheidung der Mitarbeiter durch Selbstbindung zu sichern. Steuerung in diesem Sinn ist eine zielgerichtete Kommunikation zwischen Personen oder sozialen Systemen, die die Reaktion des angesprochenen Systems respektiert und kalkuliert. Im Steuerungsprozess steht dabei immer das Verhältnis von autonomen Systemen zur Disposition. *Die Bedeutung von Erfolgskriterien als Steuerungsinstrument hängt vor allem davon ab, ob sie Akzeptanz bei den Professionellen finden, und die Akzeptanz hängt wesentlich davon ab, ob die Erfolgskriterien gemeinsam entwickelt und entschieden wurden.* Die Steuerungswirkung von Ergebniskriterien entfaltet sich vor allem in der gemeinschaftlichen Auseinandersetzung mit diesen Kriterien. Das waren auch die zentralen Arbeitshypothesen hinter dem Ansatz der Outcome-Projekte. Mitzudenken ist, dass rund die Hälfte der Indikatoren auf einer „Selbstdeklaration" der Professionellen beruht. Bei einer externen Steuerung (offenes Benchmarking) ergibt sich „automatisch" eine schlechtere Datenqualität (Manipulation) und somit eine schlechtere Vergleichbarkeit der Daten.

Hier interessiert besonders, wie es zwischen den Partnern der Outcome-Projekte, die ja durch eine vielschichtige Beziehung bestimmt waren, gelungen ist, zu einem kooperativen Arbeitsprozess und zu tragfähigen Vereinbarungen in Bezug auf die Ergebnisindikatoren zu gelangen. Diese Kooperation zwischen selbstständigen Organisationen ist das Kernstück des Fallbeispiels.

Gleichzeitig wird in den Outcome-Projekten eine zweite Ebene der Organisationsentwicklung angesprochen: die interne Organisationsentwicklung der einzelnen Spitäler. Die Ausrichtung auf eine am Outcome orientierte Qualitätsarbeit macht auch innerhalb der Spitäler einschneidende Entwicklungsprozesse notwendig. Die Arbeitshypothese dazu lautet: *Je selbstständiger und entwickelter ein System ist, desto eher ist es für Steuerungsimpulse ansprechbar.* Wer steuern will, muss gleichzeitig autonome Handlungsfähigkeit fördern und in das Selbstentwicklungspotenzial der angesprochenen Organisationen investieren. Die Steuerung über Outcome-Indikatoren setzt, wenn sie zu Qualitätsverbesserungen beitragen sollen, ein entwickeltes Qualitätssystem innerhalb der einzelnen Spitäler voraus.

Dieser Zusammenhang war den Projektinitiatoren grundsätzlich bewusst. Da aber der Aufbau von Qualitätsmanagement Sache der relativ autonomen Spitäler ist, wurden die Outcome-Projekte auf den Entwicklungsprozess zwischen den Organisationen fokussiert. Die interne Entwicklung der Spitalsorganisation als wichtige Erfolgsbedingung wurde nur sehr indirekt berücksichtigt. Damit wurden die normativ-konzeptive und die instrumentelle Dimension weiter entwickelt als die organisatorische Umsetzung – mit dem Risiko, dass das eigentliche Ziel, die Qualitätsverbesserung, nicht erreicht wird. Denn der Grundsatz der Reform „keine Ergebnismessung ohne anschließende Qualitätsverbesserung" ist mit dem hier vorliegenden Konzept noch nicht eingelöst. Allerdings stoßen – gerade wenn die Autonomie der Organisationen akzeptiert wird – die Einflussmöglichkeiten einer steuernden Organisation an Grenzen.

Die Frage, wie die Spitäler die Outcome-Messung zum treibenden Faktor ihrer Qualitätsarbeit nutzen, wird erst die Praxis der nächsten Jahre zeigen, nachdem im Herbst/Winter 2000/2001 die flächendeckende Messung gestartet wurde.

Die Anlage des Outcome-Projektes

Für die Durchführung des Projektes wurde eine der Aufgabe entsprechende komplexe Projektorganisation gewählt.

Am Projekt Outcome 1 waren die Gesundheitsdirektion und drei Spitäler aus dem Kanton Zürich als Pilotspitäler beteiligt. Projektorganisation und Projekt-

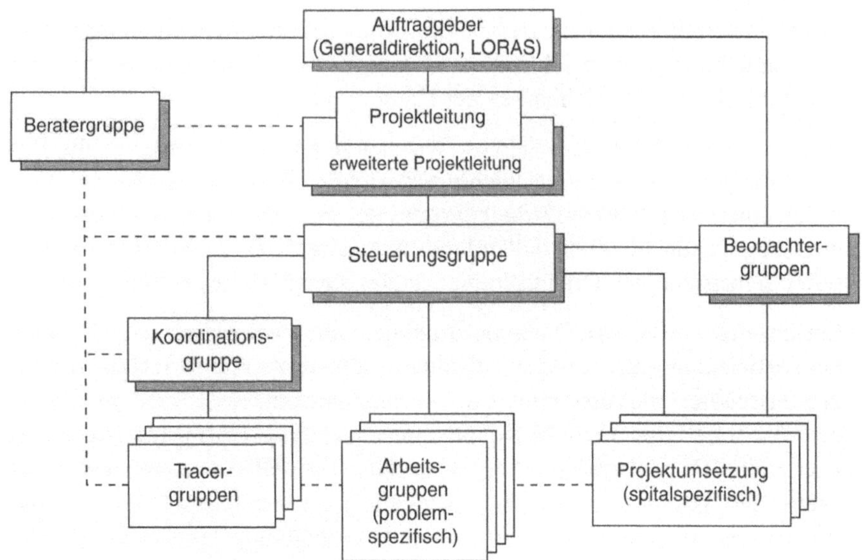

Abbildung 1: Projektorganisation

management sollten eine partnerschaftliche Realisierung des Vorhabens gewährleisten. Gleichzeitig war eine möglichst breite und interdisziplinäre Beteiligung der Mitarbeiter aus den drei Pilotspitälern angestrebt.

Auftraggeber

Ziele und Rahmenbedingungen des Projektes wurden in einem Vertrag zwischen der Gesundheitsdirektion/Projekt LORAS als Auftraggeber und den drei Spitälern festgelegt.

Steuerungsgruppe

Das Kernstück der kooperativen Projektsteuerung bildete eine Steuerungsgruppe, in der alle Fragen der strategischen Ausrichtung und Abstimmung des Projektes bearbeitet sowie die Entscheidungen dazu getroffen wurden. Diese Steuerungsgruppe wurde von je zwei Vertretern der Pilotspitäler (ein Mitglied der Spitalsleitung und der interne Projektleiter), dem Projektleiter LORAS und einer Vertreterin der Gesundheitsdirektion sowie den beiden Projektleitern des Outcome-Projektes gebildet.

Projektleitung

Das Projektmanagement wurde vom Projektleiter und seinem Stellvertreter wahrgenommen. Aufgabenschwerpunkte der Projektleitung waren:

38

- Vorbereitung, Koordination und Überwachung aller strategischen und operativen Aktivitäten
- Schaffung und Nutzung einer Informations- und Kommunikationsstruktur
- Umfassende Dokumentation des Projektes sowie die Vorbereitung und Koordination der Projektevaluation
- Datenauswertung und Rückspiegelung in die Häuser
- Berichterstattung an den Auftraggeber

Erweiterte Projektleitung

Die erweiterte Projektleitung wurde von dem Projektleiter LORAS, der Vertreterin der Gesundheitsdirektion und der Projektleitung wahrgenommen (vgl. wif!-Projekt LORAS 1998, S. 8 ff.).

Der erweiterten Projektleitung oblagen folgende Aufgaben:

- Entwicklung der strategischen Rahmenbedingungen für das Projekt
- Vorbereitung von Entscheidungsgrundlagen zu grundsätzlichen Fragen zum Projektinhalt und Projektverlauf
- Kontinuierliche Beobachtung und Bewertung des Projektverlaufs
- Ideelle und strukturelle Unterstützung des Projektes in allen Phasen

Tracergruppen, Arbeitsgruppen, Koordinationsgruppe

Diese Gruppen leisteten die inhaltliche Entwicklungsarbeit und wurden dementsprechend bereichsspezifisch eingerichtet. Sie waren zudem für die Abstimmung mit den Spitälern, an denen die Indikatoren später erprobt wurden, zuständig und gegenüber der Steuerungsgruppe in Bezug auf das Ergebnis und den Entwicklungsprozess verantwortlich. Bei der Zusammensetzung wurde stets auf die Interdisziplinarität der Gruppen geachtet. Ihre Aufgaben waren so definiert:

- Literaturrecherche bzw. Erfassen bereits entwickelter Indikatoren
- Entwicklung der Indikatoren, der Messmethoden und Messpläne

Insgesamt wurden elf Tracergruppen, drei Arbeitsgruppen und eine Koordinationsgruppe eingesetzt.

Für bestimmte elf unterschiedliche Diagnosen und Behandlungen, ausgewählt auf Grund ihrer Häufigkeit und ihrer Bedeutung im Kontext der Krankenversorgung, wurde jeweils eine interdisziplinäre Tracergruppe eingerichtet. Die Tracergruppen bestanden aus Mitarbeiterinnen und Mitarbeitern der drei Spitäler, und zwar aus allen relevanten Berufsgruppen, sowie aus externen Expertinnen, dem Koordinator, dem Berater, der Projektleitung Outcome und (in den zweiten Tracergruppen-Sitzungen) den Mitgliedern der Koordinationsgruppe. Die Tracergruppen waren für die Auswahl und Bereinigung der von der Koordinationsgruppe vorgeschlagenen Indikatoren zuständig.

Qualitätsindikatoren

Output-Indikatoren

- Wartezeiten bei elektiven Eintritten
- Wartezeiten bei Notfalleintritten
- OP-Wechselzeiten
- Lieferzeiten Ärzteberichte
- Dauer der Rechnungsstellung
- Wartezeiten auf Reparaturerledigung
- Verschiebung geplanter Eingriffe
- Umgang mit Reklamationen

Diagnoseunabhängige Indikatoren:

- Nicht geplante Rehospitalisation innert vier Wochen nach Entlassung
- Nicht geplante Reinterventionen
- Verletzungen von Patienten während des stationären Aufenthalts
- Anästhesiologische Komplikationen und perioperative Beschwerden
- Dekubitus
- Nosokomiale Infekte (Spitalinfekte)
- Umgang mit Pat. in akutem Verwirrungszustand und mit deren Angehörigen

Frage-Dimensionen des Patientenfragebogens (Picker-Institute, Boston):

- Respekt gegenüber den Werten, Vorlieben und Bedürfnissen der Patienten
- Koordination der Betreuung
- Information, Aufklärung, Instruktion
- Körperliches Wohlbefinden
- Emotionale Unterstützung sowie Linderung von Angst und Furcht
- Einbeziehung von Familie und Angehörigen
- Kontinuität und Entlassung

Die elf Tracer-Diagnosen für die diagnoseabhängigen Indikatoren:

- Blinddarmentzündung
- Leistenbruch
- Zuckerkrankheit als Begleitdiagnose
- Hirnschlag
- Herzinfarkt
- Brustkrebs, chirurgisch-therapeutische Phase
- **Obere Oberschenkelfraktur**
- Geburt durch Kaiserschnitt
- Hüftprothese bei Hüftarthrose
- Gutartige Prostatavergrößerung
- Grauer Star

Die Indikatoren müssen:

- Ergebnisse messen
- Die Patientenperspektive berücksichtigen
- Ein umfassendes Bild geben
- berücksichtigen, dass mehrere Berufe an der Betreuung beteiligt sind

Die Indikatoren zum Tracer Obere Oberschenkelfraktur:

- Zeit, bis operiert wird
- Rate der Komplikationen (Wundinfekt, Blutung, technische Mängel, Luxation, Fieber, Stürze, Verlegung auf Intensivstation)
- Sterblichkeit
- Ungeplante Rehospitalisationen
- Veränderung der Schmerzsituation
- Beweglichkeitsverbesserung im Alltag
- Veränderung der Pflegebedürftigkeit

Abbildung 2: LORAS Profil, Newsletter zum wif!-Projekt LORAS, 4/1997

Die Arbeitsgruppen wurden zum Teil von drei Spitalsvertretern und zum Teil von Mitgliedern des Projektteams geführt. Die drei Arbeitsgruppen wurden für die Entwicklung von Output-Indikatoren bzw. diagnoseunabhängigen Indikatoren sowie für die Auswahl eines geeigneten Fragebogens zur Messung der Patientinnenzufriedenheit eingesetzt.

Die Koordinationsgruppe wurde mit der Ausarbeitung, Entwicklung und Vorbereitung der Erprobung von diagnoseabhängigen Indikatoren zu den ausgewählten Tracerdiagnosen beauftragt, unter Einbeziehung der externen Experten in den Tracergruppen. Sie bestand aus einem wissenschaftlichen Assistenten (Koordinator), medizinischen und pflegerischen Experten, der Projektleitung Outcome und einem Berater. Sie hatte also Vor- und Nacharbeit für die Tracergruppen zu leisten.

Beobachtergruppen

Der Erfolg eines Projektes hängt wesentlich davon ab, dass es gelingt, neben der operativen Bewältigung der fachlichen Aufgaben auch den Arbeitsprozess selbst kontinuierlich zu beobachten und auszuwerten sowie die Ergebnisse der Auswertung für die weitere Projektsteuerung zu nutzen. Diese kontinuierliche Selbstreflexion des Projektes wurde von der erweiterten Projektleitung und der Steuerungsgruppe sehr sorgfältig wahrgenommen. Mit zwei Beobachtergruppen, die in den Pilotspitälern zu einem späteren Zeitpunkt eingerichtet wurden, organisierte sich das Projekt eine zusätzliche Außenperspektive aus Sicht der Mitarbeiterinnen in den beteiligten Spitälern. Diese Beobachtergruppen, ebenfalls interdisziplinär zusammengesetzt, bekamen folgende Aufgaben:

- Kontinuierliche Beobachtung und kritische Auseinandersetzung während der Erprobungsphase
- Kontinuierliches Feedback an die Projektleitung Outcome und an die spitalsinternen Projektleiter
- Beurteilung der Praktikabilität und Einsetzbarkeit der Indikatoren im Rahmen einer Schlussbewertung

Darüber hinaus eröffneten sie eine Möglichkeit des Lernens in den beteiligten Organisationen. Mit den Beobachtergruppen war ein zusätzlicher Kreis von Mitarbeitern an die Entwicklung angeschlossen, was den Transfer der Projektergebnisse und Erfahrungen in die Alltagsroutine der Spitäler erleichtern sollte.

Entscheidend für eine realistische Beobachtung und Berichterstattung war, dass die Beobachter intern keine hierarchiebedingten Probleme überwinden mussten und dass sie offen, unzensuriert und unabhängig berichten durften. Sie waren für diese Aufgabe nur gegenüber den internen Projektleitern und der Projektleitung Outcome verantwortlich. Die Rückendeckung der Spitalsleitung durch eine entsprechende Information im Betrieb über diese Funktionen war erforderlich.

In je vier Sitzungen à 2,5 Stunden wurden die beiden Gruppen konstituiert, die Beobachtungsinhalte abgeklärt und die Beobachtungen diskutiert. Die Ergebnisse wurden in einem Schlussbericht und mehreren Zwischenberichten dargestellt. Beobachtete Dimensionen waren:

- Sicherstellung der Interdisziplinarität
- Sicherstellung umfassender Messung und der Einhaltung der Messmethodik/Messpläne
- Gewährleistung der Verbindlichkeit
- Engagement und Motivation
- Widerstände, wesentliche Probleme und Reaktionen auf Probleme
- Verbesserungsvorschläge bezüglich der Durchführung

Beratergruppe

Die Beratungsgesellschaft Köck, Ebner & Partner (Wien) stand während der gesamten Dauer des Projektes zur Verfügung. Sie erbrachte eine umfassende Beratungsdienstleistung auf der Ebene von Fach- und Prozessberatung. Expertise wurde auf den Gebieten Gesundheitsökonomie und Qualitätsmanagement sowie in fachlich-methodischen Fragen der Indikatorenentwicklung auf den Gebieten Projektmanagement und Organisationsentwicklung eingebracht. Die Projektanlage wurde mit dem Know-how der Beratergruppe entwickelt. D.h., Beratung wurde in der Gestaltung der komplexen Projektarchitektur, in der Steuerung und Moderation der einzelnen Sitzungen und des Gesamtprozesses sowie in der kontinuierlichen Beobachtung, Reflexion und Optimierung des Arbeitsprozesses wirksam. Aus Gründen der einfachen und engen Abstimmung innerhalb des Beratersystems wurden diese Funktionen von einem kleinen, aus drei Beratern bestehenden Team arbeitsteilig wahrgenommen. Alle dargestellten Projektgremien – erweiterte Projektleitung, Projektleitung, Steuerungsgruppe, Arbeitsgruppen, Tracergruppen, Koordinationsgruppe – wurden regelmäßig von Beratern unterstützt. Wichtig für die partnerschaftliche Gestaltung des Projektes zwischen den beteiligten Organisationen war auch eine entsprechende Arbeitsteilung der Beratergruppe. Während zwei der Berater die fachlich-methodische Arbeit aktiv unterstützten und anleiteten sowie durch die unmittelbare Auftragsbeziehung zur Gesundheitsdirektion und zur Projektleitung auch eine große Nähe zum Auftraggeber entwickelten, konnte sich der Autor als Spezialist für Organisationsentwicklung bei der Prozessberatung der Steuerungsgruppe auf eine möglichst allparteiliche Unterstützung der Projektpartner konzentrieren: die unterschiedlichen Perspektiven der Organisationen und Funktionsgruppen im Steuerungsprozess wirksam werden zu lassen, eine kooperative Willensbildungs- und Entscheidungsform zu ermöglichen sowie die reflexive Selbstorganisation des Projektes anzuleiten. Im Angebot der Firma Köck, Ebner & Partner wurde der Beratungsansatz in folgender Weise skizziert:

- Systemisches Verständnis von Organisationen,
- die Beratungskonzepte werden auf die spezifische Situation zugeschnitten, in der sich die Organisation befindet,
- geplantes, vorausblickendes Vorgehen, das strukturelle Sicherheit bietet, und
- zugleich flexibles und situatives Eingehen auf die aktuellen Verhältnisse,
- klare Differenzierung der Rollen im Beratungsverhältnis sowie
- Verbesserungsarbeit als Veränderungsarbeit, verknüpft mit der Entwicklung der Organisation.

Angelpunkte der Projektentwicklung

Konsequentes Projektmanagement: der Projektvertrag

Das Projekt Outcome hat sehr ungleiche Partner mit widersprüchlichen Beziehungen verbunden. Die Gesundheitsdirektion, vertreten vor allem durch das Projekt LORAS, trat gegenüber den Spitälern einerseits als vorgesetzte Behörde und Mitfinancier sowie andererseits im Projekt als politische Steuerungsinstanz mit einem modernen Steuerungsverständnis auf. Die Spitäler hatten unterschiedliche Nähe und Abhängigkeit zur Gesundheitsdirektion – eines davon, ein Kantonsspital, als im „Eigentum" des Kantons stehend. Die ungleich großen Spitäler waren durch vergleichbare Interessen gegenüber der Politik und Verwaltung verbunden, andererseits auch in wachsendem Maß Konkurrenten. Gerade durch das Outcome-Projekt sollte die Konkurrenz über Qualität verschärft werden. Die Spitäler hatten auch mit sehr unterschiedlichen Interventionen seitens der Gesundheitsdirektion umzugehen: mit partnerschaftlichen Angeboten im LORAS-Projekt und mit direktiven Eingriffen aus anderen Teilen der Gesundheitsdirektion. Hier ist noch einmal auf die am Anfang skizzierte politische und ökonomische Gesamtsituation zu verweisen.

Diesen Widersprüchen wurde mit einem konsequenten Projektmanagement begegnet. Für die Entwicklung und Erprobung der Outcome-Indikatoren wurde eine inhaltlich und sozial klar abgegrenzte Projektorganisation zwischen den anfänglich vier (drei Spitäler und die Gesundheitsdirektion), später zehn Partnerorganisationen (neun Spitäler und die Gesundheitsdirektion) aufgebaut. Diese Projektorganisation wurde einerseits durch ausdifferenzierte Kommunikationsstrukturen und andererseits durch einen Projektvertrag gefestigt. In diesem Vertrag – abgeschlossen zwischen der Gesundheitsdirektion und den Pilotspitälern – wurden die Ziele des Vorhabens und vor allem die Spielregeln der Zusammenarbeit, die Rechte und Pflichten der Beteiligten festgelegt. Eckpfeiler dieser Spielregeln waren:

- die Verpflichtung der Spitäler, die notwendigen personellen Ressourcen und internen Projektstrukturen für Entwicklung und Erprobung zur Verfügung zu stellen und dabei die vereinbarte Interdisziplinarität zu gewährleisten,

- Daten zu erheben und zur Verfügung zu stellen,
- die Daten nur innerhalb des Projektes zu verwenden, um über die Nutzung der Daten gemeinsam zu entscheiden,
- sich einer adäquaten Evaluation zu unterziehen und die Konkretisierung der Evaluation im Konsens vorzunehmen,
- seitens der Gesundheitsdirektion für eine entsprechende externe beraterische Unterstützung zu sorgen sowie
- für die Mitwirkung an der partnerschaftlichen Steuerung des Projektes hohe Verbindlichkeit einzugehen.

Die Mitwirkung an der Steuerungsgruppe musste von den nominierten Personen persönlich wahrgenommen werden. Eine Stellvertretung wurde aus Gründen der Kontinuität und Qualität des Kommunikationsprozesses ausgeschlossen. Die Verbindlichkeit der Teilnahme wurde sogar durch die Vereinbarung einer Konventionalstrafe unterstrichen: Für den Fall, dass die Spitäler nicht mindestens durch einen von zwei Delegierten und die Gesundheitsdirektion nicht durch zwei von vier Delegierten in einer Steuerungssitzung vertreten würden, würde die Sitzung abgesagt und die verursachende Partei müsste die tatsächlich anfallenden Ausfallskosten bis maximal 10.000 Franken übernehmen. Die Aushandlung dieser Klausel – mehr als die faktische Bedrohung durch eine Zahlung – hat tatsächlich zu hoher Verbindlichkeit der Teilnahme geführt. Termine wurden sorgfältig vereinbart und eingehalten. Die Steuerungsgruppe war während der gesamten Laufzeit arbeitsfähig. Zu Absagen kam es nie.

Langfristig stabile Projektarchitektur und intensives Kommunikationsmanagement

Das Projekt Outcome war ein Vorhaben mit ungewissem Ausgang. Fachlich wurde in vielen Fragen Neuland betreten. Die Dynamik, die sich innerhalb der beteiligten Organisationen und zwischen diesen entfalten würde, war schwer vorherzusehen. Die politischen Rahmenbedingungen waren erst Schritt für Schritt zu gestalten und stellten aus der Sicht der Akteure im Projekt einen großen Unsicherheitsfaktor dar. Das zentrale Ziel der Ergebnismessung mit starker Berücksichtigung der Patientenzufriedenheit und der Patientinneninteressen musste für die professionellen Gruppen irritierende Erfahrungen produzieren.

Wenn Verlauf und Ausgang eines Veränderungsvorhabens so ungewiss und riskant erscheinen, ist es besonders wichtig, Stabilität und Sicherheit über den Prozess der Projektbearbeitung zu schaffen. *Je ungewisser der Ausgang, desto größer das Sicherheitsbedürfnis im Prozess.* Solche Prozesse sind nicht planbar, aber steuerbar. Dazu sind ausreichende und verlässliche Kommunikationsgelegenheiten vorzusehen und langfristig vorausschauend in der Prozessarchitektur zu vereinbaren. Die langfristig geplanten Klausurtage der Steuerungsgruppe, die regelmäßigen Sitzungen der erweiterten Projektleitung und der Projektleitung erfüllten diese Funktion. Es ist nicht notwendig und möglich vorauszusehen, was alles geschehen wird, aber es ist wichtig zu wissen, dass es einen Ort und ausreichend Kommunikation geben wird, um sich auf neue Situationen einzustellen.

Die Termine der Steuerungsgruppe und der erweiterten Projektleitung wie auch die kontinuierliche Arbeit der Projektleiter haben durch die notwendigerweise langfristigen Vereinbarungen mit den Beratern zusätzliche Verbindlichkeit erhalten. Das Arbeitsprogramm der Steuerungsgruppe war vielfältig:

- Ein gemeinsames Verständnis hinsichtlich der Grundsätze des Outcome-Ansatzes und der Projektphilosophie wurden erarbeitet.
- Die Arbeitsgruppen, die Tracergruppen bzw. die Koordinationsgruppe waren detailliert zu beauftragen. Zwischenergebnisse dieser Gruppen waren auszuwerten.
- Das zu entwickelnde Indikatoren-Set war zu beschließen.
- Die interne Projektorganisation in den Pilotspitälern war zu beraten.
- Die Projektaußenpolitik der Spitäler gegenüber der Gesundheitsdirektion und zum Teil auch gegenüber der gesundheitspolitisch interessierten Öffentlichkeit war zu planen.
- Die Erprobungsphase war vorzubereiten und die Messungen waren auf die Häuser zu verteilen.
- Auftretende Krisen im Projektverlauf waren zu bearbeiten.

Die Kooperation in der Steuerungsgruppe war der Schlüssel für die Entwicklung einer zieladäquaten Arbeitskultur (zur Steuerungsgruppe siehe auf der nächsten Seite).

Aktives und transparentes Projektmanagement durch die Projektleiter

Die Projektleiter bewältigten ein sehr großes Arbeitspensum: Die Sitzungen der Steuerungsgremien wurden intensiv vorbereitet. Ohne konkrete Vorlagen hätten der Steuerungskreis und die erweiterte Projektleitung ihre Arbeit nicht schaffen können. Die Projektleiter wirkten auch sehr aktiv am fachlichen Entwicklungsprozess in den Arbeitsgruppen und Tracergruppen bzw. in der Koordinationsgruppe mit. In der Vorbereitung der Erprobungsphase waren die Projektleiter als Fachberater in methodischen Fragen tätig. Einen weiteren Schlüssel zum Erfolg stellten die sorgfältige Projektdokumentation und ein intensives Informationsmanagement dar, durch das die Projektentwicklung für die Partner transparent gehalten wurde. Diese Aufgabe vervielfältigte sich im zweiten Outcome-Projekt durch die größere Zahl der beteiligten Organisationen. Unterstützt durch die Berater und die erweiterte Projektleitung haben die beiden Projektleiter ein sehr pro-aktives Projektmanagement betrieben und gleichzeitig Offenheit und Flexibilität gegenüber den Interessen der Projektpartner bewahrt.

Die Arbeit der Steuerungsgruppe – Angelpunkt der Projektkultur

Die Steuerungsgruppe setzte sich im ersten Outcome-Projekt aus Vertretern von vier Organisationen, im zweiten Jahr von zehn Organisationen zusammen. Die Arbeit eines solchen Gremiums entscheidet sich an der Frage, ob es gelingt, von einer Versammlung von Interessenvertretern, die primär ihren Bereich vor Augen haben, zu einer Gruppe zu werden, die sich primär an den Interessen des Gesamtprojektes orientiert und sich auf eine gemeinsame Steuerung des Projektes konzentriert. Die Interessen der einzelnen Organisationen treten dabei etwas in den Hintergrund, ohne zu verschwinden. Sie werden als Folie benutzt, mit deren Hilfe die Entwicklung des Projektes auf seine Machbarkeit und Akzeptanz getestet wird.

Angesagt ist nicht *defensive* Kooperation, in der Kompromisse zwischen *Einzelinteressen* geschlossen werden, sondern es werden *gemeinsame* Lösungen gesucht, die den Zielen des Vorhabens entsprechen und dabei auch die Interessen der einzelnen Partnerorganisationen berücksichtigen. Das gelingt nur, wenn die Steuerungsgruppe sich als soziales System mit eigener Identität etablieren kann, die Delegierten für die Dauer des Projektes eine Doppelmitgliedschaft eingehen und die Spannungen, die sich daraus ergeben, bewältigen können. Das erfordert gezielte Investitionen in die innere Entwicklung eines solchen Gremiums. *Die Steuerungsgruppe und ihre Arbeitsweise müssen selbst Arbeitsgegenstand werden.* In wenigen, zu knapp bemessenen, ganz auf die rasche Erledigung von Traktanden ausgerichteten Sitzungen können eine gemeinsam getragene Perspektive, eine Identität der Gruppe nicht entstehen.

Im ersten Outcome-Projekt ist es ganz ausgezeichnet gelungen, eine solche gemeinsame Perspektive zu entwickeln und durchzuhalten. Im zweiten Projekt, in dem die Steuerungsgruppe bedeutend größer und vielfältiger war, was die gesammelten Interessen betraf, gelang die Konstituierung immer noch erstaunlich gut. Diese Steuerungsgruppe mit rund 20 Mitgliedern war als Steuerungsgremium ebenfalls sehr arbeitsfähig, auch in Krisenzeiten des Projektes. Die Steuerungsgruppe von Outcome 1 wurde insgesamt 13-mal für jeweils einen Tag einberufen; für die Vor- und Nachbereitung dieser Sitzungen muss mit einem weiteren Arbeitstag kalkuliert werden. Im Projekt Outcome 98 wurde die Steuerungsgruppe zu neun ganztägigen und zwei halbtägigen Sitzungen einberufen. Um die große Gruppe durch mehr Arbeitsteilung zu entlasten sowie die Ebenen „operatives Management" und „Entscheidung" deutlich zu trennen, wurden zusätzliche Sitzungen der internen Projektleiter eingeführt, die für die Großgruppe mit den Repräsentanten der Spitalsleitungen die wichtigen Materien entscheidungsreif vorbereiteten. Die internen Projektleiter hielten fünf Sitzungen, zwei Supervisionen und einen Fachworkshop ab. Als Erfolgskriterien für die Arbeit der Steuerungsgruppe lassen sich benennen:

Der Aufbau einer Arbeitsorganisation innerhalb des Gremiums

Üblicherweise sitzen solche Gremien um einen Tisch und werden von ihren Vorsitzenden durch die Tagesordnung („Traktanden") gezogen. Die unterschiedlichen Perspektiven und Ressourcen der Gesamtgruppe werden kaum genutzt. Arbeitsteilung kommt nicht vor. Im Gegensatz dazu wurde die Steuerungsgruppe hier als Arbeitsgremium konstituiert. Tagesordnungspunkte wurden vom Projektleiter und den Beratern eingeführt. Durch Untergruppen wurden die verschiedenen institutionellen Perspektiven zum Tragen gebracht: z.B. von internen Projektleitern und Spitalsleitungsmitgliedern; oder nach Berufsgruppen strukturiert; oder es wurde zwischen großen und kleinen Spitälern sowie der Gesundheitsdirektion diskutiert – oft in mehreren Durchgängen – und erst dann die Materie zur Entscheidung gebracht. Dabei wurden vom Prozessberater unterschiedliche Arbeitsmethoden eingesetzt. Charakteristisch und verbindend war, dass im Verlauf der Klausuren gemeinsam etwas Neues erarbeitet wurde und nicht entweder bekannte Standpunkte ausgetauscht oder vorabgestimmte Positionen manipulativ durchgesetzt wurden. Voraussetzung dafür ist eine gute Vorbereitung der Sitzungen durch Projektleiter und Berater sowie eine allparteiliche Strukturierung und Moderation.

Trennung von Reflexion und Entscheidung

Die Kultur einer Organisation variiert sehr stark nach den Formen der Entscheidungsfindung. Der Kooperation von gleichberechtigten Partnern ist es angemessen, mit Konsensbildung und nur in Ausnahmefällen mit Mehrheitsentscheidungen zu arbeiten. Konsensentscheidungen zwingen dazu, die fachlichen und argumentativen Ressourcen der Gruppe auszuschöpfen, stärken die Identität des Gremiums und erhöhen die Verbindlichkeit in der Umsetzung. Mehrheitsentscheidungen erlauben die innere Distanzierung von den Ergebnissen, verleiten zu Fraktionsbildungen und Tauschgeschäften. Gemeinsam getragene konsensuelle Ergebnisse werden durch vorschnelle Schließung der Diskussion in Richtung Entscheidung erschwert. Eine sorgfältige Trennung der Arbeits- und Diskussionsphasen von der Entscheidung hilft dabei, gemeinsame Lösungen zu finden. Das bedeutet, die Diskussion offen zu halten, um Argumente auszutauschen, die Vor- und Nachteile eines Vorgehens wirklich in den Blick zu nehmen sowie Handlungsoptionen aufzumachen. Dabei kristallisiert sich häufig eine relativ beste Handlungsoption heraus, die mehr oder weniger von allen bejaht werden kann. Dieses Herangehen verweist auf einen anderen kritischen Erfolgsfaktor, das Timing:

Verzögerung und Beschleunigung

Für viele Teilnehmer ungewohnt, wurden in der Steuerungsgruppe oft lange fachliche Diskussionen und Prozesse der Willensbildung zugelassen. Die Diskussion wurde für die Suche nach gemeinsam tragfähigen Lösungen offen gehalten. Das trug dem Autor als Berater häufig die Kritik der mangelnden Effizienz in der Arbeit der Steuerungsgruppe ein, aber mit Fortdauer des Projektes wurden die hohe Qualität der inhaltlichen Arbeit und die breite Akzeptanz von Entscheidungen, die mit den „Verzögerungen" einhergingen, immer mehr geschätzt. Dieser Zugang erfordert einen stimmigen Tempowechsel. Das Gremium braucht Zeit für den Beziehungsaufbau, für die inhaltliche Arbeit und es braucht andererseits Erfolge durch Ergebnisse, vor allem in Form von Entscheidungen. Es ist daher Diskussion zuzulassen, vorschnelle Entscheidungen sind zu verzögern, aber zugleich ist die Kommunikation auch konsequent auf Entscheidungen auszurichten. Es braucht dazu ein gutes Gespür, wo es für die Gruppe wichtig ist, Aufwand zu betreiben, und wo eine pragmatische Haltung sinnvoll ist. Die Begleitung der Steuerungsgruppe durch zwei Berater mit den Schwerpunkten Fach- und Prozessberatung hat sich dabei sehr bewährt. Auch ein gutes Zusammenspiel von Projektleitern und Beratern ist dafür essenziell, ohne die Gruppe mit abgekarteten Positionen zu konfrontieren.

Die Gefühle zum Denken nutzen

Ein weiterer Angelpunkt liegt in der Balance von Sachlichkeit und Emotionalität. Emotionen müssen in der Arbeit einer solchen Steuerungsgruppe Platz haben und für die inhaltliche Arbeit ebenso genutzt werden wie für die Entwicklung der Kooperationsbeziehungen. In der Steuerungsgruppe gab es ein durchaus emotionales Arbeitsklima. Die Befindlichkeit der Mitglieder im Arbeitsprozess wurde regelmäßig besprochen, die Stimmungen der Gruppe wurden aufgegriffen und auf ihre Hintergründe befragt. Konflikte wurden nach Möglichkeit nicht tabuisiert, sondern offen ausgetragen, ohne sie eskalieren zu lassen. Vertrauen und Offenheit zwischen den Kooperationspartnern sowie Anerkennung unterschiedlicher Interessenlagen wurden zu einem wichtigen sozialen Bindemittel für die Arbeit der Steuerungsgruppe. *Bewusste Förderung eines Austausches, in dem Emotionen Platz haben, ist dabei nicht nur für die zwischenmenschlichen Beziehungen, sondern auch für die inhaltliche Arbeit von Bedeutung.* Zwischen Denken und Fühlen gibt es einen untrennbaren Zusammenhang und damit eine wechselseitige Beeinflussung. Die Steuerungsgruppe befasste sich mit durchaus emotional bewegenden Inhalten: mit der Beurteilung der eigenen Arbeit, mit dem Vergleich zwischen Berufsgruppen und Organisationen sowie mit dem Zusammenhang von Qualität der Arbeit und Ressourcen. Emotionen sind wertvolle Medien in der fachlichen Arbeit, die auf Unklarheiten sowie Konfliktpunkte aufmerksam machen und als Gradmesser für die Arbeitsfähigkeit der Gruppe fungieren. Die inhaltliche Auseinandersetzung ist in jedem Fall affektiv geladen. Ein durchlässiger Kommunikationsstil im Umgang mit den Emotionen nimmt Druck aus der Arbeit und verschafft einen besseren Überblick, welche Konflikte der Sache und welche den emotionalen Befindlichkeiten der Personen vor dem Hintergrund ihrer Interessen zuzuschreiben sind. Die relative Distanz zu den politischen und inhaltlichen Konflikten hilft den externen Beratern dabei, in der Moderation unterschiedliche Ebenen der Kommunikation zur Geltung zu bringen.

Wechsel in den Arbeitsebenen

Ein Gremium wie die Outcome-Steuerungsgruppe hat sehr unterschiedliche Aufgaben zu erfüllen, die auch unterschiedliche Arbeitsweisen notwendig machen: Auf *fachlicher* Ebene ist dafür zu sorgen, dass die unterschiedlichen fachlichen Ressourcen gut genutzt werden. Die Steuerungsgruppe ist ferner ein *Koordinationsorgan* für den Gesamtprozess; als solches muss sie beobachten, analysieren, reflektieren und soziale Interventionen planen. Als Steuerungsinstanz muss sie *Entscheidungen treffen* sowie die Bindungswirkung für die beteiligten Kooperationspartner entfalten.

Die Konstituierung des Gremiums ist ein wichtiger Erfolgsfaktor

In der Startphase wird die Qualität der Zusammenarbeit grundgelegt. Es empfiehlt sich, dafür eine klausurförmige Arbeitsorganisation mit ausreichend Zeit zu verwenden. Es gilt ein gemeinsames Verständnis für die Ziele des Projektes und die Aufgabe der Steuerungsgruppe zu erarbeiten. Taugliche Spielregeln für diese Zusammenarbeit sind zu formulieren. Die unterschiedlichen Rollen – Projektleitung, Spitalsleitungsvertreter, interne Projektleiter, Vertreter der Gesundheitsdirektion, externe Berater – sind zu klären und gegenseitige Erwartungen abzugleichen. Aufgaben und Strukturen des Gesamtprojektes sind in den Blick zu nehmen und die dazu notwendigen Steuerungsleistungen einzuschätzen.

Die Outcome-Steuerungsgruppe hat sich für diese Klausur einen Tag Zeit genommen. Die Ergebnisse sollten in die Vereinbarung zwischen den Projektpartnern einfließen. Diese Startklausur hat eine gute Basis für die Zusammenarbeit gelegt. Aber die Arbeit am gemeinsamen Verständnis und an den Spielregeln der Kooperation ist kein einmaliger Akt, sondern kontinuierlich weiterzuführen. Sehr deutlich geworden ist das an dem Vorhaben, eine Projektpräambel zu formulieren, in der die Grundprinzipen des Outcome-Projektes festgeschrieben werden sollten. Diese Präambel ist de facto am Ende des erstens Projektjahres fertig gestellt worden. Die kontinuierliche Arbeit am gemeinsamen Grundverständnis unter Bezugnahme auf den Projektverlauf war wertvoller als ein rasches Festschreiben von Prinzipien.

Strukturierte Entwicklungsarbeit an den Indikatoren

Nur gemeinsam erarbeitete Qualitätskriterien verpflichten. Von der Projektleitung und den Fachberatern wurden dabei einige Prinzipien sehr stark vertreten, vor allem die Patientenorientierung und die Interdisziplinarität. Der praktische Stellenwert von Qualitäts- und Ergebniskriterien hängt insbesondere in Expertinnenbetrieben sehr stark von der Akzeptanz dieser Kriterien durch die Anwender ab. Diese Akzeptanz ist leichter zu erzielen, wenn die Kriterien nicht von außen oder oben vorgeschrieben, sondern gemeinsam mit den professionellen Anwendern entwickelt werden. Das bedeutet Führung durch Selbstentwicklung. Der Prozess der Auseinandersetzung mit den Kriterien, an denen man später selbst gemessen wird, hat herausragende Bedeutung für die Steuerungswirkung der Kriterien. Ausgehend von dieser Erkenntnis war das erste Outcome-Projekt darauf gerichtet, gemeinsam mit den Berufsgruppen der Pilotspitäler ein Set von Indikatoren zu erarbeiten und zu testen. Insgesamt wurden aus den beteiligten Organisationen 14 Arbeitsgruppen und eine Koordinationsgruppe beschickt, die alle interdisziplinär besetzt wurden.

Die erste Arbeitsgruppe hatte die Entwicklung von „Output-Indikatoren" zur Aufgabe. Bei Output-Indikatoren geht es darum, die Ergebnisse von relevanten Teilprozessen zu messen, die sich nicht unmittelbar auf die Verbesserung des Gesundheitszustandes der Patientin beziehen (müssen), aber für die Erfüllung der Patientenbedürfnisse insgesamt oder für die betrieblichen Bedürfnisse von Bedeutung sind. Man entschied sich für Output-Indikatoren wie etwa Wartezeiten im stationären Bereich bei elektiven Eingriffen, Zeit, die von der Patientinnenaufnahme bis zum Betreuungsbeginn bei Notfällen verstreicht, OP-Wechselzeiten, Lieferzeiten, Arztberichte etc. Der Aufwand dieser Arbeitsgruppe betrug insgesamt sechs Sitzungen à drei Stunden.

Die Arbeitsgruppe „Diagnoseunabhängige Indikatoren" wurde damit beauftragt, Indikatoren zu entwickeln, die unabhängig von der Diagnose das Ergebnis der Leistung eines Spitals widerspiegeln. Sie beziehen sich auf Ergebnisse von Teilprozessen bei der Behandlung von Patienten, die im Allgemeinen aus professioneller Sicht betrachtet werden. Insgesamt wurden sieben Kriterien (Indikatoren) entwickelt. Der Arbeitsaufwand dieser Gruppe betrug insgesamt fünf Sitzungen à drei Stunden. Zusätzlich wurden noch einige Telefonkonferenzen abgehalten.

Die Arbeitsgruppe „Patientenzufriedenheit" hatte den Auftrag, einen Fragebogen für die Abbildung der subjektiven Patientinnenzufriedenheit unter Berücksichtigung der Umsetzbarkeit im Betrieb, der unterschiedlichen Philosophien der Krankenhäuser und der Bedürfnisse der Gesundheitsdirektion zu entwickeln oder vorhandene auf ihre Eignung zu prüfen. Die Patientenzufriedenheit wurde in der Arbeitsgruppe als „Erfüllung von Grundbedürfnissen der Patienten" definiert. Der Auftrag inkludierte, ein Messinstrument für die derart definierte Zufriedenheit zu erproben und zu evaluieren. Als zentrale Anforderung an den Fragebogen stellte sich rasch heraus, dass er zusammen mit Patientinnen entwickelt sein muss, und zwar in allen Phasen der Konstruktion des Instruments, weil nur so gewährleistet sein kann, dass er wirklich die Erfüllung der Bedürfnisse der Patienten und nicht die Erfüllung vermeintlicher Bedürfnisse misst. Zudem stellt das Problem der sensitiven „kundengerechten" Frageformulierung eine spezielle Herausforderung dar. Insgesamt wurden acht nationale und internationale Fragebögen evaluiert und schließlich drei Instrumente zur engeren Auswahl vorgeschlagen. Die Steuerungsgruppe entschied sich für das Modell des Picker-Instituts, das in der Folge vor allem sprachlich adaptiert wurde. Auch diese Gruppe musste einen Aufwand von vier Sitzungen à drei Stunden und eine Schlusssitzung von 1,5 Stunden aufbringen.

Die „Koordinationsgruppe" war zuständig für die Vorbereitung der Unterlagen für die Tracergruppen. Sie hatte – unter Einbeziehung von externern Experten und auf Grund umfangreicher weltweiter Literaturrecherchen – die Vorarbeiten zur Entwicklung von möglichen Indikatoren zu allen ausgewählten Diagnosen zu bewerkstelligen. Zur Vorbereitung der Grundlagenpapiere wurden insgesamt sechs ganztägige Sitzungen abgehalten. Die Sitzungen der Tracergruppen wurden nachbearbeitet und der nächste Durchgang vorbereitet. Der Koordinator und die Projektleitung Outcome mussten rund fünf Monate an dieser Aufgabe mitarbeiten. In den Tracergruppen wurde ein streng formalisiertes iteratives Vorgehen zur Indikatorenentwicklung gewählt, das mehrere Etappen des Austausches zwischen den Tracergruppen und der Koordinationsgruppe vorsah.

Alle Gruppen berichteten zwischendurch an die Steuerungsgruppe. Dazu wurden die Leiterinnen und Leiter der Arbeitsgruppen zu den Sitzungen eingeladen, um damit die direkte Kommunikation zu ermöglichen. Insbesondere wurde die Steuerungsgruppe konfrontiert: mit der Präzisierung der Aufträge, mit der Abklärung der Zuordnung der Indikatoren zwischen den Arbeitsgruppen, mit der Terminierung der Entwicklungsarbeiten sowie schließlich mit der Verabschiedung der Indikatoren und der Messmethoden bzw. der Auswahl eines Fragebogens für die Ermittlung der Patientenzufriedenheit.

Der Projektleiter fasste die Erfolgsfaktoren für die Entwicklung der Qualitätskriterien und Indikatoren in folgenden Punkten zusammen:

- Politische Ebene: politisch-normative Konstanz und Rückendeckung
- Interdisziplinarität: breite Beteiligung aller Anspruchsgruppen
- Vorgehen: strukturierte Entwicklungsprozesse (iterativ), die eine breite Diskussion aller evidenz- und erfahrungsgestützten Inputs erlauben
- Formelle Sicherung: Schaffung von Verbindlichkeit (Vereinbarungen, Konsenserklärungen, Festhalten der Ergebnisse)
- Inhaltliche Sicherung: wissenschaftliche Absicherung und Begleitung (Literatur und Expertinnengespräche) sowie Fachexpertise der beteiligten Entwickler
- Nachvollziehbarkeit: lückenlose Dokumentation (Beschlüsse, Inhalte, Argumentationen)
- Abwicklung: reibungslose Logistik
- Settings: klare Rollenverteilung und Moderation

Der schwierige Übergang von Outcome 1 zu Outcome 98 zeigte deutlich, welchen großen Unterschied es macht, ob Qualitätsindikatoren gemeinsam entwickelt oder von außen vorgegeben werden. Die neuen Pilotspitäler des zweiten

Projektes waren zwar eingeladen, durch Erprobung und Evaluation das Indikatoren-Set zu überprüfen und weiterzuentwickeln, aber zunächst mussten sie ein fertiges Set von Kriterien und Indikatoren übernehmen. Das ist auch von anderen Spitälern zu bewerkstelligen, wenn sie mit Outcome-Messungen beginnen wollen. Auch dann, wenn elaborierte Indikatoren und Instrumente übernommen werden, die sich anderswo bewährt haben, ist eine sorgfältige interne Verständigung über diese Instrumente und ihre Adaption an die eigenen Bedürfnisse notwendig. Diese Verständigung auf die Kriterien, an denen Experten ihren Erfolg messen wollen, ist der wesentliche Teil der Steuerungswirkung. Dieser Weg lässt sich nicht durch Zukauf von Expertise abkürzen.

Konsequente politische Orientierung und gesetzliche Absicherung

Als weitere wesentliche Erfolgsfaktoren der Outcome-Projekte sind zweifellos zwei Punkte besonders hervorzuheben:

- Die schon angesprochene Konstanz in der politischen Orientierung. Die Politische Führung des Departements im Kontext der Gesamtpolitik des Kantons hat an der konzeptiven Ausrichtung der Steuerung über Qualität auf patientinnenbezogene Wirkungen konsequent festgehalten und dem „Unternehmen Outcome" dadurch zu Stabilität und Kontinuität verholfen. Es war im Verlauf des Projektes immer wieder zu spüren, welch große Bedeutung es für das Gelingen der Kooperation zwischen Gesundheitsdirektion und Spitälern hatte, dass mit einer mittelfristigen, verlässlichen politischen Orientierung gerechnet werden konnte.

- Als ein zweiter wesentlicher Erfolgsfaktor auf der Ebene des politischen Systems dürfte die Entscheidung der Politik anzusehen sein, nach dem Grundsatz „Gesetzgebung vor Pilotierung" vorzugehen. Ohne die „wif!"-Rahmengesetzgebung und die während der Laufzeit von LORAS erlassene zeitlich befristete Verordnung zur Pauschalierung von Staatsbeiträgen hätten die Projekte wahrscheinlich vorzeitig Schiffbruch erlitten oder jedenfalls kaum Nachhaltigkeiten entwickeln können. An vielen – für sich genommen ausgezeichneten – Modellprojekten ist zu beobachten, dass sie letztlich wirkungslos bleiben, wenn sie nicht rechtzeitig durch gesetzliche und budgetäre Maßnahmen in der Umsetzung gestützt werden.

Vereinbarungen zum Umgang mit den Daten

Einen weiteren Angelpunkt der Gestaltung von Outcome-Messungen stellt die Beantwortung der Frage dar, wie mit den erhobenen Daten umgegangen wird. Wer soll Zugang zu den Daten haben? Wer entscheidet über die Verwendung der Daten? Unter welchen Rahmenbedingungen werden die Daten für Benchmarking genutzt? Nur eine kooperative Entscheidung über diese Fragen kann eine offene Haltung der Beteiligten in der Gewinnung der Daten und in deren Verarbeitung fördern. In den Outcome-Projekten wurden diese Fragen ausführlich und zum Teil kontrovers diskutiert.

In der Frage des Benchmarkings bildeten sich deutlich zwei Lager. Die Gesundheitsdirektion bzw. das LORAS-Team und einige Spitäler votierten für ein möglichst offenes Benchmarking. Darüber hinaus wurde dafür auch von einzelnen Medien Stimmung gemacht. Andere Spitäler waren für ein verdecktes Benchmarking. Die offene Form macht die Auswertung in allen Institutionen und damit der Öffentlichkeit zugänglich. Die Patienten und die allgemeine Öffentlichkeit sollen prinzipiell wissen dürfen, welche Qualität wo erbracht wird. Steuerungstheoretisch betrachtet soll dabei ein erwarteter natürlicher Marktdruck im Sinn der Selbststeuerung zu freiwilligen Qualitätsanstrengungen führen. Diese Regulierung über den Wettbewerb soll eine direkte Verknüpfung von Messergebnissen und Sanktionen unmöglich machen, außer im Fall anhaltend schlechter Qualität. Eine hohe Datenqualität ist Voraussetzung für dieses Szenario.

In einem verdeckten Benchmarking sind die Auswertungen nur den Spitälern zugänglich, in einem anonymisierten Vergleich oder mit gegenseitiger Offenlegung der Daten. Auch innerhalb der einzelnen Spitäler stellt sich diese Frage nach der Art des Benchmarkings. Eine Öffnung innerhalb und zwischen den Spitälern erlaubt ein gezieltes Lernen an den Ergebnissen, etwa in Form von Benchmarking-Workshops. Die Befürworter des verdeckten Benchmarkings befürchteten vor allem, dass die volle Transparenz ein Ausweichverhalten bzw. Manipulationen an den Daten provozieren würde – zu Lasten der eigentlichen Ziele der Qualitätsverbesserung. Außerdem könnte ein forcierter Wettbewerb zu unnötigen Marketinginvestitionen und damit Kostensteigerungen führen.

Im Endbericht zum zweiten Outcome-Projekt wurde folgendes Steuerungsszenario empfohlen:

Grundsätzlich wird die Gewichtung auf Selbststeuerung via Benchmarking – ergänzt durch Fremdsteuerungselemente – empfohlen. Innerhalb dieses Szenarios der Selbststeuerung gilt die verbindliche Verpflichtung zur Teilnahme an den Outcome-Messungen, zu korrekter Messung sowie zum Benchmarking. Verweigerungen und Messmanipulationen sollen deutliche Sanktionen zur Folge haben.

Sanktionen auf Leistungsebene sollen nur bei erwiesenermaßen anhaltend schlechter Qualität (Leistungsauftragsentzug) ergriffen werden. Bei schlechter Qualität soll stets eine sinnvolle Zeitspanne zur Verbesserung eingeräumt werden. Prinzipiell soll eine kooperative Zusammenarbeit angestrebt werden.

Diese hat sich in den Projekten Outcome 1 und 98 bewährt und wird die einzige Arbeitsform sein, welche langfristig Erfolg versprechend ist. Alle relevanten Partner – öffentliche Hand, Versicherer, Leistungserbringer – sollen stets in

alle wesentlichen Entscheidungen miteinbezogen werden (wif!-Projekt LO-
RAS 1999, S. 129).

Die konkreten Entscheidungen im Projekt wurden in einen förmlichen Vertrag
gefasst, um ihre Verbindlichkeit zu unterstreichen. Die Eckpunkte der Vereinbarung waren:

- Zu den Daten gehören die Rohdaten und die Auswertungen.
- Grundsätzlich gehören die Rohdaten den beteiligten Spitälern, die Auswertungen gehören allen Projektpartnern gemeinsam.
- Die Offenlegung und Präsentation der Datenauswertungen gegenüber Dritten und der Öffentlichkeit ist nur mit dem Einverständnis und unter Beiziehung aller betroffenen Parteien erlaubt.
- Auf Grund dieser Daten werden keine Sanktionen ergriffen. Erst bei anhaltend schlechter Qualität werden Sanktionen aktuell. Es darf sich kein Partner
  – weder die Gesundheitsdirektion noch ein Spital – einseitige Vorteile ver-
  schaffen.

Der „Verein Outcome" – innovative Kooperationsform zwischen Organisationen

Das Kernstück des vereinbarten Steuerungsszenarios ist die Durchführung der
Outcome-Messungen und das Management der Daten durch eine fachlich kompetente, allparteiliche und von allen beteiligten Organisationen akzeptierte Stelle. In der Diskussion um die Verankerung der Outcome-Messung wurde sehr
bald klar, dass es einer neuen unabhängigen Organisation zwischen den beteiligten Organisationen bedarf, um die Messung und die damit verbundene Entwicklungsarbeit dauerhaft realisieren zu können.

Für die Entwicklung und Erprobung der Indikatoren haben die Outcome-Projekte diese Zwischenorganisation gebildet. Die dabei erarbeitete partnerschaftliche Vorgangsweise mit den beschriebenen Spielregeln im Umgang der Kooperationspartner musste in eine stabilere Organisationsform übersetzt werden,
um den Routinebetrieb der Outcome-Messungen zu gewährleisten und gleichzeitig die Kooperationsqualität zu bewahren. Die Projektpartner – Gesundheitsdirektion, Spitäler, Versicherer – gründeten gemeinsam den „Verein Outcome" als diese „intermediäre Instanz". In den Organen des Vereins sind alle
beteiligten Systeme repräsentiert und gleichzeitig wird mit diesem Verein ein
eigenständiges System mit einer spezifischen Aufgabe und Identität kreiert.

Diese allparteiliche Neuorganisation war die logische Fortsetzung der Projektorganisation, gewissermaßen ein auf Dauer gestelltes Projekt zwischen den
Organisationen. Damit wurden einige Grundvoraussetzungen für die erfolgreiche Kooperation von selbstständigen Organisationen geschaffen.

Die Kooperation von Organisationen ist in vielen gesellschaftlichen Bereichen ein aktuelles Thema, z.B. in strategischen Unternehmenskooperationen, im Rahmen von ökonomisch und regionalpolitisch motivierten Betriebs-Clustern oder in Netzwerken zur Bearbeitung von bereichsübergreifenden gesellschaftlichen Problemstellungen.

Erfolgsvoraussetzungen für die Kooperation von Organisationen

Solche Kooperationen brauchen einen stabilen Kommunikationszusammenhang, stabil und flexibel zugleich, aber keineswegs bürokratisch. In diesem Kommunikations- und Arbeitskontext sind die Repräsentanten der beteiligten Partnerorganisationen nicht nur Vertreter ihrer Herkunftssysteme, sondern Funktionäre des gemeinsamen neuen Systems. Dazu ist eine eigenständige abgegrenzte Organisation notwendig, die Eigendynamik und Eigeninteresse entwickeln kann sowie eine Identität nach innen und außen ausbildet.

In einer solchen Kooperation sind die Partner prinzipiell als gleichberechtigt zu behandeln, unabhängig von ihrer ökonomischen oder politischen Power. Vertrauen ist für die Entwicklung und Stabilisierung solcher Kooperationen eine ganz zentrale Kategorie: Vertrauen in die Bereitschaft der anderen, den Egoismus zu zähmen, und Vertrauen in langfristige Ziele mit gemeinsamem Nutzen. Vertrauen entsteht zwischen Personen und muss erarbeitet werden. Die Outcome-Projekte haben diesen Beziehungs- und Vertrauensaufbau geleistet. Vertrauen ist einerseits eine persönliche Sache zwischen handelnden Akteuren, aber eine solche Organisation braucht auch Vertrauen mit einer systemischen Qualität. Das Vertrauen muss sich in Spielregeln, in der Kultur des Arbeitens und in der Vertretung nach außen ausdrücken. Dabei ist – wie ja schon in den Outcome-Projekten – die Fähigkeit zur Differenzierung notwendig. Die gleichberechtigten Kooperationspartner sind ja nur solche in Bezug auf bestimmte Fragen: die Outcome-Messungen und die gemeinsame Steuerung über Qualität. In anderen Bereichen ist die Beziehung der Organisation von Konkurrenz, von Verteilungskonflikten, von Abhängigkeit und administrativer Bevormundung geprägt. Wenn aber diese Ebenen von den selben Personen handzuhaben sind, dann ist die Fähigkeit zur differenzierenden Kommunikation notwendig.

Die beteiligten Partner, die Personen, die Organisationen brauchen eine längerfristige Orientierung. Die Bereitschaft zum Verzicht auf kurzfristige Interessenvorteile setzt Vertrauen in längerfristigen Gewinn für alle Beteiligten voraus. Es geht nicht um Schadensbegrenzung wie in den allseits bekannten defensiven Kooperationsformen, aber erst in einem längerfristigen Prozess beweist sich ja auch, ob das Gegenüber bereit ist, die gemeinsam erarbeiteten und akzeptierten Spielregeln einzuhalten. Voraussetzung dieser Orientierung an einem längerfristigen kombinatorischen Gewinn ist so etwas wie Strategiefähigkeit der beteiligten Organisationen. Dazu reicht es auf Dauer nicht aus, dass einzelne Repräsentanten – Politikerinnen, Projektleiter, Spitals- oder Versicherungsmanagerinnen, einzelne Chefärzte oder leitende Pflegekräfte – dieses Konzept mittragen, es müssen auch die Organisationen mitlernen. Das gilt für eine Verwaltungseinrichtung wie die Gesundheitsdirektion in ihrer internen Entwicklung ebenso wie für die Spitäler als Gesamtorganisationen. Gleichzeitig braucht es starke Persönlichkeiten, die in ihren Kooperationsbeziehungen die notwendige Verbindlichkeit sichern und dem Projekt zum Durchbruch verhelfen.

Strategiefähigkeit ist ohne Selbstreflexion nicht möglich. Wir haben im Projekt Outcome erlebt, dass es in einer Kooperation von Organisationen, die ja voll von widersprüchlichen, aktuellen und potenziellen Konflikten ist, entscheidend sein kann, diese Beziehung zueinander gemeinsam zu reflektieren. Und diese Notwendigkeit ergibt sich auch innerhalb der beteiligten Organisationen, vor allem in den zuständigen Leitungsgremien. Die mit den Outcome-Messungen angestrebte Steuerung über Qualität ist ein anspruchsvoller organisationaler Lernprozess. Er erfordert eine offene interne Kommunikation über Erfolgskriterien und Qualitätsunterschiede und braucht die Offenheit und Risikofreudigkeit, sich mit anderen zu vergleichen. Das macht die Bereitschaft zu kontinuierlicher Verbesserungsarbeit sowie den Aufbau dafür geeigneter Strukturen und Prozesse notwendig. Das heißt auch, sich dem Feedback von außen seitens der Kunden und der Partner in der Steuerungsbeziehung zu stellen.

Kooperation im beschriebenen Sinn ist aufwändig. Auch das ist eine Erfahrung aus den Outcome-Projekten. Kooperation ist aufwändig an Zeit und Energie. Das erfordert Bereitschaft zur Investition. Mit der Gründung des „Vereins Outcome" wurden solche Investitionen getätigt. Grundsätzlich gilt, dass es günstig ist, wenn alle Beteiligten zahlen. Wenn nur eine Seite finanziert, schleichen sich sofort wieder eine Asymmetrie und das Gefühl der Dominanz oder der Abhängigkeit ein.

Die Kooperation von Organisationen braucht einen neutralen Dritten, einen Vermittler, eine Beraterin, einen Supervisor oder eine unabhängige Institution als Zwischeninstanz. Ein neutraler Dritter kann den potenziellen Partnern helfen, aus der Dynamik defensiver Kooperation und des „Entweder-oder" aussteigen und neue Optionen in den Blick zu nehmen. Am Anfang einer Kooperation ist es für einen Teil schwierig, Steuerungsfunktionen wahrzunehmen, ohne bei den anderen auf Widerstand zu stoßen. Während der Outcome-Projekte haben die Berater und die Projektleitung die Rolle der Vermittler gespielt und die Steuerungsgruppe die der „unabhängigen Institution". Jetzt nehmen der „Verein Outcome" und seine Experten diese Funktion wahr.

Eine solche Kooperation von Organisationen ist fachlich und organisatorisch anspruchsvoll und soll für die Beteiligten nicht unnotwendig aufwändig sein. Wenn die Aufwendungen zu groß sind, werden die Beteiligten in ihren Partikularismus zurückgetrieben. Daher braucht es einen „Server im Netz" – ein Team, eine Organisationseinheit, die den Kommunikationszusammenhang organisiert und wartet, fachliche Unterstützung einspeist, zur Reflexion der Arbeit anhält und durch diese Arbeit den Aufwand der beteiligten Partner erträglich hält. Mit dem „Verein Outcome" wurde ein solcher „Server im Netz" geschaffen. Offen bleibt allerdings, welche Kraft der Verein im Fall von notwendigen Sanktionen zeigen würde, nämlich dann, wenn die freiwillige Kooperation völlig fehlt.

Struktur und Arbeitsform des „Vereins Outcome"

Die Spitäler und Versicherer, die Gesundheitsdirektion, die Patientenorganisationen und die Zuweiser haben den „Verein Outcome" gegründet. Dieser ist künftig für alle Belange der Qualitätsmessung im Kanton Zürich zuständig. Ein zentrales Gremium für die relevanten Entscheidungen ist die paritätisch getragene Qualitätskommission. In der Qualitätskommission haben die Spitäler, die Versicherer und die Gesundheitsdirektion je eine Stimme. Patientenorganisationen und die zuweisenden grundversorgenden Ärzte haben ständigen Einsitz als Beiräte.

Der Verein betreibt eine Geschäftsstelle für die folgenden vier Kernaufgaben:

- Durchführung und Koordination der Outcome-Messungen
- Achten auf die Einhaltung der vereinbarten Regelungen
- Informationsvermittlung
- Wissenschaftliche Weiterentwicklung

Die Outcome-Messungen werden transparent finanziert. Für das Jahr 2001 stand ein Budget von rund 4 Mio. Franken zur Verfügung, in dem die Versicherer und der Staat den Spitälern präzise kalkulierte Beiträge für klar definierte Messvolumina entrichteten. Im Jahr 2000 waren dies im kantonalen Durchschnitt 32 Franken pro Spitalsaustritt. Der Beitrag variiert demnach von Spital zu Spital je nach Messvolumina. Aus diesen Beiträgen wird auch der Verein mit seiner Geschäftsstelle finanziert, indem Letztere den Spitälern für ihre Dienstleistungen Rechnung stellt. Der Verein funktioniert nach konsensorientierten Prinzipien, dem Willen zur Zusammenarbeit und einer Vertrauenskultur, die in den Outcome-Projekten erarbeitet wurde. Die Qualitätskommission zwingt sich z.B. durch ihr Reglement, Konsensentscheidungen zu treffen. Bei diesen wird so lange gerungen, bis eine für alle akzeptierbare Lösung gefunden wird. Die Parteien verpflichten sich, die Qualitätskommissionsentscheidungen im Rahmen ihrer Rolle zu tragen und auszuführen, die Entscheidungen sind also für alle verbindlich. In der Qualitätskommission wird entschieden, welche Messungen in welchen Spitälern in welchem Umfang durchgeführt werden. Dabei entscheiden die Spitäler und die Financiers (Staat, Versicherer). Die Bedürfnisse der Spitalskunden (Patienten und Zuweiser) werden berücksichtigt. Danach werden die erforderlichen Mittel bereitgestellt. Die Spitäler verpflichten sich, die von ihnen mitdefinierten Messungen zusammen mit der Geschäftsstelle korrekt durchzuführen. Die Qualitätskommission verlangt die Informationen darüber, wie zuverlässig die Messungen durchgeführt werden. Die Spitäler verpflichten sich außerdem dazu, sich nach den Messungen an einem zielgerichteten Lernprozess zu beteiligen: Es soll ein in der ersten Phase geschütztes Benchmarking stattfinden, in dessen Rahmen die Spitäler ihre eigenen Resultate im Vergleich zu den anderen Spitälern (anonymisiert) erhalten. Der Qualitätskommission werden die Resultate vorerst in anonymisierter Form zugänglich gemacht. Im nächsten Schritt wird zusammen mit den Spitälern in einem definierten Verfahren die Aussagekraft der Messresultate beurteilt. Stellt sich dabei heraus, dass die Ergebnisse zuverlässige Aussagen zulassen, sollen diese in adäquater Form veröffentlicht werden. Es entsteht ein transparentes Benchmarking, eine Art Marktsituation, indem das Publikum über das erzielte Outcome informiert wird (vgl. Managed Care 4/2000, S. 21 f.).

Die Patientinnenorganisationen und die Zuweiser sind nicht Mitglied des Vereins, sondern „nur" Mitglied der Qualitätskommission. Der Verein verkörpert die zwei „Financiers" Gesundheitsdirektion und Versicherer sowie die Spitäler.

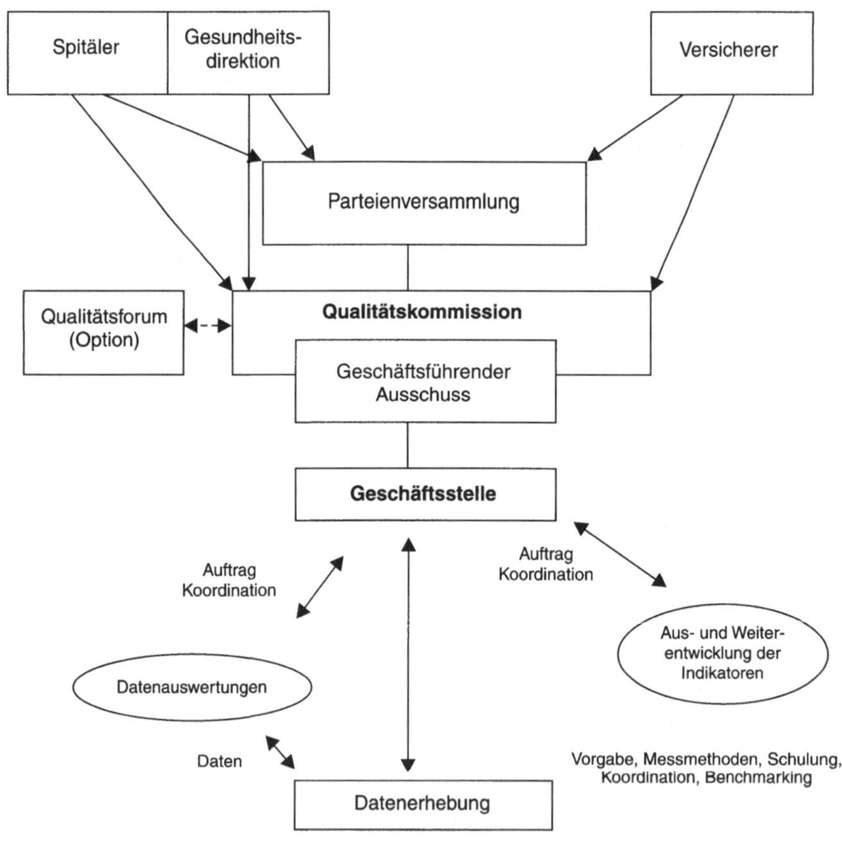

Abbildung 3: „Managed Care" 4/2000, S. 21

Kritischer Annex:
Keine Outcome-Messung ohne Qualitätsmanagement

Das Projekt Outcome war auf die kooperative *Entwicklung von Qualitätsindikatoren* ausgerichtet. Es war kein Projekt zum *Aufbau eines Qualitätsmanagements* in den beteiligten Spitälern. Für Qualitätsmanagement zu sorgen ist Sache der leistungserbringenden Organisation. Die interne Organisation der Qualitätsarbeit rückte nur im Zusammenhang mit der Erprobung der Indikatoren ins Blickfeld. Im Rahmen des Projektes selbst wollten und konnten nur sehr begrenzte Interventionen in die innerorganisatorische Entwicklungsarbeit gesetzt werden:

* Im Zuge der Vertragserrichtung wurden Entscheidungen der Spitalsleitung gefordert,
* die notwendigen Strukturelemente einer spitalsinternen Projektorganisation wurden in der Steuerungsgruppe diskutiert,
* die Nominierung von internen Projektleitern sollte auch organisationsinterne Zuständigkeiten für Qualitätsarbeit schaffen,
* Umsetzungsverantwortliche für die Messung wurden im Rahmen des Projektes für ihre Aufgabe eingeschult.

Aber alle diese Maßnahmen waren auf die Entwicklung und Erprobung der Indikatoren und nicht auf den Aufbau eines systematischen Qualitätsmanagements gerichtet. Die Arbeit an der Qualitätsorganisation der Spitäler wäre ein Parallelprojekt gewesen, um die Voraussetzungen für die produktive Anwendung der Indikatoren zu schaffen. Darin ist eine Achillesferse des Konzepts zu sehen. Die Messung von Ergebnissen macht nur als Impuls für die Entwicklung der Qualität Sinn und war auch als solcher gedacht. Das Steuerungskonzept hinter den Outcome-Messungen setzt darauf, dass das externe und interne Benchmarking mit Hilfe der Messergebnisse eine qualitätsverbessernde Arbeit an den Leistungsprozessen in Gang setzt, ohne zwingen zu müssen. Das setzt aber entwickelte interne Strukturen zur Verarbeitung der Messergebnisse voraus. Gibt es diese internen Voraussetzungen nicht, ist die Gefahr groß, dass die Messergebnisse abgewehrt oder ignoriert werden. Die Outcome-Messung gerät dann zur Pflichtübung, die zur Befriedigung von externen Anforderungen geleistet werden muss. In diesem Punkt scheint der Ausgang des Experiments Outcome-Messung im Kanton Zürich noch ungewiss.

Wahrscheinlich wäre eine stärkere Berücksichtigung der Organisationsentwicklung in den Pilotspitälern angebracht gewesen. Gleichzeitig ist festzuhalten, dass die interne Entwicklung von selbstständigen Organisationen nicht von der Gesundheitsverwaltung aus initiiert und maßgeblich beeinflusst werden kann. Und es macht Sinn, dass mit hoher Priorität eine konzeptive Ausrichtung der Qualitätsarbeit vorangetrieben wird, auf die sich die Spitäler in der internen Qualitätsarbeit ausrichten können. Eine Möglichkeit wäre gewesen, den Entwicklungsstand des innerbetrieblichen Qualitätsmanagements stärker als Eintrittsbedingung in das Outcome-Projekt zu werten und auf diese Weise sicherzustellen, dass die Outcome-Messungen nur in Häusern praktiziert werden, die intern für die Verarbeitung der Ergebnisse entsprechend gerüstet sind. Mit einer solchen Erhöhung der Anforderungskriterien wäre andererseits das Risiko verbunden gewesen, dass eventuell keine Piloteinrichtungen gefunden werden. Letztlich wurde die Strategie verfolgt, die Beteiligung am Outcome-Projekt bzw. die Ergebnis-Messungen insgesamt als Einstiegsimpuls für den Aufbau des innerbetrieblichen Qualitätsmanagements wirksam werden zu lassen.

Von einer Forschergruppe des IFF wurden unter Leitung des Autors Fallstudien zur spitalsinternen Organisationsentwicklung in den ersten drei Pilotspitälern des Projektes Outcome 1 durchgeführt. Die Fallstudien bestätigen, dass die Entwicklung und Erprobung der Indikatoren durchaus Impulse für die organisationsinterne Qualitätsarbeit gesetzt haben, dass jedoch der Aufbau eines Qualitätsmanagements ein eigenes paralleles Projekt darstellt.

Die Messung der Ergebnisse sollte systematisch mit Verbesserungsprojekten verknüpft werden und wenn möglich im Voraus verbindlich, inklusive Hinweis auf die potenziell notwendigen Ressourcen, geregelt und geplant werden. Nur in Verbindung mit Verbesserungsprojekten ergibt auch Benchmarking einen qualitätsfördernden Sinn.

Das führt zurück zu der zentralen These, dass nur entwickelte Organisationen gut für Steuerungsformen der geschilderten Art ansprechbar sind. Auch die Organisationen selbst können die externen Impulse dann besser für die eigene Entwicklung nutzen, wenn sie in diese innere Entwicklung als Organisation investieren. Steuerung ohne Organisationsentwicklung riskiert geringe Wirkung oder fällt auf die Ebene eines direktiven Eingriffs zurück. Dafür tragen aber beide Seiten der Steuerungsbeziehung selbstständig Verantwortung.

Leistungsprozesse optimieren – Personal- und Organisationsentwicklung verknüpfen

Ein Qualitätsprojekt in Alters- und Pflegeheimen der Stadt Zürich

RALPH GROSSMANN

Das Projekt „Qualitätsentwicklung" des Gesundheits- und Umweltdepartements in Zürich ist ein gutes Beispiel für die Verbindung von Strukturentwicklung und Lernprozessen in der Organisation. Organisationsentwicklung braucht eine angemessene Berücksichtigung von Personen, Strukturen und Kultur. Es war erklärtes Ziel des Projektes, einen Lernprozess der Organisation in Richtung auf ein gemeinsam getragenes Qualitätsverständnis und Qualitätsmanagementsystem zu starten und nicht ein fertiges System von außen zu implementieren. Auch die Beratung verfolgte als Ziel, vor allem den Know-how-Aufbau in der Organisation zu unterstützen und so viel wie möglich intern mit eigenen Ressourcen zu bearbeiten. Das führte zu einer interessanten Kombination von Beratung, Qualifizierung und Supervision, eingebettet in eine sehr ausdifferenzierte und langfristig konzipierte Projektorganisation.

Das Fallbeispiel ist auch lernträchtig hinsichtlich der Chancen und Schwierigkeiten bei der Gestaltung von Veränderung über Pilotprojekte. Organisationen lernen an Unterschieden – im internen und externen Vergleich. Dazu müssen diese Unterschiede wahrgenommen und lernträchtig verarbeitet werden. Die entscheidenden Vorteile von Pilotprojekten sind nicht nur die Möglichkeit zum Experimentieren und die dabei erworbenen Erfahrungen, sondern auch der Umstand, dass die Orientierung an positiven Abweichungen viel eher Energie für Veränderung frei macht als die negative Rückkoppelung durch Orientierung an Defiziten.

Die Phase der Pilotprojekte wurde genutzt, um eine Gruppe von Qualitätsmoderatorinnen auszubilden und ihnen erste Erfahrungen als interne Berater für Qualitätsentwicklung zu ermöglichen. Diese Gruppe von internen Fachkräften – Mitarbeiterinnen der Heime mit einem gewissen Stundendeputat freigestellt für die Qualitätsarbeit – sollte den Transfer des Qualitätssystems in alle Heime unterstützen und die Qualitätsprojekte im Alltag begleiten. Aufbau und Pflege der internen Fach- und Beratungsressourcen sind sicher Kriterien für den langfristigen Erfolg der Qualitätsarbeit.

Das Qualitätsprojekt stellte auch eine starke Intervention in die Beziehung zwischen dem Amt für Krankenheime und dem Amt für Altersheime sowie ihren dezentralen Betrieben bzw. in das Verhältnis der Ämter zueinander dar.

Die Pilotheime wurden als Projektpartner in den Veränderungsprozess einbezogen und steuerten gemeinsam mit den Amtsleitungen das Projekt. Es war das erste große Projekt, das in beiden Ämtern, die früher auch zwei unterschiedlichen Verwaltungsressorts angehört hatten, gemeinsam durchgeführt wurde. Altersheime und Krankenheime erarbeiteten im Bewusstsein der Unterschiedlichkeit ihrer Aufgaben ein einheitliches Qualitätssystem und kooperierten in allen Projektstrukturen. Der Erfahrungsaustausch vollzog sich quer zu den Amtsgrenzen. Der langfristige Erfolg des Projektes wird auch sehr davon abhängen, dass die einzelnen Heime mit unternehmerischer Verantwortung das Qualitätsmanagement betreiben und es nicht als von oben verordnete Pflichtübung betrachten.

Die langfristig stabile und den Anforderungen der unterschiedlichen Entwicklungsphasen angepasste Projektorganisation hat dem Veränderungsprozess Struktur und Sicherheit gegeben. Das Veränderungsvorhaben wurde in vier Phasen durchgeführt:

Phase 1: Entwicklung einer Qualitätsphilosophie des Departements für Gesundheit und Umwelt – Konstituierung der Projektstruktur
Phase 2: Einführung eines Qualitätsmanagementsystems in fünf ausgewählten Pilotheimen
Phase 3: Ausdehnung der Pilotversuche auf 15 weitere Heime
Phase 4: Transfer vom Projekt in die Linie; Einführung des Qualitätssystems in allen 36 Heimen; Aufbau einer Unterstützungsstruktur im Sinn eines bereichsübergreifenden Qualitätsmanagements

Das Projekt wurde von der Wiener Beratungsfirma Köck, Ebner & Partner konzeptiv mitentwickelt und begleitet. Der Autor war als Spezialist für Organisationsentwicklung und als Partner in diesem Beratungsprozess tätig.

Phase 1: Entwicklung einer Qualitätsphilosophie – Konstituierung der Projektstruktur

Definition der normativen Grundsätze

Im Frühjahr 1997 wurden die Führungskräfte des Departements vom Stadtrat und den Leitern der Ämter für Krankenheime und Altersheime dazu eingeladen, ein Rahmenkonzept für die Qualitätsarbeit im Departement zu erarbeiten: die so genannten normativen Grundsätze. In einem intensiven Klausurtag wurden – unterstützt von zwei Beratern – diese Eckpfeiler des Qualitätsverständnisses formuliert. Die Klausur versammelte die Leitungskräfte des Amtes für Krankenheime, des Amtes für Altersheime, der Stiftung Alterswohnheime und des stadtärztlichen Dienstes. Dazu gehörten vor allem die Heimleitungen. Das erarbeitete Programm wurde in einer kleinen Gruppe redigiert, von den einzelnen Mitgliedern mit Feedback versehen und dann verabschiedet. Als normative Grundsätze zur Qualitätsentwicklung wurden u.a. beschlossen (Gesundheits- und Umweltdepartement der Stadt Zürich 2000):

- Die Qualität orientiert sich in erster Linie am erfahrbaren Ergebnis, wobei auch Prozesse und Strukturen zu berücksichtigen sind.
- Die Qualität orientiert sich in erster Linie an den Bedürfnissen der Kundinnen und Kunden.
- Die Bedürfnisse der Kunden werden berücksichtigt, soweit sie fachlichen Maßstäben nicht grundlegend widersprechen und es die gegebenen Ressourcen zulassen.
- Hohe professionelle Standards dienen der Erfüllung der Kundinnenbedürfnisse ebenso wie der Verbesserung des Verhältnisses von Kosten und Nutzen.
- Wir sehen Qualität als kontinuierlichen Prozess der Verbesserung.
- Gut funktionierende Information und Kommunikation gehören zu den entscheidenden Grundlagen für den Erfolg eines Qualitätsprozesses.
- Qualität soll auf langfristige und ganzheitliche Aspekte (sozial, volkswirtschaftlich, umweltbezogen) ausgerichtet sein.

Es wurde ein outcome- und prozessorientiertes Qualitätsverständnis verabschiedet. Ins Zentrum der Qualitätsarbeit wurden Kernprozesse der Leistungserbringung in den Kranken- und Altersheimen gestellt. Diese Leistungsprozesse sollten auf dem Weg eines kontinuierlichen Verbesserungsvorgangs optimiert werden.

Definition von Kernprozessen und Leitsätzen

Als nächster Schritt wurde eine aus Führungskräften der Alters- und Krankenheime bestehende Projektgruppe konstituiert, die den Auftrag erhielt, solche Kernprozesse zu identifizieren und durch Leitsätze zu konkretisieren. Bei der Zusammensetzung der zwölfköpfigen Gruppe wurde auf eine ausgewogene Mischung geachtet. Es waren Personen aus verschiedenen Bereichen vertreten: Heimleitung, Pflege, Küche, Hausdienst. In fünf engagierten und äußerst produktiven Sitzungen identifizierte die Gruppe die Kernprozesse und erarbeitete die Leitsätze (Sommer/Herbst 1997). Anfang 1998 wurden die mehrfach überarbeiteten Leitsätze in einer Sitzung von den Dienstchefs und der Projektgruppe verabschiedet. Die knapp 80 Leitsätze geben den Heimen einen konkreten Rahmen vor, in welche Richtung die Qualitätsentwicklung und Qualitätssicherung weisen. Es bleibt den Heimen überlassen, welche Leitsätze gewählt und mit welchen Maßnahmen die Ziele erreicht werden sollen. Viele Ziele waren sicher da und dort schon erreicht, sie bestätigten damit vorhandene Qualität nach innen und außen. Andere Leitsätze lassen sich erst langfristig verwirklichen. Die Bearbeitung der Leitsätze wird nie abgeschlossen sein. Die Zeiten ändern sich und damit müssen auch existierende Leitsätze neuen Bedürfnissen angepasst werden. Die formulierten Leitsätze, bezogen auf die zentralen Leistungsprozesse, sollten auch durch Führungsleitsätze und allgemeine Leitsätze, die für alle Kernprozesse gelten, ergänzt werden.

Als solche Kernprozesse wurden kundenbezogene Prozesse herausgearbeitet:

- Heimeintritt
- Soziale Integration
- Einbeziehung externer Bezugspersonen
- Heim und Öffentlichkeit
- Medizinische Betreuung
- Therapeutische Unterstützung
- Pflege und Betreuung
- Verpflegung
- Wäscheversorgung
- Raumpflege
- Materialbeschaffung

Zu jedem dieser Kernprozesse wurden zwischen zwei und 14 Leitsätze ausformuliert, d.h. sehr konkrete, realisierbare Zielvorgaben. Durch die Erarbeitung von verbindlichen Zielvorgaben war es möglich, ein konkretes Ergebnis verbindlich einzufordern, gleichzeitig aber einen größtmöglichen Freiraum beim Weg zur Zielerreichung zu geben. Die Orientierung an Leitsätzen war damit Ausdruck einer neuen Steuerungsphilosophie, die definierte Outcome-Indikatoren an Stelle von detailliert geregelten Vorgaben operativer Tätigkeiten in den Blick nimmt (vgl. Kapitel I „Auf das Ergebnis kommt es an").

Zwei Beispiele für die Konkretisierung in realistischen und überprüfbaren Zielvorgaben:

Kernprozess „Heimeintritt" – Leitsätze:

1. Von Seiten des Personals besteht das Bewusstsein, dass die Phase des Heimeintritts für die betroffene Person eine besondere Situation darstellt und daher entsprechende Beachtung erfordert.
2. Zur Erleichterung des Überganges wird in der Regel das Heim zuvor von den Bewohnerinnen und ihren Angehörigen besichtigt.
3. Die Bewohner werden vor dem Eintritt über das Leben im Heim (Kultur, Strukturen, Freiräume, Angebote, Zuständigkeiten etc.) und die vertraglichen Bedingungen mündlich und schriftlich informiert.
4. Die individuellen Bedürfnisse und die Biografie der künftigen Bewohnerinnen werden erhoben.
5. Die Bewohner können ihren Wünschen entsprechend persönliche Gegenstände und Haustiere mitbringen.
6. Bei der Einrichtung des Zimmers werden unterstützende Serviceleistungen angeboten.

7. Eintrittsgespräche mit internen und externen Bezugspersonen werden koordiniert durchgeführt.

Parallel zur Erarbeitung der Leitsätze wurde die Gesamtarchitektur des Projektes konstituiert und die Phase der Pilotversuche vorbereitet. Als Prinzip der Pilotversuche wurde größtmögliche Freiwilligkeit der Teilnahme seitens der Heime gewählt. In einer internen Ausschreibung wurden die Heime eingeladen und aufgefordert, sich für die Erprobungsphase als Pilotheime zur Verfügung zu stellen. In Vorgesprächen wurden dann fünf Heime ausgewählt, die gute interne Voraussetzungen für einen erfolgreichen Modellversuch aufzuweisen schienen.

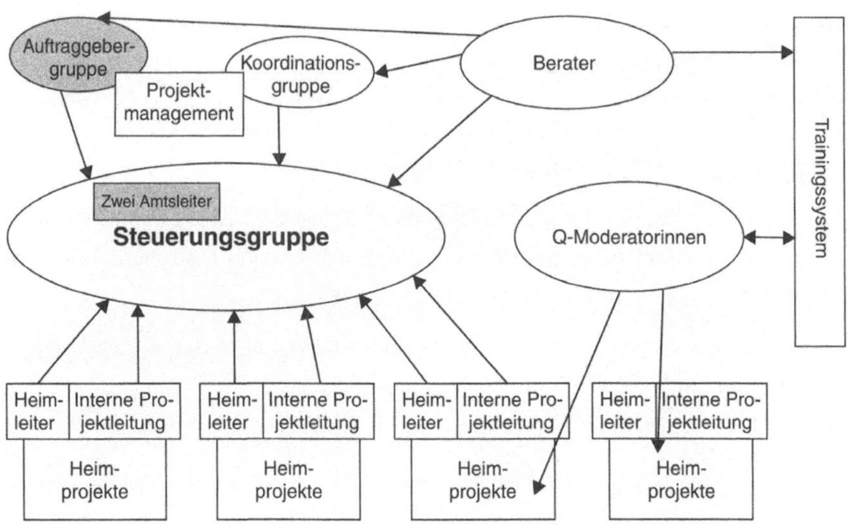

Abbildung 1: Projektarchitektur

Auftraggebergruppe

Ein Veränderungsprozess von dieser Art und Dimension braucht die volle Unterstützung der politischen und administrativen Spitze und er braucht ein abgestimmtes Vorgehen der Führungskräfte. Daher wurden der Stadtrat, die Dienstchefs der beiden involvierten Ämter, der Departementsekretär und die Projektmanagerin in einer Auftraggebergruppe zusammengefasst. Diese hatte die Funktion der strategischen Gesamtsteuerung. Die Auftraggebergruppe arbeitete, unterstützt von einem Berater, in halbtägigen Klausuren drei- bis viermal pro Jahr. Neben der Vorgabe der Ziele und Strategien hatte dieses Gremium die erforderlichen finanziellen und zeitlichen Ressourcen für das Projekt sicherzustellen sowie das Projekt mit der vorhandenen Führungsautorität nach innen und außen zu vertreten.

Koordinationsgruppe

Zur Unterstützung der Planungsarbeit und des Projektmanagements wurde eine aus drei Personen (den stellvertretenden Dienstchefs und der Projektmanagerin) bestehende Koordinationsgruppe eingerichtet. Damit war sie ein Bindeglied zwischen Auftraggeber, Steuerungsgruppe und Beratergruppe und gab der Projektmanagerin Unterstützung und Rückhalt für ihre exekutiven Aufgaben. Diese Gruppe verband ein hohes fachliches Interesse an der Qualitätsarbeit und der Organisationsentwicklung der Heime. Das Gremium war in verschiedenen Richtungen ein Bindeglied und eine Drehscheibe innerhalb des Ge-

66

samtprozesses. Als Personen stellten die drei Koordinatoren die Verbindung zur Leitung der beiden Ämter, zur Spitze des Departements sowie zu den einzelnen Leitungskräften der Heime dar. In regelmäßigen Sitzungen, teils mit, teils ohne Berater wurde die Projektplanung überarbeitet, die Sitzungen des Auftraggebers oder der Steuerungsgruppe wurden vorbereitet, andere Veranstaltungen wie der Qualitätstag (siehe unten) konzipiert, die Entwicklungen des Projektes beobachtet und konkrete Interventionen besprochen. Über die Koordinationsgruppe und die Projektmanagerin lief die Kommunikation des Beratersystems ins Projekt, ergänzt durch direkte Interventionen in die Steuerungsgruppe bzw. durch Supervisionen und Qualifizierungsmaßnahmen.

Projektmanagerin

Als Projektmanagerin wurde eine Mitarbeiterin des Departements in einer Stabsfunktion nominiert. Der Vorteil ihrer Verankerung war die allparteiliche Position gegenüber den beiden Ämtern. Dies bedeutete zugleich auch eine Schwierigkeit, weil sie nicht in der Linienorganisation der Ämter verankert war. Die Projektmanagerin hatte die Hauptlast der praktischen Kommunikationsarbeit zu tragen: Sitzungen vorzubereiten, Unterlagen aufzubereiten, für transparente Information innerhalb des Gesamtprojektes zu sorgen, Leistungen und Termintreue einzumahnen, Störungen aufzugreifen und in die Projektgremien zu bringen, Vernetzung zwischen den einzelnen Teilen des Projektes voranzutreiben, die Dokumentation des Gesamtprojektes sicherzustellen und mit den Beratern Kontakt zu halten. Das war eine zeit- und kommunikationsintensive Funktion mit zahlreichen rollenbedingten Widersprüchen und eine Überforderung angesichts der Tatsache, dass die Inhaberin dieser Rolle zeitgleich auch noch eine Reihe anderer Vorhaben des Departements zu betreuen hatte. Im Nachhinein betrachtet wurde der Bedarf an beraterischer Unterstützung für diese Rolle unterschätzt und die Projektmanagementfunktion der Koordinationsgruppe als Team nicht genügend forciert, um die Ressourcen und die Autorität der Ämter noch stärker ins Projektmanagement einzubringen.

Steuerungsgruppe

Im Sinn eines partnerschaftlich getragenen Veränderungsprozesses wurden die Heime in die operative Steuerung des Projektes als „Mitunternehmer" eingebunden. Der Steuerungsgruppe gehörten die Dienstchefs der beiden Ämter, ihre Stellvertreter, die Projektmanagerin und je zwei Vertreter der ersten fünf Pilotheime an, und zwar jeweils der Heimleiter sowie der interne Projektleiter. Innerhalb der Rahmenvorgaben durch die Auftraggeber hatte die Steuerungsgruppe als Kollegialorgan eigenständige Entscheidungen zu treffen. Durch die laufende Beobachtung der Projektentwicklung war die kurzfristige Adaption in der Umsetzung möglich. Strategische Fragen und Grundsatzentscheidungen wurden an die Auftraggeber weitergeleitet. Zusätzlich war die Gruppe für das

Sammeln und Auswerten der Erfahrungen mit der Umsetzung der Qualitätsprojekte, für die Evaluierung der ersten Pilotphase sowie für die Entwicklung von Strategien für die weitere Implementierung zuständig. Das fünfzehnköpfige Gremium wurde von zwei externen Beratern unterstützt, wobei sich ein Berater auf die fachliche Seite des Qualitätsmanagements und der zweite Berater auf den Prozess der Organisationsentwicklung spezialisierte. Die Steuerungsgruppe tagte viermal pro Jahr in ganztägigen Klausuren. Die zentralen Entscheidungen, die das Gremium zu treffen hatte, waren:

- die Auswahl der Kernprozesse, die von den Pilotheimen für ihre Verbesserungsprojekte vorgeschlagen wurden, und damit
- die inhaltliche Aufteilung der Pilotvorhaben zwischen den beteiligten Heimen sowie
- die Diskussion und Genehmigung der Projektergebnisse.

Die wichtigsten Leistungen der Steuerungsgruppe waren die Arbeit an einem gemeinsamen fachlichen und organisatorischen Verständnis für die Etablierung eines einheitlichen Qualitätsmanagementsystems im Gesamtunternehmen sowie die Vermittlung dieses Verständnisses in die eigenen Heime und gegenüber den anderen Alters- und Krankenheimen.

Die Grenzen der Ämter wurden dabei erfolgreich überschritten und die paternalistisch-hierarchische Tradition der Ämter wurde aufgelockert. Die Steuerungsgruppe arbeitete dabei auch immer wieder an ihren internen Spielregeln und Kommunikationsformen. Entscheidungen wurden im Konsens getroffen.

Heimleiter und interne Projektleiter

Auf der Ebene der einzelnen Heime wurden zwei Rollen definiert, die im Qualitätsentwicklungsprozess eine zentrale Aufgabe zu übernehmen hatten: die Heimleiter – als Auftraggeber der Pilotprojekte – als für die Qualitätsarbeit verantwortliche Führungskräfte und eine interne Projektleiterin als Koordinationsinstanz für alle Qualitätsprojekte. Die internen Projektleiterinnen wurden mit der Perspektive eingerichtet, nach Abschluss der Projektphase im Alltagsbetrieb als Qualitätsbeauftragte des jeweiligen Heimes zu fungieren. Die Aufgabe der internen Projektleiterin als Schlüsselperson der Qualitätsarbeit war vielfältig:

- als Know-how-Trägerin im Betrieb zu fungieren,
- den Aufbau einer internen Projektstruktur (Projektgruppe) für die Bearbeitung der konkreten Qualitätsprojekte zu betreiben,
- die Teams und ihre Leiterinnen bei der Organisation der Arbeit zu unterstützen,
- gemeinsam mit der Heimleitung den Kontakt mit den Qualitätsmoderatorinnen (Q-Moderatorinnen, siehe unten) herzustellen und eine entsprechende Arbeitsvereinbarung abzuschließen,

68

- gemeinsam mit der Heimleitung übergreifende Aktivitäten im Heim wie etwa Informationsveranstaltungen für Mitarbeiter, Patientinnen- oder Angehörigenbefragung etc. zu organisieren sowie
- die Verbindung zwischen Projekt und Heimleitung bzw. Führungsgremien („Kader") des Heimes sicherzustellen.

Mit dieser Infrastruktur wurde die Pilotphase mit fünf Heimen gestartet. Heimleiter und interne Projektleiterinnen wurden in die Steuerungsgruppe nominiert. In einer konstituierenden Klausur der Steuerungsgruppe wurde das Arbeitsprogramm für die erste Pilotphase vorgestellt. Die Aufgabe der einzelnen Rollenträger wurde beschrieben und die Spielregeln für die Zusammenarbeit in der Steuerungsgruppe wurden gemeinsam erarbeitet. Mit der Konstituierung der Steuerungsgruppe begannen die Heime als Mitunternehmer des Qualitätsprojektes tätig zu werden. Eine partnerschaftliche Steuerung des Projektes wurde vereinbart und damit die ämterübergreifende Zusammenarbeit begründet. Auf der operativen Ebene wurden die Heime damit beauftragt, Kernprozesse zu identifizieren, die sie im Zuge der Pilotprojekte bearbeiten wollten. Der Projektplan sah für das erste Jahr vor, zwei solche Kernprozesse bzw. einzelne Leitsätze dieser Prozesse zu durchleuchten und im Zuge eines Qualitätsverbesserungsprojektes zu optimieren. In der zweiten Sitzung der Steuerungsgruppe wurden die Vorhaben der Heime diskutiert und beschlossen. Im nächsten Schritt waren die Heime gefordert, ein Projektteam für das jeweilige Qualitätsprojekt zu finden und eine geeignete Person mit der Leitung der so genannten Subprojekte zu beauftragen. Heimleiter, interne Projektleiter und Projektteam wurden in einen beratungsorientierten Qualifizierungsprozess eingebunden – ein Angelpunkt des gesamten Veränderungsprozesses.

Phase 2: Einführung eines Qualitätsmanagementsystems in fünf ausgewählten Pilotheimen

Zur Konzeption: die Verknüpfung von Lernen und Praxis

Das fest verankerte Muster, zuerst in Fortbildungsseminaren zu lernen – meist von der Alltagsarbeit und den Kolleginnen getrennt – und dann das Gelernte individuell in der Organisation umzusetzen, muss man aus systemtheoretischer Perspektive und gestützt durch Erfahrungen aus vielen Beratungsprozessen in Frage stellen sowie zugleich auf die Chancen hinweisen, im Beratungsprozess zu lernen. Veränderte Kommunikationsstrukturen ermöglichen neue Erfahrungen und Einsichten. Immer wieder beobachten wir in der Arbeit als Berater, wie rasch neue Wege der Arbeit und der Kooperation gefunden werden und wie sich eingefahrene Organisationsmuster und Konfliktlinien auflösen können, sobald neue Formen der Arbeit eingerichtet sind. In den Gesundheitsorganisationen heißt das vor allem berufsgruppen- und hierarchieübergreifende Arbeitsformen zu entwickeln.

Die Fähigkeiten für die Gestaltung der Organisation sind am besten in reflektierten Organisationsentwicklungsprozessen zu erwerben. Damit soll keineswegs die Notwendigkeit fundierter Trainingsprogramme bestritten werden, sondern das Votum gilt einer engeren Verknüpfung von Training und Organisationsentwicklung. Wirksame Ausbildungen in Organisationsentwicklung bedürfen der Möglichkeit zur praktischen Erprobung und Organisationsentwicklungs-Projekte brauchen Akteure, die in eigens eingerichteten Trainings dafür qualifiziert werden.

Die strukturelle Trennung von Lernen und Alltagsarbeit behindert die Anwendung des Gelernten. Der „Heimkehrer" von Qualifizierungsmaßnahmen stößt nicht selten auf die durch die „Daheimgebliebenen" vertretene Systemabwehr. Häufig interessiert sich in der entsendenden Organisation niemand für das, was der Fortgebildete mitbringt. Weiterbildung gerät so leicht zu einem individuellen Privileg und zu einer Art Abstandszahlung des Systems, um sich nicht verändern zu müssen. Die Individualisierung der Weiterbildung unterschätzt auch den systemischen Charakter des Lernens in einer Organisation.

Das organisationsbezogene Lernen ist stärker in die Alltagsarbeit zu integrieren. Medizin und Pflege haben diesbezüglich in der fachspezifischen Aus- und Fortbildung eine Tradition, an die angeknüpft werden kann. Das Spital bzw. das Heim ist immer auch Lernort gewesen. Es gilt das Krankenhaus auch zum Lernort für die eigene Organisationsentwicklung und die dafür notwendige Qualifizierung des Personals zu machen.

Organisationsbezogene Qualifizierung kann gut mit Projekten verbunden werden. Solche projektbezogenen Lernangebote haben viele Vorteile: Die Lernschritte können auf Realprojekte bezogen werden, die Übungssequenzen dienen ganz unmittelbar auch der Projektentwicklung. Das Lernen knüpft auch sozial an wirklichen Arbeitskontexten an; es ist in diesem Zusammenhang leichter möglich, interprofessionelle Lernprozesse zu realisieren. Projektbezogene Trainingssequenzen unterstützen sehr direkt Kulturveränderung. Die Lernangebote können genau auf den Know-how-Bedarf und die zu bearbeitenden Probleme der Beteiligten abgestimmt werden. Die Referenten sind auch mehr gefordert, die Praxisrelevanz ihrer Angebote steht auf dem Prüfstand. Am effizientesten sind ohne Zweifel Programme, die Beratung und Training integrieren. Ein solcher Ansatz wurde in dem hier beschriebenen Projekt versucht.

Das im Projekt integrierte Trainingsprogramm

Ausbildungsseminare für Q-Moderatorinnen

Um den organisationsinternen Know-how-Aufbau zu gewährleisten und um langfristig von externen Beratern weitgehend unabhängig zu werden, wurde begonnen, eine Gruppe von internen Beraterinnen als Q-Moderatorinnen auszubilden und in die laufenden Pilotprojekte zu involvieren. Die ersten Pilotprojekte waren somit gleichzeitig Lern- und Anwendungsfeld. Im Sinn der Verzahnung von Qualifizierung und Beratung wurde die Ausbildung der Q-Moderatoren-Gruppe in folgenden Elementen organisiert:

In drei *1½-tägigen Seminarblöcken* lernten die Teilnehmerinnen die Grundbegriffe, das Basiswissen von Qualitätssicherung und Qualitätsmanagement sowie konkrete Methoden und Instrumente der Qualitätsplanung und Qualitätsverbesserung. Weiters wurden Erfolgskriterien für die Umsetzung im Qualitätsmanagementprojekt dargestellt und die schwierige Rolle der internen Berater wurde diskutiert. Mit den erworbenen Grundkenntnissen wurden die Q-Moderatorinnen bereits in die praktische Entwicklungsarbeit einbezogen.

Die Erfahrungen, die die Q-Moderatorinnen bei der beraterischen Unterstützung der Pilotprojekte sammelten, und dabei auftretende Probleme wurden in eigenen *Supervisionssitzungen* bearbeitet. Schon das Trainingsprogramm wurde inhaltlich auf die Anwendung in Veränderungsprojekten ausgerichtet. Darüber hinaus gab es auch eigene Supervisionen für die Heimleiterinnen und hausinternen Projektleiter.

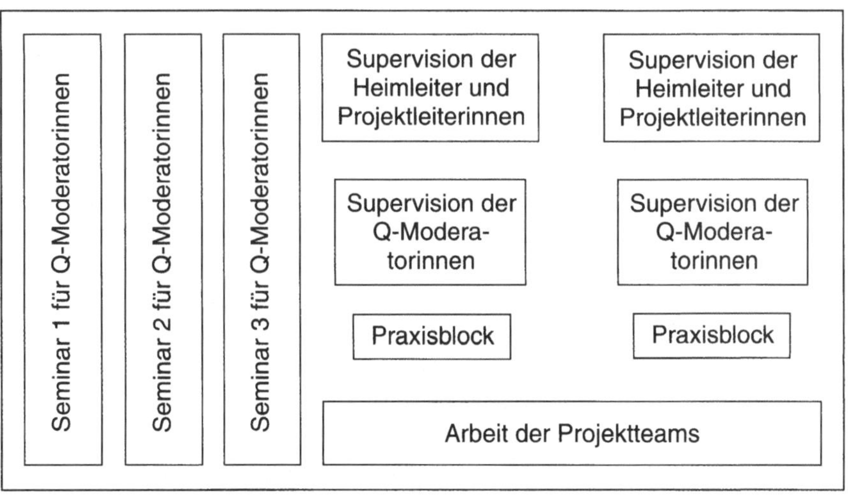

Abbildung 2: Setting des Trainingsprogramms

Die Praxisblöcke dienten der Qualifizierung der Q-Moderatorinnen und der direkten Unterstützung der Projektteams. Die Leiter und Teammitglieder der fünf Pilotprojekte sowie die Q-Moderatorinnen wurden zu ein- bis zweitägigen Klausurveranstaltungen eingeladen, geleitet von zwei externen Beratern, die auch die Schulung für die Q-Moderatorinnen durchgeführt hatten. Dabei wurde direkt an den Pilotprojekten gearbeitet, wobei den einzelnen Projekten je zwei oder drei begleitende Q-Moderatorinnen zugeordnet wurden. Die Pilotprojekte arbeiteten „online" an den Projekten – unterstützt von den Q-Moderatorinnen, die ihrerseits von den externen Beratern angeleitet und supervidiert wurden. Diese Veranstaltungen versuchten mehrere personenbezogene und organisationale Lernschritte zu verbinden. Den Pilotprojekten und ihren Teams wurde durch die externen Experten fachliche Unterstützung beim Aufbau der Q-Projekte gegeben. Projektentwicklung und Lernen wurden auch für die Mitarbeiterinnen und Führungskräfte der Pilotheime verknüpft. Durch die gleichzeitige Anwesenheit der fünf Pilotheime in den Praxisblocks wurde der Erfahrungsaustausch zwischen den Heimen möglich und wurden Impulse für organisationsübergreifendes Lernen gegeben.

Die Q-Moderatorinnen konnten ihre ersten Leistungen als interne Beraterinnen in kleinen Teams und unter fachlicher Anleitung der externen Berater erbringen. Damit wurde hier auch die Kooperation zwischen den Q-Moderatorinnen und den einzelnen Projekten etabliert. Insgesamt konnte damit ein sehr innovatives und vor allem auch ressourcenschonendes Lern- und Beratungssetting geschaffen werden.

Vorausgegangen war die Grundsatzentscheidung, die Qualitätsarbeit der einzelnen Heime mit eigenen Kräften und ohne externe Beratung durchzuführen. Vorgesehen waren zwei Projekte pro Jahr und Haus. Die Berater konzentrierten sich auf die übergreifenden Infrastrukturen der Information, der Qualifizierung und der Projektsteuerung. Auf diese Weise konnte ein sehr komplexes und großes Projekt mit vergleichsweise geringen – wenn auch immer noch erheblichen – externen Beratungsleistungen realisiert werden.

Das integrierte Lern- und Beratungsarrangement wurde auch im zweiten Pilotjahr mit rund zwanzig Heimen realisiert. Zu diesem Zeitpunkt hatten die Q-Moderatorinnen auch schon wesentlich mehr Wissen und Routine erworben. Das Verfahren hat sich insgesamt sehr bewährt. Die Kooperation zwischen Heim und Q-Moderator war nicht einfach. Einerseits mussten sich die Q-Moderatorinnen gleichrangigen Arbeitskollegen als Berater offerieren – wenn auch nicht in den eigenen Heimen. Die Beratung des eigenen Hauses wurde natürlich durch entsprechende Spielregeln ausgeschlossen. Die Q-Moderatorinnen waren am Anfang der Projekte jeweils nur einen Lernschritt voraus, in einzelnen Fällen nicht einmal das. Für die Projekte war es verlockend, eigene Schwierigkeiten an den „nicht ausreichend qualifizierten" Q-Moderatorinnen festzu-

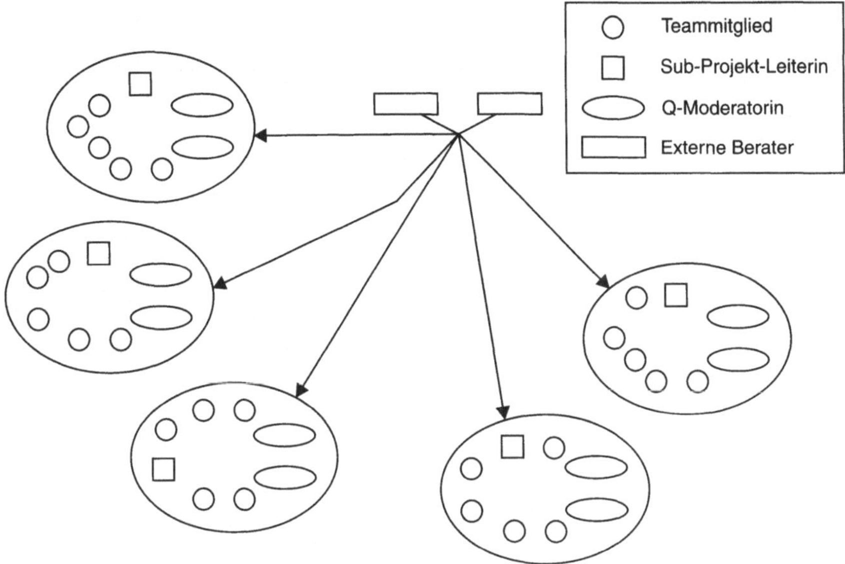

Abbildung 3: Praxisblock

machen. Insofern war das System auch riskant, aber rückblickend betrachtet wurde auf diese Weise in kurzer Zeit ein gewaltiges Know-how in der Gesamtorganisation aufgebaut.

Der Ablauf eines Qualitäts-Sub-Projektes

In dieser Phase, in der die ersten konkreten Implementierungsschritte stattfanden, verlagerte sich die Verantwortung und Miteigentümerschaft von den Initiatoren des Departements hin zu den einzelnen Häusern. Den Heimen wurde geraten, als erstes ein eng begrenztes Projekt zu wählen, um es auch mit hoher Wahrscheinlichkeit erfolgreich abschließen zu können. Dabei sollten auch erste Erfahrungen mit den Instrumenten und der projektförmigen Arbeitsweise gesammelt werden. Ein solches Sub-Projekt sollte etwa innerhalb eines halben Jahres abgeschlossen sein. In den weiteren Durchgängen soll aber eine möglichst große Vielfalt von Themen behandelt werden. Vor allem ist darauf zu achten, dass nicht nur eher periphere Kernprozesse perfektioniert werden, während die Beschäftigung mit dem Kerngeschäft vermieden wird. Qualitätsprojekte wurden in einem sehr strukturierten Verfahren durchgeführt, unterstützt von externen Qualitätsmoderatorinnen (siehe unten) sowie durch Instrumente und methodische Anleitungen. Dabei orientierte man sich an folgender Vorgehensweise:

1. In jedem Heim wird auf Grundlage der ersten auf breiter Basis erstellten Bewertung des Ist- Zustands für das erste Qualitätsprojekt ein *Kernprozess ausgewählt, bei dem Optimierungspotenzial gesehen wird.* Gleichzeitig soll der Kernprozess von möglichst hoher strategischer Bedeutung für das Heim sein.

2. Anschließend werden die *Qualitätsprobleme des ausgewählten Kernprozesses gesammelt* und gewichtet; ferner erfolgt eine Eingrenzung auf einzelne Leitsätze.

3. Zur Behandlung des ausgewählten Qualitätsmanagementthemas wird in jedem Heim eine *Sub-Projekt-Gruppe gebildet,* in der alle für das konkrete Thema wichtigen Perspektiven vertreten sein sollen. Die Sub-Projekt-Gruppen sind interdisziplinär zusammengesetzt und umfassen je nach Größe des Heims und Komplexität des gewählten Themas drei bis sieben Personen.

4. An Hand eines standardisierten Formulars wird ein *Projektantrag* für das brisanteste Qualitätsprojekt gestellt. Die letzte Entscheidung über das Projekt liegt in der Steuerungsgruppe. Wichtige Punkte, die im Antrag enthalten sein müssen, sind u.a.: die Eingrenzung des Projektziels, die Formulierung von Erfolgskriterien, ein Zeitplan und das Festlegen von Meilensteinen, die Klärung der verschiedenen Rollen im Projekt inklusive der Entscheidungskompetenzen sowie die Festlegung der Dokumentation.

5. Mit Hilfe von Fluss- und Prozesshierarchiediagrammen wird die *Ist-Situation* des Kernprozesses dargestellt. Flussdiagramme sorgen für mehr Transparenz und eine gute Visualisierung bezüglich des zeitlichen Ablaufs des ausgewählten Kernprozesses, wodurch Optimierungspotenziale deutlich werden. Mit Hilfe eines Prozesshierarchiediagramms können die aktuellen hausinternen Prozessverantwortlichkeiten und die bedeutsamen Kundenschnittstellen sichtbar gemacht sowie auf ihre Funktionalität hin überprüft werden.

6. Auf der Basis der Analyse der Ist-Situation wird in jedem Haus eine *Erhebung der Kundenbedürfnisse* – meist mit Hilfe von Fokusgruppen – durchgeführt. Fokusgruppen sind Gesprächsgruppen mit fünf bis acht externen Kunden, meistens den Bewohnerinnen, eventuell aber auch deren Angehörigen. Die Gesprächsgruppen dauern 30 bis 60 Minuten und sind auf die Thematik des gewählten Projektes beschränkt. Durchgeführt werden die Fokusgruppen von den externen Qualitätsmoderatorinnen, um es den Bewohnern zu erleichtern, sich auch kritisch zu äußern. Dieser Schritt ist zentral, damit die Verbesserungsprojekte sich nicht in erster Linie an den Vorstellungen der Mitarbeiterinnen und deren professionellen Standards, sondern an den konkreten Bedürfnissen und Wünschen der Bewohner und deren Angehörigen orientieren. Dabei ist darauf zu achten, dass (noch) nicht die aktuelle Zufriedenheit der Kunden erfragt werden soll, sondern ausschließlich die subjektiven Bedürfnisse, die die Bewohnerinnen in der Phase des Heimeintritts haben. Mit Hilfe von Affinity-Diagrammen werden die Bedürfnisse geordnet und anschließend von den externen Kunden gewichtet.

7. Die Ergebnisse dieser Erhebung werden in einem nächsten Schritt auf ihre Realisierbarkeit hin überprüft. Daraus erfolgt die Ableitung, *welche Kundenerwartungen aus Sicht der Mitarbeiterinnen erfüllt werden können.* Die als nicht erfüllbar angesehenen Bedürfnisse werden mit den Bewohnern diskutiert, da ansonsten berechtigter Unmut über eine anscheinend konsequenzlose Befragung entstehen würde.

8. Nachdem die Bedürfnisse in konkrete Qualitätsmerkmale („*Was* muss geschehen und *wie* muss es geschehen, damit die Bedürfnisse befriedigt sind?") übersetzt sind, wird in einem weiteren Messungsschritt überprüft, inwieweit diese Kundenerwartungen nun tatsächlich erfüllt werden. Nur mit Hilfe dieser *„Nullmessung"* kann später, nach Abschluss des Projektes, überprüft werden, ob es zu einer Veränderung gekommen ist.

9. Um eine detaillierte *Planung der Soll-Situation* durchzuführen, wird methodisch ähnlich wie bei der Ist-Analyse vorgegangen. Allerdings steht hier nicht mehr der Status quo, sondern der angestrebte Zustand im Zentrum.

Die *Umsetzung* selbst wird als eigenes Projekt verstanden. Dabei ist eine prozessverantwortliche Person für den jeweiligen Kernprozess zu bestimmen. Diese hat die Aufgabe, den Prozess, etwa den Heimeintritt oder die soziale Integration, aus der Perspektive des Kunden und quer zur bestehenden Linienorganisation zu koordinieren. Dabei sind im Umsetzungsprojekt vor allem der Aufgabenbereich und die Kompetenzen (z.B. die Weisungsbefugnis für den jeweiligen Prozess) zu klären und von der Heimleitung zu akkordieren. Pro Jahr sollen in jedem Heim ein bis zwei solche Qualitätsprojekte durchgeführt werden.

Phase 3: Ausdehnung der Pilotversuche auf 15 weitere Heime (1999)

Ursprünglich sah der Projektplan vor, das Qualitätsmanagementsystem nach einer einjährigen Pilotphase in allen Heimen einzuführen. Die Steuerungsgruppe erarbeitete und empfahl allerdings eine Vorgangsweise, die eine weitere Pilotierung vorsah. Im nächsten Schritt sollte über eine Ausschreibung eine große Gruppe von Heimen für die freiwillige Einführung des Qualitätsmanagements gewonnen werden. Diese Vorgangsweise ermöglichte es, das Know-how und die Erfahrung in der Organisation zu verbreiten sowie der motivierenden Wirkung einer freiwilligen Teilnahme Rechnung zu tragen. Die verbleibenden Heime würden dann ein Jahr danach definitiv zur Einführung des Qualitätsmanagements verpflichtet werden. Das erste Pilotjahr wurde mit einem großen Qualitätstag abgeschlossen, der auch den Startschuss zur zweiten Pilotphase gab und die Entscheidung der Heime für eine Teilnahme erleichterte.

Der Qualitätstag – eine Großveranstaltung als Intervention

Aus allen Heimen wurden entsprechend ihrer Größe interprofessionell zusammengesetzte Delegationen zum Qualitätstag entsandt. Alle Heime waren durch mindestens drei Mitarbeiterinnen – Führungskräfte und Basismitarbeiter – vertreten. Insgesamt nahmen rund 200 Personen am Qualitätstag des Gesundheits- und Umweltdepartements (GUD) teil. Großgruppenveranstaltungen sind für die Förderung von Veränderungsprozessen sehr wichtig. Eine große Zahl von Organisationsmitgliedern wird gleichzeitig mit Information versorgt. Die Top-Führungskräfte können Ziel und Dringlichkeit der Veränderung erläutern und mit dem notwendigen emotionalen Engagement darstellen. Die Gestaltung des Veränderungsprozesses, seine Rahmenbedingungen, Strukturen und Spielregeln können transparent gemacht werden. Auftretende Konflikte und Widerstände können thematisiert werden, Wissens- und Erfahrungstransfer kann stattfinden. Vor allem können sich die Organisationsmitglieder in einer solchen Veranstaltung affektiv auf Veränderung einstellen sowie ihre Vorstellungen und Interessen einbringen. In den letzten Jahren wurde in der Organisationsberatung zunehmend mit methodisch strukturierten und geleiteten Großgruppenprozessen experimentiert (Königswieser 2000). Auch der Qualitätstag versuchte, an den spezifischen Großgruppenmethoden ausgerichtet, unterschiedliche Designschritte zu verknüpfen.

Design des Qualitätstages

- Eröffnung durch die Projektmanagerin
- In einem halbstündigen Interview – geführt vom externen Berater, der den Qualitätstag auch moderierte – formulierten die Topführungskräfte (Amtsleiter) und die Projektmanagerin ihre Einschätzungen zum laufenden Projekt sowie ihre Zielperspektive.
- In einer marktplatzähnlich organisierten Projektmesse präsentierten die Pilotheime den Kollegen aus anderen Heimen ihre Projekte. Das Interesse war sehr groß und die Pilotgruppen ernteten Anerkennung.
- Nach der Messe wurde in sechs Workshops eine Reihe von Schlüsselthemen für die Organisationsentwicklung diskutiert: Qualitätsmethodik, Projektmanagement, die Rolle der Q-Moderatoren etc. Die Workshops wurden von Mitarbeiterinnen der Pilotheime bzw. von internen Beratern moderiert und mit thematischen Beiträgen beliefert.
- Nach dem Mittagessen wurden die Delegierten der Heime in einer kurzen Gruppenarbeit versammelt, um ihre Eindrücke auszutauschen und zu verarbeiten.
- In einer abschließenden Plenarveranstaltung gaben die Heimdelegationen Feedback und konfrontierten die Führungskräfte der Ämter und der Pilotheime mit ihren offenen Fragen, Zweifeln und Befürchtungen, auf die dann eingegangen wurde.
- Eine große Reihe von Heimen erklärte sich noch bei dieser Veranstaltung dazu bereit, in die zweite Pilotphase aktiv einzusteigen.

- Mit einer politisch pointierten Stellungnahme des Stadtrates wurde der Qualitätstag abgeschlossen.

Für die Dynamik des Veränderungsprozesses war diese Veranstaltung sehr förderlich. Die Pilotheime waren stolz auf die positive Resonanz, die offenen Diskussionen haben Ängste und Zweifel der anderen Heime etwas relativiert.

Das zweite Pilotjahr (1999)

Im zweiten Pilotjahr veränderte sich die Kultur in der Steuerungsgruppe. Die meisten Pilotheime waren nur mehr durch einen Delegierten vertreten. Das Gremium war mit 20 bis 30 Teilnehmerinnen zu groß für eine kooperative Arbeitsform. Die Möglichkeit und Bereitschaft, differenzierte Diskussions- und Steuerungsprozesse zu durchlaufen, sank. Die Steuerung verlagerte sich in die Koordinationsgruppe. Das war unproblematisch, was das Projektmanagement und die notwendigen Entscheidungen betraf. Kulturell führte es zu einem Rückfall. Die starke Mitverantwortung der ersten Pilotheime, verankert in einer horizontalen Kooperation zwischen den Heimen, war im zweiten Jahr nicht mehr in der gleichen Weise gegeben.

Die 20 Pilotheime hatten jeweils eine Q-Moderatorin zur Seite, die sie selbst aussuchen konnten und mit denen sie einen „Beratungsvertrag" abschlossen. Die Arbeit der Q-Moderatoren hatte sich konsolidiert, die Heimleiter und internen Projektleiterinnen wurden wieder vom Autor in zwei Supervisionsgruppen unterstützt. Die beratungsorientierten Trainings und Praxisblöcke funktionierten wie beschrieben sehr gut. Im Rahmen eines zweiten Qualitätstages wurde eine große Bandbreite von Projekten präsentiert. Der Transfer des Projektes in die Alltagsorganisation und damit die Verpflichtung aller Heime, das erprobte Qualitätssystem einzuführen, wurden angekündigt. Von der Koordinationsgruppe und den Beratern wurde eine Struktur für die nachhaltige Verankerung der Qualitätsarbeit entwickelt und in der Steuerungsgruppe nach Beratung mit den Auftraggebern zur Beschlussfassung empfohlen.

Phase 4: Einführung und Etablierung eines Qualitätssicherungssystems in den restlichen Kranken- und Altersheimen – Transfer des Projektes in die Linienorganisation (2000)

In der vierten und letzten Phase ging es vor allem auch darum, das Gesamtprojekt in die Linienorganisation zu übertragen und abzusichern. Als Unterstützung dafür wurde eine Fach- und Koordinationsstelle „Qualitätsmanagement" eingerichtet und mit zwei erfahrenen Q-Moderatorinnen besetzt. Diese Stelle ist als Serviceeinrichtung für alle laufenden Qualitätsaktivitäten gedacht.

In den mittlerweile 20 Heimen, die schon Qualitätsprojekte durchgeführt hatten, galt es den Spannungsbogen zu halten und dafür Sorge zu tragen, dass weiterhin regelmäßige Projekte durchgeführt wurden. In den verbleibenden Heimen – immerhin rund die Hälfte aller Heime – wurden parallel dazu die ersten Projekte durchgeführt.

Die Heime, die nun neu in das Qualitätssystem einstiegen, konnten nicht mehr auf die Einschulung und Beratung durch externe Kräfte zurückgreifen, sondern wurden von den Q-Moderatorinnen, der Fach- und Koordinationsstelle „Qualitätsmanagement" sowie durch gut aufbereitetes Material unterstützt.

Die externe Beratung wurde mit einer Plenarveranstaltung abgeschlossen, in der die neuen Qualitätsstrukturen auf der Ebene der Gesamtorganisation vorgestellt und konstituiert wurden. Der Startschuss für die verpflichtende Qualitätsarbeit wurde gegeben. Insgesamt wurden auf überbetrieblicher Ebene folgende Infrastrukturen geschaffen, um das Qualitätsmanagement in der Gesamtorganisation zu steuern und zu fördern:

- Ein *Aufsichtsgremium*, gebildet aus dem Stadtrat sowie den Leitern der Ämter für Altersheime und Krankenheime. Durch dieses Steuergremium wurde die amtsübergreifende Anlage des Qualitätsmanagements auf der Führungsebene fortgesetzt. Aufgaben des Aufsichtsgremiums sind: die grundsätzlichen Rahmenbedingungen und Zielsetzungen vorzugeben, Feedback zum jährlichen Erfolgsbericht der Fach- und Koordinationsstelle zu geben, Jahresziele zu formulieren, bei grundsätzlichen Fragen des Qualitätsmanagements als Schlichtungsstelle zu fungieren und natürlich dem laufenden Qualitätsmanagementprozess aktive Unterstützung von der politischen und administrativen Führung zu geben.

- Die *Steuerungsgruppe* wurde beibehalten und neu formiert, um die partnerschaftliche Steuerung zwischen Ämtern und Heimen fortzusetzen. In der Steuerungsgruppe waren folgende Funktionen und Rollenträger vertreten: ein Vertreter der Departementsverwaltung, zwei Vertreter der Ämter für Altersheime und Krankenheime, zwei Heimleiter, zwei Projektleiterinnen bzw. Q-Beauftragte aus je einem Altersheim und einem Krankenheim sowie eine Q-Moderatorin. Die Mitarbeiterinnen der Fach- und Koordinationsstelle nehmen ohne Stimmrecht an den Sitzungen teil.

- Die *Fach- und Koordinationsstelle* wurde, wie gesagt, von zwei Vertreterinnen aus dem Moderatorinnenpool besetzt. Sie fungierten als Management- und Serviceeinrichtung der Qualitätsarbeit. Ihre Aufgaben waren insbesondere: den Qualitätsprojekten der Heime Feedback zu geben, die Auswertung der Evaluationsberichte der Heime vorzunehmen und der Steuerungsgruppe darüber zu berichten, die Sitzungen der Steuerungsgruppe vor- und nachzubereiten, dem Aufsichtsgremium einen jährlichen Erfolgsbericht vorzulegen, den Moderatorinnenpool zu betreiben sowie Schulungen und andere Betreuungsleistungen für Mitarbeiter der Heime und die Moderatorinnen zu organisieren.

Von der Koordinationsstelle und der externen Beratung wurde Anfang 2000 noch ein umfangreiches Instrument zur Selbstevaluation der Qualitätsarbeit entwickelt. Im Frühjahr 2001 lief die erste Evaluationsrunde.

Bilanz: Impulse für nachhaltige Organisationsentwicklung

Das Projekt des Gesundheits- und Umweltdepartements der Stadt Zürich in den städtischen Kranken- und Altersheimen ist in mehrfacher Hinsicht beispielgebend und lehrreich für die Gestaltung von Veränderungsprozessen in und zwischen Organisationen sowie für den Versuch, das organisationale Entwicklungspotenzial von Betrieben zu steigern. Eine kräftige Investition in den Lernprozess der Organisation durch die Verknüpfung von Personal- und Strukturentwicklung war ein Erfolgsfaktor des Projektes.

Das Vorhaben war sehr anspruchsvoll, die expliziten und impliziten Ziele waren weitreichend. Innerhalb von drei Jahren sollte in einer großen Zahl von sehr unterschiedlichen Heimen ein einheitliches Qualitätsverständnis und Qualitätsmanagement eingeführt werden. Mit der konsequenten Ausrichtung der Qualitätsarbeit auf kundenorientierte Leistungsprozesse wurde ein in der Umsetzung organisatorisch sehr forderndes Konzept als Rahmen für die Qualitätsentwicklung gewählt. Die Verpflichtung eines systematischen Qualitätsmanagements, ausgerichtet an einem gemeinsamen Qualitätskonzept, wurde von der politischen und administrativen Führung der Organisation top-down gesetzt. Gleichzeitig wurden die Heime zu einer gemeinsamen Entwicklung der konkreten inhaltlichen Ausformung und zu einer gemeinsamen schrittweisen Implementierung im Rahmen einer Projektorganisation eingeladen. Damit wurde auch zwischen Ämtern und Heimen einerseits sowie andererseits zwischen den Heimen an der Steuerungsbeziehung und organisatorischen Kooperation gearbeitet. Übergeordnetes Ziel des Veränderungsprozesses war es aus der Sicht des Autors, die Eigenverantwortung und Selbstständigkeit der Heime im Sinn einer kontinuierlichen, kundinnenorientierten Qualitätsarbeit zu stärken.

Dafür wurden im Zuge des dreijährigen Prozesses innerhalb der einzelnen Heime und zwischen den Organisationen Infrastrukturen aufgebaut, die diese Entwicklungsfähigkeit auf Organisationsebene gewährleisten konnten.

Das fachliche Unterstützungssystem

Mit dem internen Beratungssystem, bestehend aus den Q-Moderatorinnen und der Fachstelle, wurde eine beispielgebende Struktur der fachlichen Unterstützung geschaffen. Selten setzen Betriebe so konsequent interne Berater ein – hier rekrutiert aus dem Personal der Heime. Wie in anderen Betrieben auch war es für die internen Beraterinnen nicht leicht, ihren zunächst geringen fachlichen Vorsprung zur Geltung zu bringen und bei den Kollegen die nötige Akzeptanz zu finden. Sicher hätte die Ausbildung dieser internen Fachkräfte noch intensiver sein können. Aber letztlich haben sie sich sehr bewährt und bei kontinuierlicher Pflege steht damit ein sehr wertvolles Unterstützungssystem zur Verfügung. Mit den relativ selbstständig und auf der Basis von Verträgen arbeitenden Moderatorinnen wurde auch ein interessantes unternehmerisches Element in den Betrieb eingeführt.

Zentral eingerichtete Fachstellen, auch wenn sie der Unterstützung dezentraler Einheiten gewidmet sind, haben es zumeist nicht leicht, partnerschaftlich und unterstützend und nicht als Kontrollorgan wahrgenommen zu werden. Wenn sie auch Controlling-Aufgaben wahrzunehmen haben – wie hier: die regelmäßige und verbindliche Selbstevaluation zu organisieren und dabei auch Feedback zu geben –, wird diese Spannung noch verstärkt. Entscheidend ist dabei sicher, wie es gelingt, sich primär mit fachlicher Identität und Allparteilichkeit zu positionieren. Aber diesem Konfliktfeld ist letztlich nicht ganz zu entkommen.

Von den Q-Moderatorinnen und den Fachstellen wurden auch umfangreiche Dokumentationen und Handbücher zur Qualitätsarbeit erstellt, die wertvolle Tools zur Anleitung der Qualitätsarbeit darstellen und gleichzeitig einen detaillierten Einblick in die Qualitätsarbeit des Departements und der Heime geben (Gesundheits- und Umweltdepartement der Stadt Zürich 2000).

Die horizontale Kooperation zwischen den Heimen

Durch die parallele Bearbeitung von zahlreichen Leistungsprozessen wurde ein großes Erfahrungspotenzial aufgebaut. Die Heime haben maßgeschneiderte Erhebungsinstrumente für die Kundenbefragung entwickelt, unterschiedliche Erfahrungen mit der Einbeziehung der Mitarbeiterinnen und Kunden gesammelt, unterschiedliche Lösungen für die Optimierung von Leistungsprozessen wurden gefunden und erprobt. Dieses Erfahrungspotenzial wurde durch eine Reihe von Maßnahmen vernetzt: die Steuerungsgruppe, die Qualitätstage, Vernetzungstreffen zwischen Gruppen von Heimen. Durch diese horizontale Kooperation kommen die Heime auch in eine selbstständige Verantwortung für die Qualitätsarbeit und weg von der Qualitätssicherung als hierarchiebezogener Pflichtübung.

Methodische Instrumente als Hilfsmittel

Die sehr stark methodisch angeleitete Arbeit an den Prozessen hat sich im Prinzip bewährt. Die systematische methodische Anleitung und die Instrumente haben der Qualitätsarbeit Orientierung und Sicherheit gegeben. Dieses Methoden-Know-how hat auch eine sehr effiziente Schulung der Q-Moderatorinnen und der Mitarbeiter ermöglicht und gab den Projektgruppen eine Strukturierung der Arbeit an die Hand. Die Mitarbeiterinnen aus den Heimen, die erst nach der Pilotphase dazugestoßen sind, brauchen sicher Schulung als Ergänzung zu den praktischen Arbeiten in den jeweiligen Projekten. Die Methodik hilft auch abzusichern, dass sich die Qualitätsarbeit nicht im Alltagsgeschäft verflüchtigt, und einen Unterschied zum Routinebetrieb zu setzen. Aber die Instrumente sind teils recht mächtig und aufwändig und gewinnen leicht eine Eigendynamik, die dann eher zur bürokratischen Pflichterfüllung für die Ämter, für die Fachstelle oder für die Heimleitung statt zu einer lebendigen Auseinandersetzung mit der Qualität der eigenen Arbeit werden kann. Hier ist eine gute Balance zu finden, was eine gewisse Souveränität im Umgang mit den Methoden erfordert.

Prozessorientierung und Qualität der Führungsarbeit als Angelpunkte

Sehr bewährt hat sich die Ausrichtung der Qualitätsarbeit an den Leistungsprozessen. Sie führt zu einer integrierten Sicht der Arbeit und der Organisation, eben aus der Perspektive der Pensionäre und ihrer Angehörigen bzw. anderer Leistungsempfänger. Auch die internen Kunden-Lieferanten-Beziehungen werden berücksichtigt. Diese Prozessperspektive gerät notwendigerweise mit einer hierarchischen Ausrichtung der Arbeitsorganisation in Konflikt. Hier sind vor allem die Führungskräfte in ihrer vertikalen und horizontalen Kooperation gefordert. Die Qualität von Führung wird so zum kritischen Faktor für die Qualität der Leistungserbringung. Ohne Arbeit an der Führungsqualität muss dieses Konzept in Schwierigkeiten geraten.

Während des Projektes wurde diese Investition dadurch geleistet, dass die meisten Projektakteure – Heimleiterinnen, interne Projektleiter, Q-Moderatorinnen – auch Führungskräfte waren, aber es wurde, abgesehen von Informationsveranstaltungen und den Qualitätstagen, möglicherweise zu wenig in die Bewusstseinsbildung und Qualifizierung der Kader investiert. Die Qualitätsarbeit ist ein integrierter Bestandteil der Verantwortung aller Führungskräfte, so wie es in den normativen Grundsätzen festgehalten wurde.

Partnerschaftliche Unternehmensführung zwischen Stadtrat, Ämtern und Heimen

Die Ausrichtung an horizontaler Kooperation spiegelt sich auch auf der Ebene der Gesamtorganisation im Verhältnis der Heime zueinander und zu den Amtschefs bzw. der politischen Spitze. Das hier gewählte Qualitätskonzept braucht unternehmerische Mitverantwortung der dezentralen Betriebe, also der einzelnen Alters- und Krankenheime, sowie eine gute Balance von Verpflichtung und Gestaltungsspielraum. Mit der projektförmigen Implementierung des Qualitätsmanagements wurde bewusst ein Kulturwandel eingeleitet. Die Steuerungsgruppe ist dabei wichtig als Ort horizontaler Vernetzung und kooperativer Steuerung der Qualitätsarbeit zwischen Gesundheits- und Umweltdepartement, Ämtern und Heimen. Qualitätsarbeit im hier beschriebenen Sinn verpflichtet die Heime und ihre Führungskräfte und erfordert von ihnen auch ein selbstbewusstes, eigenverantwortliches Agieren.

Strukturelle Verankerung in der Alltagsorganisation

Die kontinuierliche Qualitätsarbeit braucht eine solide Verankerung in der Linienorganisation. Nur was in professionellen Rollen und in der relevanten Kommunikation der Organisation Eingang findet, gewinnt letztlich Verbindlichkeit und Wirkung im System.

Drei Strukturelemente wurden durch das Qualitätsprojekt erprobt:

- Die Heime haben unterschiedliche Lösungen für die interne Steuerung der Qualitätsarbeit gesucht. Steuerungsgruppen, aus Führungskräften und Mitarbeiterinnen gebildet, hatten im Sinn einer Qualitätskommission die Entwicklung der Qualitätsarbeit voranzutreiben, die Heimleitung in ihrer Entscheidung für Verbesserungsprojekte und bei der Beauftragung dieser Vorhaben zu beraten, Berichte der Projektgruppe zu diskutieren, Fragen der Umsetzung zu beraten und den Transfer der Veränderungsvorschläge in die Routinearbeit zu unterstützen. Dafür ist ein starker Rückhalt bei den Führungskräften notwendig. Andererseits braucht es auch eine Differenz zur routinemäßigen Arbeit der Kader. Manche Heime haben diese Funktion von den Führungsgremien selbst wahrnehmen lassen. Das erfordert ein Umschalten in der Arbeit dieser Gremien von der alltäglichen operativen Leitungsarbeit zur Beobachtung und Reflexion des Betriebes im Sinn der Qualitätsarbeit.

- Als zweites Element wurden die internen Projektleiterinnen schrittweise als Qualitätsbeauftragte oder Qualitätsmanagerinnen verankert. Zu ihren Aufgaben gehörten die Organisation und Vernetzung der kontinuierlichen Verbesserungsprojekte, die Beratung der Heimleitungen, die Unterstützung der Projektverantwortlichen, die Information und eventuell auch die Moderation der Steuerungsgruppen, die Vorbereitung der Verträge mit den Q-Moderatorinnen, die Organisation der Evaluation, die Organisation des Austausches mit anderen Heimen und der Fachstelle, die Organisation der Informations- und Schulungsarbeit in den Heimen sowie die Dokumentation der Qualitätsarbeit.

• Wenn man die Prozessorientierung der Qualitätsarbeit konsequent verfolgt, ist es nahe liegend, verantwortliche Personen zu benennen, die die Kernprozesse als bereichsübergreifende Leistungsketten auch kontinuierlich im Blick behalten. Als drittes Element wurden daher Prozessverantwortliche installiert. Mitarbeiter, die durch die Leitung der Q-Projekte intensive Erfahrungen mit der Gestaltung der Prozesse gemacht haben, werden in der Regel dafür geeignet sein, wenn sie den entsprechenden Rückhalt bei den Linienvorgesetzten und den Mitarbeiterinnen haben. Prozessverantwortliche haben die Kernprozesse kontinuierlich zu beobachten und initiativ zu werden, wenn Disfunktionalitäten auftreten. Vieles davon kann sicher auf einfachem Weg im Alltag abgestellt werden. Diffizilere Probleme können dann zum Gegenstand eines Verbesserungsprojektes gemacht werden.

Diese Verankerung der Qualitätsarbeit braucht flexible organisatorische Lösungen, abgestimmt auf Art und Größe des Hauses und verfügbare Fachkräfte. An diesem Punkt wird deutlich, dass für die Qualitätsarbeit vor allem auch Know-how der Organisationsentwicklung notwendig ist. Die Qualitätsmethodik wird erst organisatorisch wirksam, wenn man die Entwicklung der Organisation im Auge hat. Qualitätsarbeit ist themenzentrierte Organisationsentwicklung (Ebner/Heimerl-Wagner 1996).

KAPITEL IV

Das Mitarbeitergespräch als Führungsinstrument im Krankenhaus

RALPH GROSSMANN, GEORG ZEPKE

Was leistet das Instrument und wie kann es in einer großen Gesundheitsorganisation implementiert werden?

Die Krankenhäuser sind durch Veränderungen in den ökonomischen und gesellschaftlichen Rahmenbedingungen ihrer Arbeit zunehmend gefordert, sich als Organisationen zu verhalten. Führung, angesiedelt an der Schnittstelle von Fach, Person und Organisation, erhält damit einen zentralen Stellenwert für die Entwicklungsfähigkeit der Krankenhäuser und ihrer Organisationen. Das Mitarbeitergespräch wird als Führungsinstrument vorgestellt, das helfen kann, die Balance zwischen fachlicher Entwicklung, selbstständiger Arbeit der Mitarbeiter und Mitarbeiterinnen sowie Arbeit an der Leistungsfähigkeit der Organisation zu managen. Auf der Basis einer Fallstudie wird ausgeführt, welche Strategien sich für die Implementierung des Mitarbeitergesprächs bewährt haben und welchen Beitrag das Instrument zur Weiterentwicklung der Führung in der Expertenorganisation Krankenhaus leisten kann.

Führung in der Expertenorganisation Krankenhaus

In der Führung von Krankenhäusern und ihren Subeinheiten, den Kliniken, Instituten, Abteilungen, Labors und Direktionen, sind einige zentrale Widersprüche zu bearbeiten.

Die Spaltung von Fach-System und Organisation überwinden

Die Krankenhäuser stellen ein hoch entwickeltes Expertinnensystem in einer sehr oft veralteten Organisationsstruktur dar. Die Dynamik der Organisation wird von der rasanten Entwicklung der Fachdisziplinen bestimmt. Die Organisation als soziales System hinkt hinterher. Die Fachkräfte im Krankenhaus, allen voran die Mediziner, haben traditionellerweise ein sehr distanziertes Verhältnis zur Organisation. Ihre Identifikation gilt der fachlichen Seite der Arbeit. Sie beziehen sich meist stärker auf das fachspezifische und damit verbunden auf das professionelle System als auf die Organisation. Die Organisation wird als Rahmenbedingung für die inhaltlich interessante Arbeit gesehen. Verantwortung wird primär fachspezifisch und nicht als institutionelle Verantwortung wahrgenommen. Professionelle Autonomie wird immer noch durch Abgrenzung gegenüber der Organisation und weniger durch Mitgestaltung der Organisation gesichert. Diese Spaltung in Fach- und Professionssystem einerseits sowie Organisation andererseits und damit von Form und Inhalt wird zunehmend prekär. Es wird auch für die Medizin immer deutlicher, dass die Qualität der Arbeit untrennbar mit der Gestaltung der Organisation verbunden ist. Sie ist z.B. abhängig davon, wie es gelingt, fachliche Standards in berufsübergreifenden Teams zu verankern und die Arbeitsabläufe darauf auszurichten, sowie darauf, wie es gelingt, die Wahrnehmungen, Empfindungen und Interessen der Patienten systematisch in die fachliche Arbeit der Professionellen einzubeziehen. Die Organisation hat eine inhaltskonstitutive Bedeutung. Mit der Trennung von Fach und Organisation, von Inhalt und Form geraten wichtige Dimensionen für die Sicherung und Entwicklung von Qualität aus dem Blick. Qualitätsentwicklung ist immer auch Organisationsentwicklung (Grossmann 1995a; Grossmann/Pellert/Gotwald 1997).

Andererseits sind die Krankenhäuser zunehmend gefordert, sich als Organisationen zu verhalten und Entscheidungen auf der Ebene der Organisation zu fällen, in den Subeinheiten ebenso wie in der Gesamtorganisation. Eine Reihe von Faktoren wirken hier zusammen: die Verlangsamung des Budgetwachstums; der zunehmende Zwang, die Leistungen effizienter und auch kostengünstiger zu erbringen sowie die Rationalisierungsmöglichkeiten auszuschöpfen; die Notwendigkeit, die Versorgungsleistungen gezielter einzusetzen und auszuwählen; die wachsende Konkurrenz zwischen den Anbietern; die damit verbundene Notwendigkeit, fachliche Schwerpunkte zu setzen, sich als Organisation mit speziellen Kompetenzen zu profilieren und auf einem „Markt" zu positionieren; die fortschreitende Ausgliederung und Verselbstständigung der Gesundheitseinrichtungen aus der staatlichen Verwaltung und ihren Budgets; der Übergang zur Steuerung über Globalbudgets, über Ergebnisverantwortung und Qualität; die Neustrukturierung vieler Einrichtungen in budget- und ergebnisverantwortliche Organisationseinheiten (Institute, Abteilungen); der Aufbau neuer Kooperationen zwischen Organisationen mit komplementären Leistungen oder zwischen mehreren Trägern.

Führung ist eine Dienstleistung im Interesse der Funktionsfähigkeit der Organisation. Führungskräfte im Krankenhaus sind an der Schnittfläche von fachlicher Arbeit und Organisationsgestaltung angesiedelt; die Verknüpfung von Fach-System und Organisation ist eine ihrer zentralen Aufgaben.

Den Widerspruch zwischen Hierarchie und selbstständiger, eigenverantwortlicher Tätigkeit bearbeiten

Die Leistungsfähigkeit des Krankenhauses ist in hohem Maß von den fachlichen Qualifikationen, der Professionalität und der Motivation seiner Mitarbeiterinnen abhängig. Trotz wachsender Bedeutung von Technologie in der medizinischen Versorgung kann die Leistung der Mitarbeiter nur sehr begrenzt über Technologie gesteuert und kontrolliert werden. Die Leistungen können längerfristig nur in befriedigender Qualität erbracht werden, wenn die Mitarbeiterinnen in die Lage versetzt werden, ihre Professionalität zu entfalten und ihre Motivation aufrechtzuerhalten. Qualitätsorientierte und engagierte Arbeit kann auch nicht erzwungen werden. Um sie kontinuierlich zu gewährleisten, muss sie in den fachlichen Qualifikationen, der Arbeitsorientierung, der professionellen Haltung und der Motivation der Mitarbeiterinnen in Form einer Selbstverpflichtung verankert sein (Grossmann 1995b).

Gleichzeitig beklagen viele Mitarbeiter aller Berufsgruppen, dass sie zwar faktisch hohe Verantwortung in der alltäglichen Arbeit tragen, aber wenig Gelegenheit vorfinden, die eigenen Kompetenzen und Erfahrungen in die Mitgestaltung der Organisation einzubringen. Fachliche Verantwortung und die Möglichkeit der Einflussnahme auf die Arbeitsorganisation klaffen auseinander. Der Bedarf an sowie der Wunsch nach selbstständiger und eigenverantwortlicher Arbeit stehen im Widerspruch zu einer traditionell hierarchischen Führungskultur, aber ebenso oft sind sie in einem Mangel an Führung begründet: Mitarbeiterinnen fehlen klare fachliche Orientierungen und Ziele, die fachliche Ausrichtung der Organisationseinheit ist widersprüchlich, Rollen und Zuständigkeiten bleiben vage definiert, Arbeitsprozesse werden ungenügend durch Regelungen und Standards gesichert. Hohe Leistungserwartungen und Verantwortung einerseits sowie unklare oder widersprüchliche Erwartungen andererseits ergeben eine besonders belastende Arbeitssituation. Aber dieser Mangel an Führung ist nicht nur belastend, er sichert auch Freiräume und schützt vor allzu viel Verbindlichkeit im Verhältnis zur Organisation.

Die Krankenhäuser brauchen – so wie andere Expertenbetriebe, z.B. Universitäten, Schulen, Kultur- und Sozialeinrichtungen – weniger Hierarchie, aber mehr Führung. Und sie brauchen ein Steuerungskonzept, das zu ihren Aufgaben passt (Wimmer 1996; Grossmann/Heller 1997).

Der Fragmentierung der Organisation durch die Berufsgruppen entgegenwirken

Die Organisationsdynamik des Krankenhauses ist weiters von der Trennung der Berufsgruppen mit ihren parallelen Hierarchien bestimmt. Diese stark ausgeprägte doppelte Segmentierung, hierarchisch und professionell, macht eine kohärente Entwicklung der einzelnen Organisationseinheiten und der Gesamtorganisation zu einer anspruchsvollen Managementaufgabe. Die Arbeit an Steuerungsformen wie interdisziplinären Führungsteams oder die Optimierung von Professions- und Abteilungsgrenzen überschreitenden Leistungsprozessen sind dabei vorrangige Entwicklungsaufgaben.

Die Autonomie der Subeinheiten stärken und die Kohärenz der Gesamtorganisation sicherstellen

Leistungsfähigkeit und Erfolg des Krankenhauses sind stark von der Reputation und der Qualität der Fachabteilungen abhängig. Während große Industriebetriebe ihre Produktpalette und Marktbeziehungen mit großem Aufwand in ertragsverantwortliche Geschäftsfelder zergliedern, hat das Krankenhaus als Gesamtorganisation schon immer aus mehr oder minder lose gekoppelten medizinischen Abteilungen bestanden, zusammengehalten von der Verwaltung und von unvermeidlichen Kooperationen in der Patientenversorgung. Der Erfolg eines Krankenhauses wird zukünftig sehr davon abhängen, wie es gelingt, den passenden fachlichen Zuschnitt für die relativ selbstständigen medizinischen Abteilungen zu finden, diesen Subeinheiten die bestmöglichen Rahmenbedingungen für ihre autonome und ergebnisverantwortliche Arbeit zu schaffen und gleichzeitig die Rückbeziehung der Abteilungen auf die Interessen der Gesamtorganisation sicherzustellen. Das erfordert eine vertikale und horizontale Verknüpfung, die vor allem von den Leitungskräften geleistet werden muss. Der Verständigung der Führungskräfte auf der gleichen Ebene und vor allem auch zwischen den Führungsebenen in fachlich-strategischen, organisatorischen und ökonomischen Fragen kommt umso mehr Bedeutung zu, je mehr das Krankenhaus vom politischen und gesellschaftlichen Umfeld als Organisation gefordert wird. Der Aufbau von vertrauensvollen Beziehungen über die Grenzen von Hierarchien und Subeinheiten hinweg ist ein unverzichtbares Medium zur fachlichen und sozialen Integration der Gesamtorganisation.

Entwicklung geeigneter Steuerungsformen

Die Beeinflussung von autonomen Organisationseinheiten und selbstständig
arbeitenden Expertinnen durch hierarchische Anweisungen oder bürokratische
Eingriffe stößt rasch an ihre Grenzen. Zwang und Angst können professionelle
Arbeit und Qualität in der medizinisch-pflegerischen Versorgung nicht auf Dauer
gewährleisten. Die Führung von Expertenbetrieben braucht Steuerungsformen,
die auf fachliche Auseinandersetzung und Selbstreflexion unter Professionellen sowie auf Verpflichtung durch Eigenentscheidung angelegt sind, die hierarchische Anweisung durch Kontrakte ergänzt. Für die Leitung einer Organisation in diesem Steuerungsverständnis steht eine ganze Reihe von Instrumenten zur Verfügung: die Arbeit an den Zielen der Organisation durch Strategie-
Workshops oder Leitbildprozesse, die Organisation der Arbeit im Rahmen von
Führungsteams, die regelmäßige Auswertung der Arbeit durch Bilanzklausuren, die systematische Beobachtung und Weiterentwicklung der Arbeit durch
Qualitätsmanagement, die Steuerung durch gemeinsam erarbeitete und verbindlich gemachte Erfolgsindikatoren wie z.B. Indikatoren zur Messung des
medizinischen Outcome. Ein solches Steuerungsverständnis bedeutet keineswegs, auf Einfluss zu verzichten, aber die Form der Einflussnahme ist sehr
unterschiedlich von hierarchischen oder normativ-administrativen Eingriffen.
Sie erfordert von den Führungskräften auch einen wesentlich stärkeren und
differenzierteren Einsatz ihrer Autorität, indem sie Ziele vorgeben, Kommunikationsstrukturen einrichten und Kommunikationsprozesse strukturieren, die
Qualität der Arbeit kommentieren, Impulse zur Veränderung der Arbeitsorganisation setzen und Konflikte managen.

Das Mitarbeitergespräch ist ein Führungsinstrument, das von diesem Steuerungsverständnis geprägt ist. Wir gehen davon aus, dass es zur Entwicklung
der Führungsarbeit in Expertinnenorganisationen besonders geeignet ist und
damit eine Antwort auf einige der Widersprüche darstellen kann, die in der
Führung von Krankenhäusern zu bewältigen sind.

Das Instrument Mitarbeitergespräch (MAG)

Was ist das MAG?

Das MAG ist eine periodisch stattfindende Gelegenheit für die Mitarbeiterin und ihre direkten Vorgesetzten, einmal pro Jahr gemeinsam aus dem Alltag herauszutreten, in Form eines Beratungs- und Fördergesprächs über die Qualität der Aufgabenerledigung und der Zusammenarbeit nachzudenken sowie Kriterien der Einschätzung zu besprechen und festzulegen.

Das MAG ist ein Führungsinstrument in der Form eines partnerschaftlich geführten Gesprächs zwischen Vorgesetzter und Mitarbeiter.

Nutzen für die Mitarbeiterinnen

Das MAG bietet den Mitarbeitern Gelegenheit, ihre Arbeits- und Berufssituation mitzugestalten und ihre eigenen Weiterentwicklungsperspektiven gemeinsam mit der Vorgesetzten zu besprechen.

Es dient dazu:

- sich mit den Zielen der eigenen Organisationseinheit auseinander zu setzen,
- die eigenen Stärken und Schwächen aus der Sicht des Vorgesetzten anzusprechen und mit ihm zu besprechen,
- die eigenen Erfahrungen mit der Führungsarbeit der Vorgesetzten anzusprechen und mit ihr zu erörtern,
- Möglichkeiten der beruflichen Weiterentwicklung zu erkennen sowie unter Berücksichtigung besonderer Fähigkeiten und persönlicher Interessen Fördermaßnahmen zu erarbeiten,
- eigene Vorstellungen, Interessen und Ziele einzubringen sowie Verbesserungsvorschläge mit Nachdruck zu deponieren,
- durch den Gedankenaustausch mit dem Vorgesetzten den Informationsfluss und die Zusammenarbeit zu fördern sowie
- aktiv an der Planung zukünftiger Aufgaben mitzuwirken, wodurch Anforderungen besser bewältigt werden können, weil nun Klarheit über die Arbeitsschwerpunkte und damit verbundene Handlungsspielräume herrscht.

Nutzen für die Vorgesetzte

Dem Vorgesetzten dient das MAG zur Unterstützung seiner Aufgabe der Personalführung und Entwicklung.

Der Nutzen liegt darin, dass:

- das Gespräch Gelegenheit bietet, mit der Mitarbeiterin die von ihr erbrachten Leistungen zu besprechen und das Maß der Zielerreichung zu überprüfen,
- Vorgesetzte durch die Vereinbarung zukünftiger Aufgaben mit den Mitarbeitern die Ausrichtung des Handelns der Mitarbeiterinnen an den Zielen der eigenen Organisationseinheit sowie der Organisation in ihrer Gesamtheit fördern können,
- die Aufgabenplanung an den Stärken, Schwächen und Entwicklungsmöglichkeiten des Mitarbeiters ausgerichtet werden kann,
- durch das offene Gespräch das Miteinander und das gegenseitige Verständnis bei Schwierigkeiten und Problemen gefördert werden,
- durch die Information der Mitarbeiterin sowie durch die Einbeziehung ihres Wissens und ihrer Erfahrungen ihre Eigenverantwortung bei der Aufgabenerfüllung erhöht wird sowie dass
- Vorgesetzte Rückmeldungen über die Führungsarbeit und Hinweise auf die Motivation ihrer Mitarbeiter erhalten.

Das MAG veranlasst beide, Mitarbeiterinnen und Führungskräfte, Vereinbarungen zu treffen – mit dem Ziel, durch ihre Arbeit die Gesamtaufgaben der Abteilung und der Organisation präziser wahrzunehmen.

Das MAG wird in einer Führungskaskade top-down eingeführt und verankert, indem es von allen Führungskräften mit denjenigen Mitarbeitern geführt wird, für die sie die unmittelbare – nicht delegierte oder delegierbare – Personalführungsverantwortung tragen.

Die zentralen Inhalte des MAG

Folgende inhaltliche Gliederung hat sich als produktiv herausgestellt:

- Rückschau auf Aufgaben und Ergebnisse der letzten Periode
- Eignungsschwerpunkte der Mitarbeiterinnen und Entwicklungsbedarf
- Leitung und Zusammenarbeit
- Ziele und Aufgaben in der nächsten Periode
- Entwicklungsmaßnahmen und Mitarbeiterförderung.

(Zit. nach dem OSB-Modell, Grossmann/Wimmer 1993; Nagel/Oswald/ Wimmer 1999)

Implementierung des Mitarbeitergesprächs als Organisationsentwicklungsprozess in einem öffentlichen Krankenhaus

Anfang 1997 entschloss sich die Kollegiale Führung* des Kaiser-Franz-Josef-Spitals (KFJ), eines von sechs so genannten Schwerpunktkrankenhäusern der Gemeinde Wien, ein groß angelegtes Projekt zur Einführung des MAG als Führungsinstrument zu starten, und zwar in allen Berufsgruppen sowie auf allen Hierarchieebenen von der Spitalsleitung bis zu den Mitarbeiterinnen ohne Leitungsfunktion. In einem Pilotversuch wurden mit dem Instrument und der Organisation der Einführung intensive Erfahrungen gesammelt und ausgewertet. Mitte 1999 entschloss sich die Spitalsleitung dazu, das Mitarbeitergespräch schrittweise im gesamten Haus zu implementieren. Das KFJ übernahm damit als erstes Haus, in dem das MAG als Instrument der Führung und Personalentwicklung in der gesamten Organisation systematisch verankert werden sollte, eine Vorreiterrolle unter den öffentlichen Krankenhäusern Wiens.

Eckdaten des Schwerpunktkrankenhauses

12 bettenführende Abteilungen, 5 Institute, 735 Betten und 1.850 Mitarbeiterinnen und Mitarbeiter; 1998 wurden rund 29.000 Patienten und Patientinnen stationär sowie 65.000 ambulant betreut, bei 235.000 Pflegetagen jährlich und einer Verweildauer von 8 Tagen; das Ausgabenvolumen betrug 1998 1.758 Milliarden öS (ca. 128 Milliarden Euro).

Das Projekt, das hier beschrieben wird, war das erste einer Reihe von Projekten zur Implementierung des MAG, die durch ein Forscher- und Beraterteam des IFF – Institut für Interdisziplinäre Forschung und Fortbildung – unterstützt wurde. Dieses Pilotprojekt wurde in Kooperation mit der Beratungsfirma OSB (Gesellschaft für systemische Organisationsberatung) betreut.

Der Organisationsentwicklungsprozess begann im Dezember 1996 und wird hier bis Juli 1999 beschrieben. Er lässt sich in vier Phasen darstellen:

- Aktivitäten im Vorfeld – Information und Bewusstseinsbildung der Führungskräfte: November bis Dezember 1996
  Entscheidung der Kollegialen Führung, das MAG im Haus einzuführen, Durchführung eines beratungsorientierten Trainings als Start-Workshop

- Pilotversuch 1: Jänner 1997 bis Dezember 1997
  Projektförmige Einführung des MAG in drei Piloteinheiten

---

* Kollegiales Leitungsorgan eines Krankenhauses, bestehend aus dem Ärztlichen Direktor, dem Pflegedirektor, dem Verwaltungsdirektor und dem Technischen Direktor.

Medizin und Pflege: Neurologie; Verwaltung: Personalabteilung; Technik: Abteilung Bau- und Haustechnik, Heizung, Lüftung, Klima
Im ersten Pilotring wurden etwa 60 MAGs geführt.

- Pilotversuch 2: Jänner 1998 bis Juli 1999
Einführung in weiteren Einheiten
Medizin und Pflege: Radioonkologie, Psychiatrie, Hals-Nasen-Ohren-Abteilung, 5. Medizinische Abteilung sowie die Schule für Gesundheits- und Krankenpflege; Verwaltung: Wirtschaftsabteilung; Technik: Medizinisch-technisches Servicezentrum
In den Piloteinheiten der ersten Phase wurden die Gespräche zum zweiten Mal geführt. Insgesamt waren im zweiten Pilotring 311 MAGs zu führen.

- Beendigung des Pilotstatus – schrittweise Einführung des MAG im gesamten Haus: Herbst 1999 bis etwa Sommer 2002

Intensive Information der Führungskräfte als Voraussetzung des Veränderungsprojektes

Im Frühjahr 1996 veranstaltete der Wiener Krankenanstaltenverbund, Trägerorganisation für rund 30 Krankenhäuser und Pflegeheime der Gemeinde Wien und Arbeitgeber von mehr als 30.000 Beschäftigten, gemeinsam mit dem IFF/ Abteilung Organisationsentwicklung ein internationales Symposium „Personalmanagement in Krankenhäusern und Pflegeheimen". Ziel der Generaldirektion des Krankenanstaltenverbundes war es, den Stellenwert von Personalmanagement in der Arbeit der Kranken- und Pflegehäuser zu erhöhen, grundlegendes Verständnis für Personalführung unter den Leitungskräften aller Berufsgruppen zu erzeugen und auch Know-how über konkrete Instrumente der Personalplanung und der Personalentwicklung vorzustellen. Das Symposium selbst wurde projektförmig von Führungskräften der Krankenhäuser und Pflegeheime bzw. des Trägers gemeinsam mit Beratern des IFF vorbereitet und ausgewertet. Im Zuge der Auswertung des Symposiums wurde ein neues Instrument zur Vorbereitung von Projekten zum Personalmanagement entwickelt – das so genannte beratungsorientierte Training. Unter diesem Titel wurde ein Informations- und Beratungspaket für die Führungskräfte der einzelnen Krankenhäuser und Pflegeheime angeboten – eine dreitägige Einführung in Personalmanagement, eine Klärung von konkreten Projektinteressen und die Abgrenzung eines Projektes sowie die Startberatung für dieses Vorhaben. Durch den Angebotscharakter wurden Maßnahmen der Personal- und Organisationsentwicklung nicht vom Träger verordnet, sondern von Eigeninitiative und Entscheidung der Spitalsleitungen abhängig gemacht. Das Angebot wurde von einer Arbeitsgemeinschaft des IFF mit der Beratungsfirma OSB betreut. Von Anfang 1997 bis Ende 1998 griffen insgesamt sieben Krankenhäuser und Pflegeheime dieses Angebot auf.

Die Spitalsleitung ergreift die Initiative

Der erste Führungskräfte-Workshop dieser Art wurde von der Kollegialen Leitung des KFJ auf Betreiben des Pflegedirektors beauftragt. Die Leitung nominierte eine Gruppe von Führungskräften, in der die vier Berufsgruppen Medizin, Pflege, Verwaltung sowie Technik sehr gleichmäßig und durch erfahrene Führungskräfte repräsentiert waren. Die Auswahl der Teilnehmerinnen wurde schon mit Blick auf die Zusammensetzung einer späteren Projektgruppe getroffen. Die Workshop-Teilnehmer wurden – im Sinn eines Vorprojektes – ersucht, Vorschläge für die Durchführung eines Personalentwicklungsprojektes zum Thema MAG zu machen. Zu diesem Zeitpunkt war die Ärztliche Direktorin noch skeptisch, ob dieses Führungsinstrument für den medizinischen Bereich geeignet sei und dort positive Resonanz finden würde.

Promotorinnen auf zweiter und dritter Führungsebene

Der Workshop wurde für eine intensive Auseinandersetzung zwischen den Berufsgruppen mit den Themen Führung, Organisation und Personalentwicklung genutzt. Die Seminargruppe sprach sich einhellig für ein Projekt Mitarbeitergespräch aus. Für viele überraschend waren vor allem auch die beteiligten Ärzte treibende Kräfte hinter dieser Entscheidung. Auf Anregung der Berater entschied sich die Gruppe für ein Pilotprojekt.

Als Ziele und Erfolgskriterien wurden formuliert:

- Das Pilotprojekt wird interprofessionell angelegt; je eine Abteilung aus den Bereichen Medizin, Pflege, Verwaltung und Technik soll gewonnen werden.
- Das MAG wird jeweils in einer Führungslinie vom zuständigen Direktionsmitglied über den Abteilungsleiter sowie über die dritte und eventuell vierte Führungsebene bis zu den Mitarbeitern ohne Leitungsfunktion durchgeführt.

Ende 1997 sollte das Pilotprojekt abgeschlossen und eine Entscheidung über das weitere Vorgehen getroffen sein.

Die Kollegiale Führung griff diese Vorschläge auf und beauftragte Anfang 1997 intern das Projekt. Mit der beraterischen Unterstützung wurde die Arbeitsgemeinschaft IFF–OSB betraut.

Der Pilotversuch 1 (1997)

Eine Projektgruppe, bestehend aus zehn Personen aus allen Berufsgruppen, wurde mit der Organisation des Pilotprojektes beauftragt (siehe Grafik auf der nächsten Seite).

Architektur des 1. Pilotrings

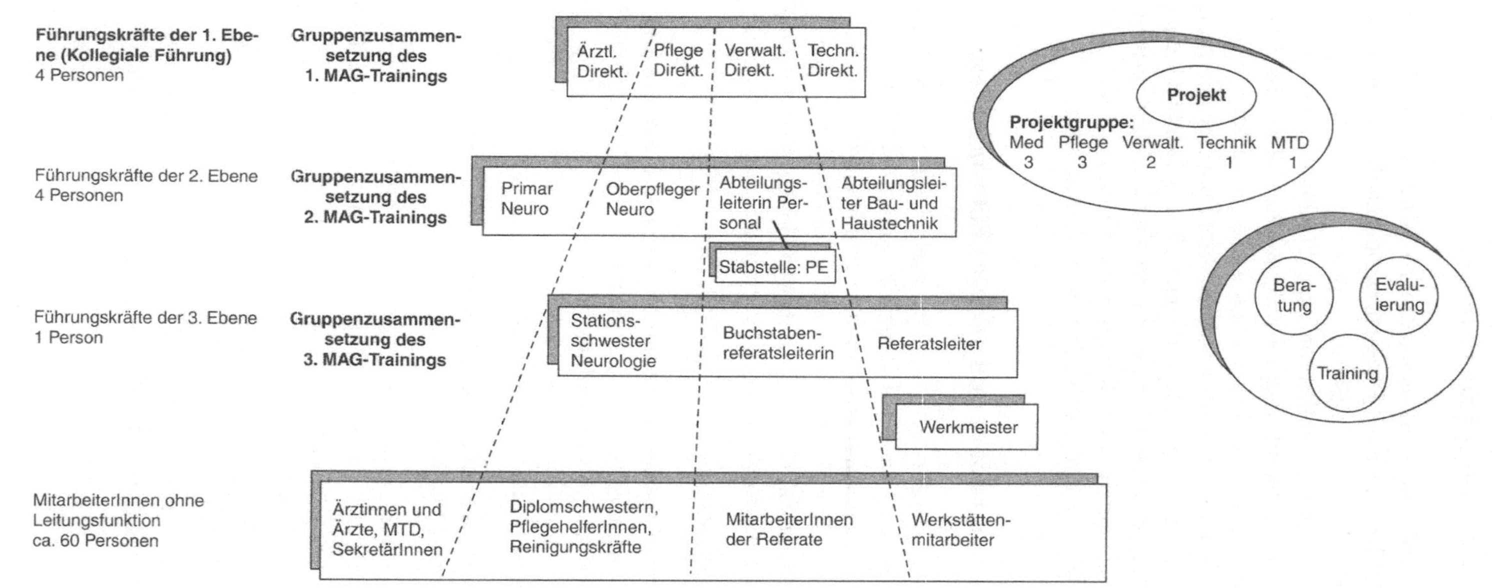

Schritte der Projektentwicklung

Entwicklungsarbeit der Projektgruppe

In drei intensiven Klausurtagen erarbeitete die Projektgruppe mit den Beratern die organisatorischen Rahmenbedingungen der Durchführung der ersten Serie, definierte die Führungsrelationen, in denen die Gespräche geführt werden sollten, erstellte einen Leitfaden für die Gespräche und auch einen Plan für die Öffentlichkeitsarbeit des Projektes. In dieser Phase wurde überdies eine Abstimmung mit der Vorsitzenden der Personalvertretung vorgenommen und die Ergebnisse wurden mit der Spitalsleitung diskutiert. Das Vorgehen wurde durch eine Entscheidung der Leitung gestützt.

Als besonders heikel und für die Entwicklung der Krankenhausorganisation interessant erwies sich die Festlegung der Führungsrelationen. In vielen Fällen war es nicht leicht zu beantworten, wer die zuständige personalverantwortliche Führungskraft im Sinn der Intentionen des Mitarbeitergesprächs war. Das offizielle Organigramm des Krankenhauses hilft dabei – wie in anderen Organisationen auch – recht wenig. Bis heute ist nicht wirklich klar, wie viel Führungskräfte mit Personal-Verantwortung im Spital tätig sind. Das MAG erweist sich dabei als ein trennscharfes und hilfreiches Diagnoseinstrument, um solche offenen Fragen sichtbar zu machen. Letztlich sind in dieser Frage Spielregeln zu finden und für die alltägliche Arbeit möglichst funktionale Entscheidungen zu treffen. Die Projektgruppe entschied sich für eine Regelung, die darauf abzielte, die fachliche und soziale Integration der Abteilungen und Institute als Kerneinheiten der Leistungsprozesse zu fördern. In diesem Sinn wurden von den Leitungskräften der Medizin und der Pflege in den Abteilungen Mitarbeitergespräche auch mit Mitarbeiterinnen – wie Sekretariatskräften, Physio- oder Ergotherapeutinnen – geführt, die ansonsten der Dienst- und Fachaufsicht anderer Leitungskräfte unterstehen.

Im Bereich der Technischen Direktion und teilweise im Verwaltungsbereich stellte sich heraus, dass viele Führungsrelationen ungeklärt waren. Die hierarchische Gliederung ist hier mehr als Ergebnis einer historischen Entwicklung in der Folge des Gehaltsschemas zu sehen und nicht nach dem Kriterium einer funktionalen Führungsarbeit definiert.

Qualifizierung der Führungskräfte

Für die Leitungskräfte der Pilotabteilungen war die Teilnahme am Workshop zur Vorbereitung auf das Mitarbeitergespräch verpflichtend. Das Intensivtraining mit Rollenspielen und Video-Feedback wurde in mehreren Durchgängen angeboten, wobei jeweils die Führungskräfte derselben Hierarchieebene aus den verschiedenen Berufsgruppen zusammengefasst wurden. Das ermöglichte zusätzlich, die Arbeitsbedingungen und Leitungsstrukturen der anderen Berufsfelder näher kennen zu lernen. Die Trainings wurden von einem der beiden

externen Berater geleitet, der sich entsprechend der Arbeitsteilung im Beraterteam auf diese Aufgabe konzentrieren konnte. Das Verständnis für die Gesprächsführung im MAG ist leichter zu vermitteln, wenn die beteiligten Führungskräfte selbst schon ein Gespräch aus der Mitarbeiterperspektive geführt
haben. Daher wurden die Schulungen in einem Top-Down-Ansatz zeitlich so
angeboten, dass dazwischen genügend Zeit für die Durchführung der Gespräche auf der jeweiligen Ebene bestand.

Durchführung und Auswertung

Für die Durchführung der MAGs von der Spitalsleitung bis zu den Mitarbeitern waren rund sieben Monate Zeit. Wichtig ist, dass die oberen Hierarchieebenen ihre Gespräche konsequent und zügig ansetzen und führen – erstens
wegen der Beispielswirkung und zweitens aus Gründen des Zeitmanagements.
Die dritte Führungsebene hat zumeist eine ungleich größere Zahl an MAGs zu
bewältigen und braucht dafür entsprechend Zeit. In einzelnen Fällen des Pilotprojektes wurde durch Verzögerungen auf der ersten und zweiten Führungsebene ziemlich viel Stress nach unten delegiert.

Auswertung

Für die Evaluation wurde im ersten Pilotversuch eine Organisationsform gewählt, die einen diskreten Umgang mit Information und Feedback ermöglichen sowie die Chance bieten sollte, die Handhabung des Instruments gemeinsam weiterzuentwickeln. Es wurden jene Personen zu Auswertungsrunden zusammengefasst, die auch miteinander die MAGs geführt hatten. Sie erhielten
damit Gelegenheit, in relativ geschütztem Rahmen auf die Gespräche zurückzublicken, ihre Erfahrungen mit dem Instrument losgelöst vom Inhalt des einzelnen Gesprächs gemeinsam zu reflektieren und einander Feedback zu geben.
Die Führungskräfte der ersten und zweiten bzw. der zweiten und dritten Ebene
wurden dabei in interdisziplinären Gesprächsrunden zusammengefasst. Die
Evaluationsrunden boten auch Gelegenheit dazu, Informationsmängel und
Missverständnisse bezüglich der Instrumente auszuräumen. Diese Gesprächsrunden wurden von je einem der Berater mit einem Mitglied des Begleitforschungsteams moderiert und dokumentiert. Die Ergebnisse wurden zu Trend
Aussagen zusammengefasst.

Ergebnisse des ersten Pilotprojektes

Von den 71 geplanten Gesprächen wurde 56 durchgeführt (79%); davon wurden 36 (64%) in die Auswertung einbezogen.

Was waren die stärksten Eindrücke in Bezug auf das Mitarbeitergespräch?

Positiv:

- In Ruhe mit dem Vorgesetzten sprechen
- Teilweise erste Gelegenheit zum Gespräch mit der Vorgesetzten
- Statt Alltagsaufgaben werden längerfristige Perspektiven thematisiert
- Verbesserung der Führungs/Mitarbeiter-Beziehung
- Verdeckte Konflikte werden angesprochen
- Persönliche Gespräche
- Führungskraft stärkt ihr Wissen über die Abteilung
- Organisatorische Konsequenzen konnten gezogen werden

Negativ:

- Hoher zeitlicher Aufwand
- Geringe Gestaltungsmöglichkeiten
- Fördermaßnahmen sind auf Grund der Budgetknappheit teilweise nicht umsetzbar
- Teilweise war die Gesprächsrelation nicht richtig gewählt
- Teilweise kein Unterschied zu anderen Gesprächsstrukturen
- Zahlreiche Befürchtungen vor dem Gespräch

Entscheidung für eine Erweiterung des Pilotversuchs

Am Ende des ersten Jahres wurden die Erfahrungen mit der Durchführung sowie die Evaluationsergebnisse von der Projektgruppe aufgearbeitet. Der Spitalsleitung als Auftraggeberin wurde ein Vorschlag für die weitere Vorgangsweise unterbreitet, der auch angenommen wurde. Projektteam und Spitalsleitung entschieden sich zu einem zweiten Pilotdurchgang mit dem Ziel, die Erfahrungsbasis unter den Mitarbeitern und Führungskräften zu verbreitern, neue Piloteinheiten dazuzugewinnen und vor allem das Prinzip der Freiwilligkeit aufrechtzuerhalten, ausgehend von der Überlegung, dass nur persönlich entschiedene Führungskräfte die Gewähr für eine produktive Nutzung des Instruments MAG bieten. Dazu wurde die Form der Ausschreibung gewählt, begleitet von einer Informationsoffensive in allen wichtigen Gremien der Organisation. Interprofessionell zusammengesetzte Teams aus der Projektgruppe informierten in der Besprechung der Chefärzte, in den Leitungsgremien der Pflegekräfte, in den Abteilungsleitersitzungen der Technik und der Verwaltung sowie in der Qualitätskommission. Die Resonanz war durchwegs interessiert und engagiert. In dieser an alle Führungskräfte des Hauses und ihre Organisationseinheiten gerichteten Ausschreibung wurde das Instrument noch einmal vorgestellt, die Erfahrungen aus dem Pilotversuch wurden geschildert und die Rahmenbedingungen einer Teilnahme am zweiten Pilotversuch definiert.

Bewerbungen für die Beteiligung am zweiten Durchgang waren an die Projektgruppe zu richten. Die Mitglieder der Projektgruppe standen auch für beratende Gespräche mit den Interessenten zur Verfügung.

Die Projektgruppe war zu diesem Zeitpunkt eher skeptisch, was die zu erwartende Resonanz auf die Ausschreibung betraf. Überraschend für die Skeptiker war das Ergebnis sehr gut. Es meldeten sich sieben neue Organisationseinheiten. In einem ersten Beratungsgespräch wurden die Führungsrelationen definiert und der Zeitplan für das zweite Pilotjahr wurde akkordiert. Mit einem Informations-Workshop zum Instrument MAG wurde der zweite Durchgang eingeleitet. Die Abfolge der Implementierung folgte der Struktur des ersten Jahres.

Schlüsselrolle der Führungskräfte

Im zweiten Pilotversuch wurden der Einschulung eine ausführliche Informationsveranstaltung über das Instrument und die Bedingungen eines erfolgreichen Einsatzes für alle beteiligten Führungskräfte vorangestellt. Es galt über den Kern der Projektgruppenmitglieder hinaus ein gemeinsames Verständnis des MAG und Sicherheit im Umgang mit dem Führungsinstrument zu schaffen. Informierte und motivierte Führungskräfte sind ein zentraler Erfolgsfaktor für die Implementierung des MAG. Sie haben auch die Hauptlast der Durchführung zu tragen. Ihre Funktionen sind:

- informative Auseinandersetzung mit dem Instrument und den Rahmenbedingungen der Anwendung,
- Teilnahme an den vorbereitenden Trainings,
- Information der Mitarbeiterinnen in Abteilungsbesprechungen,
- Einführung in die Unterlagen (Infoblatt, Leitfaden für Gespräche),
- Festlegung der organisatorischen Rahmenbedingungen für die Durchführung in der Abteilung (Zeitraum, Terminplanung, Ort ...),
- Durchführung der MAGs je nach Führungsspanne,
- Initiative für Auswertung der Gespräche und Nacharbeit in Abteilungsbesprechungen,
- Beteiligung bei der Evaluierung.

Im zweiten Jahr fanden in Summe 311 Gespräche statt. Es wurden damit 40% der Top-Führungskräfte, ein Drittel aller Organisationseinheiten des KFJ und ein Sechstel aller Mitarbeiterinnen durch das MAG erfasst. Für die Evaluierung des Pilotjahres wurde vor allem auf Grund der ungleich größeren Dimensionen gegenüber dem ersten Jahr eine andere Strategie gewählt. Die Erfahrungen der Mitarbeiter an der Basis wurden mittels Fragebogen erhoben. Die

98

drei Führungsebenen nahmen an einem jeweils halbtägigen Auswertungs-Workshop teil, der aber nicht mehr hierarchieübergreifend zusammengesetzt war. In den Workshops wurden neben der Reflexion der eigenen Erfahrungen auch die Ergebnisse der darunter liegenden Ebenen präsentiert und diskutiert.

Evaluationsergebnisse des zweiten Pilotjahres

Die Ergebnisse des zweiten Pilotjahres waren sehr uneinheitlich und die Entscheidungssituation für Projektgruppe und kollegiale Führung erwies sich als schwierig. Im medizinischen Bereich war es offensichtlich gelungen, das Instrument gut zu verankern. Die Einschätzungen der Chefärzte einschließlich der Ärztlichen Direktorin waren sehr positiv, ebenso im Pflegebereich. Allerdings gab es hier zahlreiche Stimmen, die angesichts der großen Führungsspannen auf der dritten Führungsebene von bis zu 30 Mitarbeitern eine zu große Belastung durch die MAGs beklagten, vor allem auch mit dem Hinweis auf die zusätzlich zu führenden Beurteilungsgespräche. Die Forderung nach bezahlten Überstunden für den Mehraufwand stand im Raum. Der Medizin und Pflege aus dem ersten Pilotjahr war es gelungen, die Mitarbeitergespräche im zweiten Jahr zu verstetigen. Nicht so in den Bereichen Technik und Verwaltung. Hier waren vor allem in den Abteilungen des ersten Pilotrings viele Gespräche bis zum Zeitpunkt der Evaluation noch nicht geführt worden. Die Leitungskräfte der dritten Führungsebene schätzten ziemlich übereinstimmend das MAG als wenig geeignetes Instrument für die Gestaltung ihrer alltäglichen Arbeitssituation ein. Wir vermuten, dass die Einführung des MAG in diesen Bereichen auf viele ungeklärte Führungssituationen getroffen ist: Vorgesetzte, die keine wirkliche Personalführungskompetenz haben; sehr uneinheitliche Führungsspannen; eine Arbeitskultur und rechtliche Rahmenbedingungen, die eine stärkere Akzentuierung von Führungsrollen und damit des Verhältnisses von Führung und Leistung nicht gerade begünstigen.

Es zeigte sich bei der Evaluierung des zweiten Jahres, dass die Zufriedenheit mit dem Instrument (die generell mit etwa 7 recht hoch war; 10 = bester Wert, 1 = schlechtester Wert) leicht zunahm, je höher die Befragten hierarchisch angesiedelt waren. Bei den Mitarbeiterinnen in den verschiedenen Berufsgruppen waren anteilsmäßig die meisten Befürworter des Instruments unter den Ärzten.

54% der Mitarbeiterinnen gaben an, dass durch das MAG bereits erste Veränderungen in ihren Organisationseinheiten zu bemerken waren.

In der Spitalsleitung wurde die Idee ventiliert, das MAG flächendeckend nur für Führungskräfte einzuführen; dies wurde aber nach Einwänden der Projektgruppe wieder verworfen.

Mitte 1999 traf die Spitalsleitung die Entscheidung, trotz oder gerade wegen der widersprüchlichen Ergebnisse den Pilotversuch zu beenden und, aufbauend auf den gemachten Erfahrungen, das MAG flächendeckend einzuführen. Sicher gab die stark positive Resonanz in den medizinischen Abteilungen unter Ärzten und Pflegekräften den Ausschlag dafür. Als Implementierungsstrategie wurde ein schrittweises Vorgehen gewählt, das im Grunde die Praxis des Pilotprojektes fortsetzt. 1999 bis 2002 sollen per Ausschreibung und Werbung jeweils eine größere Gruppe von Organisationseinheiten eingeladen und die zuständigen Führungskräfte qualifiziert werden. Innerhalb von zwei bis drei Beobachtungszeiträumen sollte das gesamte Spital erfasst sein. Die offenen Führungsfragen und die Widerstände sollen auf dem Weg dorthin bearbeitet werden. Der Beobachtungszeitraum für das MAG wurde von einem Jahr auf 18 Monate erweitert. Im Herbst 1999 wurde mit einer neuerlichen Information aller Mitarbeiterinnen und einer Ausschreibung die Implementierung gestartet. Die Projektorganisation wurde umgebaut. Die Leitungskräfte der Pilotabteilungen auf der zweiten Führungsebene wurden zu einer Gruppe von Promotoren für die Implementierung zusammengefasst. Ein kleineres Kernteam – bestehend aus den Projektleiterinnen, einem Chef-Arzt aus dem ersten Pilotjahr, einer medizinisch-technischen Fachkraft und einer weiteren leitenden Pflegekraft auf Stationsebene – übernahm die Koordination der Implementierung. Die Berater wurden damit beauftragt, diese Gremien zu unterstützen und wiederum die Information und Einschulung der Führungskräfte zu übernehmen. Die Implementierung soll auch weiterhin kontinuierlich evaluiert werden.

Erfahrungen mit dem Implementierungsprozess

- Die Strategie des Pilotversuchs hat sich bewährt. Organisationen lernen an Unterschieden, die beobachtet und aufgegriffen werden. Und sie lernen wesentlich leichter an positiven Abweichungen, die anregen und herausfordern. Ein Führungsinstrument wie das MAG, das so stark von der Motivation und der Sorgfalt der einzelnen Führungskraft abhängig ist, braucht eine persönliche Entscheidung für die Durchführung. Das Instrument wurde auf diese Weise nicht von der Spitalsleitung oder gar vom Träger verordnet, sondern von Kollegen entwickelt, getestet und propagiert. In den Professionen Medizin und Pflege zeigte diese Orientierung an guten Beispielen Wirkung. Im Pilotversuch konnte das Krankenhaus als Organisation auch Erfahrungen mit der Gestaltung der Rahmenbedingungen und dem Nutzen des Instruments sowie mit dem Aufwand seiner Anwendung sammeln. Die Erfolgsbedingungen einer flächendeckenden Einführung konnten auf diese Weise realistischer eingeschätzt werden. Dabei war der Zuschnitt des Pilotversuchs bedeutungsvoll.

- Die interprofessionelle Anlage des Projektes war ein gutes Signal. Es bekräftigte den Willen der Führung zur Entwicklung der Leitungsarbeit in der Gesamtorganisation.

- Die Durchführung in den Führungslinien von der zuständigen Direktion bis zur Basis war aufwändig, aber für die längerfristige Akzeptanz in der Gesamtorganisation günstig. Das persönliche Engagement der Spitalsleitung hatte eine starke Signalwirkung. Eine Begrenzung auf die Führungskräfte – was durchaus eine mögliche Variante wäre – würde zwar den Aspekt der Führungsentwicklung forcieren, aber die Skepsis unter den Basismitarbeitern verstärken. Außerdem liegt der Reiz auch für die Führungskräfte vor allem darin, ihre Beziehung zu den Mitarbeiterinnen kennen zu lernen und zu verbessern. Entscheidend für die Implementierung in den Organisationseinheiten ist eine gründliche Information der zuständigen Leitungskräfte. Sie müssen das MAG nicht nur anwenden, sondern auch den Mitarbeitern erläutern und sie für die Beteiligung motivieren können. Welche Vorteile eine gründliche persönliche Auseinandersetzung mit dem Instrument bedeutet, konnte am Unterschied zwischen Projektgruppenmitgliedern und anderen beteiligten Führungskräften abgelesen werden.

- Die Projektstruktur hat sich bewährt, wobei die Hauptlast des Projektmanagements und der Umsetzungsarbeit bei den Koordinatorinnen lag. Die Beratung war sehr schlank kalkuliert. Insgesamt wurden für den zweijährigen Modellversuch 29,5 Honorartage eingesetzt, davon 5,5 für Einschulung, 12,5 für Evaluation und nur 7,5 für die Begleitung der Projektgruppe sowie für die Unterstützung der Projektleitung. 4 Tage wurden in den vorbereitenden Führungskräfte-Workshop und in die Startberatung investiert. Eine so schlanke externe Beratung war möglich, weil intern viel an Management geleistet wurde. Das interne Management wurde auch durch die knappe Kalkulation der externen Organisationsberatung gefördert. In der Entwicklungsphase des ersten Jahres waren die Sitzungen der Projektgruppe und ihre beraterische Unterstützung ausreichend. In dieser Phase wurden viele schwierige Fragen – z.B. die Definition der Führungsrelationen, die Öffentlichkeitsarbeit und Konflikte mit einzelnen Kollegen – gemeinsam reflektiert und bearbeitet. Die Projektgruppe hat dabei Kontinuität und Konsistenz bewiesen, auch gefestigt durch die Beraterkontakte. Im zweiten Jahr waren die Meetings der Projektgruppe mit Unterstützung der Berater zu gering angesetzt. Darunter litt die Steuerung des Implementierungsprozesses. Die grundlegenden Schwierigkeiten der Realisierung des Pilotversuchs in den Bereichen Verwaltung und Technik wurden von der Projektgruppe als interprofessionellem System nicht mehr ausreichend beobachtet und bearbeitet. Die Projektgruppe hätte hier frühzeitig mit Unterstützung der Spitalsleitung gegensteuern können. Durch die geringe Investition in die Arbeit der Projektgruppe ist auch ihr sozialer Zusammenhalt deutlich schwächer geworden und die berufsgruppenspezifischen Unterschiede sind wieder deutlich hervorgetreten.

- In einer so komplexen und fragmentierten Organisation wie einem großen Spital ist Öffentlichkeit in der Gesamtorganisation sehr schwierig herzustellen. Die Informationsarbeit über die Führungsgremien, ergänzt durch die Information in den beteiligten Organisationseinheiten und unterstützt durch die Personalvertretung, erwies sich für die Pilotphase als ausreichend. Am Beginn der Implementierung des MAG in der Gesamtorganisation müsste durch eine direkte Information aller Mitarbeiterinnen ein Signal gesetzt und eine gleichmäßige Information aller Mitarbeiter sichergestellt werden.

• Die Erfahrungen der zwei Pilotjahre haben deutlich gemacht, dass die Verankerung des MAG in der Organisation ein kontinuierliches Controlling und vor allem eine „regelmäßige Wartung" auf der Ebene der Gesamtorganisation braucht: Die Spitalsleitung ist daran zu erinnern, dass der jeweils nächste Durchgang zu starten ist. Dann ist ein Signal zu setzen, z.B. ein Brief der Spitalsleitung an alle Führungskräfte oder auch an alle Mitarbeiterinnen. Neu in Funktion gekommene Führungskräfte sind einzuschulen. Die Führungskräfte sind anzuregen, neue Mitarbeiter zu informieren. Die Informationsmaterialien und Gesprächsleitfäden sind bereitzustellen, ein einfaches Controlling der Durchführung sollte die Verbindlichkeit dieser Führungsmaßnahme unterstreichen.

Diese Aufgaben könnten von einer Personal- oder Organisationsentwicklungsstelle wahrgenommen werden. Das setzt voraus, dass eine Person mit dieser Aufgabe schon in der Einführungsphase entsprechend positioniert wird, um bei den Führungskräften Akzeptanz zu finden. Und auch dann wird es günstig sein, wenn eine interdisziplinär zusammengesetzte Gruppe, eine Art Personalentwicklungs-Beirat, diese Funktion auch im Routinebetrieb unterstützt, um den nötigen Rückhalt in den Professionen zu gewährleisten.

Was leistet das MAG im Krankenhaus?

Institutionalisierung von Selbstbeobachtung und Auswertung

Das Spital ist eine Organisation ohne Auszeit, in der durchschnittlich sehr wenig in die Selbstreflexion und Entwicklung als Organisation investiert wird. Der Kommunikationsaufwand, der in der Krankenhausarbeit getätigt werden muss, ist ganz auf die unmittelbare Bewältigung von fachlicher Abstimmung im Alltagsbetrieb ausgerichtet. Das MAG ist ein Instrument zur institutionellen Selbstbeobachtung und Evaluation. Übereinstimmend wurde in den Auswertungsgesprächen berichtet, dass Fragen der Kooperation, der Beziehungen und der Arbeitsorganisation oder der fachlichen Ausrichtung zur Sprache kamen, für die es im Routinebetrieb keinen Platz und keine Zeit gibt. In diesem Sinn ist das MAG auch als Instrument der Qualitätsentwicklung zu sehen.

Das MAG ist ein Führungsinstrument, das zur Verknüpfung von Person, Fach und Organisation und damit zur fachlichen wie auch sozialen Integration beitragen kann. Es ist einerseits ein sehr personenbezogenes Instrument. Es erfordert ein persönliches Eingehen auf die Mitarbeiterin mit dem Ziel, ihre Leistung, die persönlichen Voraussetzungen für die fachliche Arbeit und die organisatorischen Bedingungen der Arbeit zu reflektieren. Andererseits geht es darum, die persönliche Leistung und Leistungsfähigkeit mit dem Aufgabenprofil und den Zielen der Organisationseinheit in Beziehung zu setzen und entsprechende Qualifikationsdefizite, auch Organisations- und Führungsmängel, die die Leistung beeinträchtigen, zu besprechen. Das MAG ermöglicht eine gemeinsame Überprüfung der Leistung und öffnet Chancen zur Mitgestaltung der Arbeitsorganisation. Die parallelen Einzelgespräche ermöglichen es, sorgfältiger an dieser Abstimmung zu arbeiten als mit anderen Instrumenten wie etwa Teambesprechungen. Gleichzeitig erhält die Führungskraft in den geschützten Einzelgesprächen selbst auch mehr Rückmeldung als in den öffentlicheren Gesprächssituationen. Dem Beitrag des Einzelnen, seiner persönlichen Arbeitssituation wird Rechnung getragen.

Das MAG schafft bei erfolgreicher Implementierung Aufmerksamkeit für jeden einzelnen Mitarbeiter mit einer die Person und ihre Leistung wertschätzenden Grundhaltung. Gleichzeitig erhöht es die Verbindlichkeit der Beziehung zwischen Organisation und Mitarbeiterin sowie der damit verbundenen Leistungserwartung.

Meistens wird es auch von beiden Seiten als Wertschätzung und soziale Unterstützung erlebt.

Soziale und fachliche Integration der Organisationseinheit

Das MAG entfaltet bei konsequenter Handhabung trotz und wegen der Einzelgespräche eine stark integrative Wirkung. Alle Beteiligten werden dazu angehalten, sich von ihrer spezifischen Aufgabe und Position her mit dem Inhalt und dem Kontext der Arbeit zu befassen. Mitarbeiterinnen an der Peripherie der Organisationseinheit werden ebenso angesprochen wie die Mitglieder des Kernteams. Führungskräfte können die unterschiedlichen Sichtweisen der Mitarbeiter, nicht zuletzt bezogen auf ihre Leitungsarbeit, kennen lernen. Allein die Tatsache, dass die MAGs stattfinden, regt eine Ausrichtung am gemeinsamen Arbeitskontext an. Wichtige Punkte aus den Einzelgesprächen, die alle betreffen, können dann in Teambesprechungen weiterverfolgt werden.

Das MAG kann natürlich als solches keinen Beitrag zur notwendigen Kooperation der Berufsgruppen Medizin, Pflege und Medizin-Technik leisten. Es folgt der Realität der organisatorischen Parallelität und Trennung der Berufsgruppen. Trotzdem kann die Einführung und Verankerung des MAG auch für diese Integration genutzt werden. Wenn Ärzte und Pflegekräfte das MAG parallel in einer Abteilung führen, dann wird eine systematische Befassung mit der Organisationseinheit und auch mit Fragen der interprofessionellen Kooperation angeregt. Die Führungskräfte beider Berufsgruppen können sich vor und nach den

Gesprächsserien über wichtige Anliegen der Abteilungsentwicklung austauschen. Im KFJ wird in Zukunft eine solche Besprechung der Führungskräfte als fixer Bestandteil des organisatorischen Ablaufs eines MAG vorgesehen sein. Aber die Integration muss primär durch andere Instrumente geleistet werden.

Führungsentwicklung

Das MAG fordert die Führungskräfte. Es fokussiert die Aufgabe und Verantwortung der Leitungskräfte in der unmittelbaren Führung der Mitarbeiterinnen, in der Personalentwicklung und der Gestaltung der Organisation. Gleichzeitig werden die Führungskräfte mit der Art und Weise, wie sie diese Funktion erfüllen, selbst zum Thema. Das MAG ist ein Schritt zur Professionalisierung der Leitungsarbeit im Krankenhaus. Das MAG kann auch helfen, ein angemessenes Leitungsverständnis für die Expertenorganisation Krankenhaus zu entwickeln. Die dialogische Form und das Ziel des MAG, Vereinbarungen zu treffen, stellen in Rechnung, dass professionelle Arbeit und Eigenverantwortung nicht erzwungen werden können. Sie setzen eine eigene Entscheidung und damit Selbstbindung des Geführten voraus. Das MAG schafft auf diese Weise eine gute Basis für das Führen über Zielvereinbarungen im Alltag. Bei der Arbeit von Professionellen und generell von Mitarbeitern mit hoher Selbstständigkeit und Eigenverantwortung kann Führung nicht bedeuten, auf das Ergebnis der Arbeit im Detail Einfluss zu nehmen. Führungskräfte können das Ergebnis nur indirekt beeinflussen – durch Formulierung von Zielen und die gemeinsame Verständigung auf Erfolgsindikatoren, durch die gemeinsame Definition von Prozessschritten und Regeln, durch regelmäßige Beobachtung und Reflexion der Arbeit, durch Überprüfung des Outcome unter geeigneten Messungen sowie durch Optimierung der Leistungsprozesse.

Diese indirekte Form der Steuerung verlangt von Führungskräften – wie ausgeführt – einen differenzierteren Einsatz von Autorität als in einem hierarchischen Anweisungsverhältnis. Das MAG ist dafür ein gutes persönliches Training.

Das MAG ersetzt, wie gesagt, nicht andere Führungsinstrumente wie Klausuren, Teambesprechungen und Zielvereinbarungen. Dort, wo diese Formen der Führung etabliert sind, wird das MAG eine wirkungsvolle Ergänzung darstellen. Führungskräfte, die Personalführung und Organisationsentwicklung schon bisher als Kernaufgabe angesehen haben, können das MAG gut für die Optimierung ihrer Leitungsfunktion nutzen. Andererseits können aus den MAGs Impulse für die Verbesserung der anderen Instrumente entstehen. Wenn die anderen Führungsinstrumente gar nicht entwickelt sind und das MAG als isoliertes Instrument eingeführt werden soll, wird es schwer sein, über die formale Verpflichtung hinauszukommen. In diesem Fall wird sich anbieten, mit Führungstrainings und eventuell der Entwicklung anderer Instrumente wie Leitungs- und Teambesprechungen einzusteigen.

Eine sorgfältige Implementierung des MAG gibt nachhaltige Impulse für die Organisationsentwicklung des Krankenhauses. Wie der Pilotversuch im KFJ gezeigt hat werden eine Reihe von Organisationsproblemen sichtbar: zu hohe Führungsspannen, fehlende Zwischenvorgesetzte – oder umgekehrt: historisch gewachsene Hierarchiestufen, die nicht mehr funktional sind.

Schlagsätze

1. Die Spaltung von Fachentwicklung und Organisation ist zu überwinden.
2. Krankenhäuser sind in ihrer Leistungsfähigkeit von Professionalität und Motivation der Mitarbeiterinnen abhängig.
3. Der Expertenbetrieb Krankenhaus braucht weniger Hierarchie, aber mehr Führung.
4. Führung durch Selbstbindung.
5. Das MAG braucht entschiedene und qualifizierte Führungskräfte.
6. Die Einführung des MAG hilft die Führungsstrukturen zu entwickeln.
7. Die Beziehung zwischen Mitarbeiter und Führungskraft wurde verbessert.
8. Verdeckte Konflikte wurden angesprochen.
9. Die Führungskraft stärkt ihr Wissen über die Abteilung.
10. Erste organisatorische Konsequenzen konnten gezogen werden.
11. Der Zeitaufwand war hoch.
12. Die Führungskräfte standen stärker hinter dem Instrument als die Mitarbeiterinnen.
13. Pilotversuch: Organisationen lernen an Unterschieden.
14. Ein großes Projekt wurde mit wenig Beratung und gutem Projektmanagement bewältigt.
15. Das MAG braucht kontinuierliche Wartung.
16. Das MAG – ein Instrument zur regelmäßigen Selbstbeobachtung.
17. Das MAG hilft bei der fachlichen und sozialen Integration.
18. Das MAG stärkt die vertikalen Beziehungen der Führungskräfte.
19. Das MAG liefert einen Beitrag zur Führungsentwicklung.

Dieser Beitrag erschien bereits in „Organisationsentwicklung", 4/1999, und wurde für dieses Buch etwas modifiziert.

KAPITEL V:

OrganisationsKultur des Sterbens

Das Modellprojekt von „Diakonie in Düsseldorf"

KATHARINA HEIMERL, ANDREAS HELLER, GEORG ZEPKE

Der folgende Beitrag beschreibt ein Veränderungsprojekt zur Verbesserung der Bedingungen menschlichen Sterbens in den Altenheimen von „Diakonie in Düsseldorf".

Nach einer kurzen Darstellung relevanter Eckdaten von „Diakonie in Düsseldorf" erfolgt eine pointierte Beschreibung des veränderten gesellschaftlichen Kontextes und dessen Auswirkungen auf das Thema „Sterben". Der nächste Abschnitt beschreibt die Grundphilosophie des Projektes und skizziert den Ablauf sowie die Kernelemente und -themen des Projektes. Weiters werden die wichtigsten Ergebnisse der Befragung und der Umsetzung ausgeführt. Abschließend erfolgt eine kurze Bilanz des Projektes.

OrganisationsKultur des Sterbens in geriatrischen Versorgungseinrichtungen von „Diakonie in Düsseldorf"

„Diakonie in Düsseldorf" ist ein mittelgroßes konfessionelles Dienstleistungsunternehmen in der Landeshauptstadt von Nordrhein-Westfalen. Organisiert im Diakonischen Werk, bietet es verschiedene soziale Dienstleistungen in der Stadt an. Unter anderem befinden sich sieben stationäre, teilstationäre und ambulante „Zentren Leben im Alter" – also eine stadtteilnahe integrierte Betreuung und Versorgung älterer Menschen – in der Trägerschaft der Diakonie.

Im Jahr 1997 lebten 621 Bewohnerinnen in diesen „Zentren Leben im Alter". Dort wird eine integrierte ambulante, teilstationäre und stationäre Versorgung angeboten. Im langjährigen Durchschnitt sterben etwa 200 Bewohner pro Jahr. In jüngster Zeit wird von den Mitarbeiterinnen beobachtet, dass die Aufnahme von schwerst pflegebedürftigen gerontopsychiatrischen Patienten zunimmt. Die Mitarbeiter werden zunehmend mit der Frage konfrontiert, wie sie mit dem Sterben der Bewohnerinnen umgehen sollen.

Der gesamtgesellschaftliche Hintergrund

Wandel im Krankheitspanorama

In den industrialisierten Ländern hat sich in den letzten Jahrzehnten ein dramatischer Wandel in den dominierenden Krankheitsbildern vollzogen. Plakativ formuliert, lässt der Wandel von den infektiösen hin zu den chronisch-degenerativen Erkrankungen einen qualitativ neuen Versorgungsbedarf entstehen. Durch in den letzten Jahren immer wieder modifizierte Gesetzesvorgaben (Gesundheitsstrukturgesetz, Pflegeversicherungsgesetz) und durch neue Abrechnungssysteme mit den Sozialversicherungsträgern sind legislative und ökonomische Bedingungen entstanden, die es unumgänglich machen, die Arbeitsprozesse in und zwischen den Versorgungseinrichtungen zu restrukturieren.

Die Verlangsamung des durchschnittlichen Sterbeverlaufs macht anspruchsvolle interdisziplinäre und interprofessionelle Betreuungsstrukturen notwendig.

Wandel im demographischen Aufbau der Bevölkerung

Extrapoliert man die statistische Ausgangslage, so wird der Handlungsbedarf evident. „Der Gewinn an Lebensjahren war in der Vergangenheit beträchtlich. Bald sind wir so weit, daß fast niemand mehr vor dem Rentenalter stirbt; denn schon jetzt werden 84% der Männer und 92% der Frauen 60 Jahre alt. Wer das schafft, kann außerdem hoffen, über 80 Jahre alt zu werden. Sind wir gar schon 75 Jahre alt geworden, womit immerhin über 50% der neugeborenen Knaben und über 70% der neugeborenen Mädchen heute rechnen können, stehen uns im Durchschnitt sogar noch mehr als 10 bzw. 12 Lebensjahre bevor, das heißt, wir sterben nicht vor dem 85. Lebensjahr ..." (Höhn/Schwarz 1994).

In der fachlichen und gesellschaftlichen Öffentlichkeit stellt sich die Frage, wie ein wachsender Versorgungsbedarf von Schwerstpflegebedürftigen und chronisch Kranken sichergestellt werden kann. Faktisch führt die Insuffizienz einer angemessenen Betreuung regelmäßig zum Anwerfen des „Versorgungskarussels". Die Verschlechterung der Gesamtlage löst bei Angehörigen oft panikartig den Wunsch nach Überweisung als Notfall in das nächste Krankenhaus aus. Dort setzt erfahrungsgemäß die „Diagnosemaschinerie" ein. Das Krankenhaus wird dann entlang des Handlungsmusters der Organisation nach Lebensrettung und maximaler Lebensverlängerung tätig. Oft genug führt das zu einer Stabilisierung oder Verbesserung der Lage, zur Rücküberweisung nach Hause oder ins Pflegeheim, bis sich dort der Zustand wieder verschlechtert und das Karussell der Versorgung erneut angeworfen wird.

Wandel in den Familienstrukturen

Die Lebensstilisierungen in den Geschlechterbeziehungen bzw. in den familiären Lebensformen haben sich im Zuge der Pluralisierung der Lebenswelten und der Ausdifferenzierung von Lebensläufen tief greifend geändert. Familien bilden zwar immer noch die größte „Pflegeinsel", denn drei Viertel des pflegerischen gesellschaftlichen Versorgungsbedarfs werden in den Familien erbracht. Aber es mehren sich die Anzeichen dafür, dass auf diese fraglos vorausgesetzte gesellschaftliche Ressource von „weiblicher pflegerischer Hintergrundarbeit" in Zukunft nicht mehr gesetzt werden kann. Die Kompensationsfunktion der Frauen für gravierende gesellschaftliche Probleme kann und sollte nicht mehr länger aktiviert werden. Auch schwinden die Voraussetzungen für die potenzielle Stabilität dieses „Modells".

Vor allem die seit den 1970er Jahren veränderte Bildungssituation von Frauen, die damit verbundene Berufstätigkeit und ökonomische Unabhängigkeit von Männern als Normalfall der weiblichen Biographie lassen eine Vereinbarkeit von Berufsarbeit und Familienarbeit sowie die Aufrechterhaltung ehrenamtlicher Pflegearbeit immer unwahrscheinlicher werden.

Andererseits mehren sich die Anzeichen dafür, dass die Angehörigen selbst zur Zielgruppe von Unterstützung, zu Klientinnen der krankenversorgenden Dienste werden. Chronische psychosoziale Überforderungen bei der Pflege von Familienangehörigen sowie latente und manifeste Aggressionen werden zunehmend beobachtet.

Wandel in den Organisationsformen des Sterbens

In den letzten Jahren wurde in Deutschland und Österreich auf diese veränderten gesellschaftlichen Rahmenbedingungen mit dem Auf- und Ausbau von ambulanten und teilstationären, eher pflegeorientierten Versorgungsstrukturen reagiert. Eine bleibende Herausforderung besteht in der Vernetzung dieser Unterstützungssysteme mit den etablierten stationären Versorgungseinheiten, vor allem den Krankenhäusern. Der Koordinations- und Kooperationsbedarf, um eine Betreuungskontinuität ohne Reibungsverluste zu gewährleisten, nimmt zu. Einerseits ist dies im Sinn einer Patientenorientierung wünschenswert, andererseits geht es um eine möglichst kostenoptimale Finanzierung der letzten Lebensphase.

„Tatsache ist, daß die Behandlungskosten im letzten Lebensmonat der über 65-jährigen 30% aller Kosten ausmachen, die während des gesamten Lebens angefallen sind. In den letzten beiden Monaten macht das 46% aus, im letzten halben Jahr 77%. Dazu kommt, daß die Behandlung ein und derselben tödlichen Krankheit im Spital fast zehnmal mehr kostet als wenn die Kranken zu Hause sterben" (Köck o.J.).

Das Projekt „OrganisationsKultur des Sterbens"

Die Abteilungsleitung von „Leben im Alter" und der Vorstand von „Diakonie in Düsseldorf" („die Auftraggeberin") beauftragten das Beratungs- und Forschungsteam des IFF („das Beratungsteam") mit der Durchführung einer bewohnerorientierten Organisationsentwicklung. „Diakonie in Düsseldorf", eine vielfältig vernetzte Organisation und erfahren mit dem Thema „menschlich sterben", wollte so die eigene Arbeit und insbesondere den Umgang mit dem Sterben weiterentwickeln.

Das Projekt entstand aus einem gesunden Selbstbewusstsein, den ohnedies schon qualitativ hohen Standard innerhalb der Einrichtungen kritisch zu befragen und weiterzuentwickeln. Die Bedeutung der organisationalen Rahmenbedingungen für ein erfolgreiches interdisziplinäres und interprofessionelles Handeln rückt in „Diakonie in Düsseldorf" zunehmend in den Blick.

Dadurch, dass geriatrische Einrichtungen immer deutlicher zu prominenten Trägern einer adäquaten Versorgung von Sterbenden werden, entsteht auch in „Diakonie in Düsseldorf" ein Organisationsentwicklungsbedarf. Vor allem sollten die professionellen Mitarbeiter in den Einrichtungen in die Entwicklungsprozesse einbezogen werden, um ihre Basiserfahrung, ihre Kompetenz und ihr Wissen stärker zu nutzen, verstärkt aufeinander zu beziehen und damit Synergien zu erzielen.

Es bestand der Wunsch, gegenüber den Kostenträgern die „unsichtbare" Arbeit nach Art, Umfang und Qualität sichtbar zu machen, damit diese „pflegerische und humanitäre Schattenarbeit" auch ideell und materiell entsprechend gratifiziert werden kann. Für die Trägereinrichtung besteht ein politisches Ziel darin, mit den Kostenträgern für qualitativ gleichwertige Arbeit auch eine analoge Bezahlung zu verhandeln. Denn in den derzeit geltenden Pflegeversicherungsstandards sind weder Sterben noch Tod ein Thema. Infolgedessen können gerade Versorgungsleistungen rund um das Thema Sterben, die eine erhöhte fachliche und soziale Aufmerksamkeit benötigen, nicht ökonomisch geltend gemacht werden.

Wichtige Entscheidungen für den Projektverlauf wurden vom Beratungsteam zu Beginn mit der Auftraggeberin vorbereitet und durchdiskutiert. Danach ging es darum, mit dem Projekt Ziele auf den verschiedenen Ebenen zu verfolgen.

Die Veränderungsphilosophie des Projektes

Diagnose als Veränderungsimpuls

Bei diesem Projekt wurde besonderer Wert darauf gelegt, das Vorgehen *nicht* auf einen rein diagnostischen Schritt oder eine Ist-Zustands-Analyse zu reduzieren. Durch das Projekt sollten von Beginn an Veränderungsimpulse in der Organisation gesetzt werden. Aus einem systemischen Verständnis heraus ist es auch gar nicht anders möglich, denn jede Diagnose ist eine Intervention. Wenn man in einer Organisation Beobachtungen anstellt und Erhebungen durchführt, wird sich das System dadurch verändern. Deshalb wurde das Projekt von Beginn an als Veränderungsprojekt konzipiert. Durch das Projekt sollte ein grundsätzlicher Beitrag zur Kulturveränderung geleistet werden. Die Architektur war so aufgebaut, dass es zu einer interdisziplinären, haus- und hierarchieübergreifenden Auseinandersetzung in quer zur traditionellen Linienfunktion liegenden Konstellationen (z.B. im Rahmen der Workshops) kommen konnte.

Intervention in den Kernprozess

Für Organisationen, die mit der Versorgung von Menschen am Lebensende befasst sind, steht die Beschäftigung mit dem schwierigen, schwer besprechbaren und doch menschlich existenziellen Grundthema „Sterben" im Zentrum der organisationalen Logik. Das bedeutet jedoch nicht, dass dieses Thema in den Kommunikationsstrukturen der Organisation den angemessenen Platz bekommt. Hier setzt das Projekt an. Es schafft im Rahmen des „Kerngeschäfts", nämlich der konkreten Interaktion zwischen Bewohnern und Mitarbeitern, ein soziales Setting, in dem über das Thema „Sterben" gesprochen wird. Damit soll eine wesentliche und wirksame Intervention zur strukturellen und kulturellen Entwicklung der Gesamtorganisation gesetzt werden. Die Gespräche finden nicht – wie bisher – unsystematisch, eher informell und damit in organisatorisch wenig wirksamer Weise statt. Es wird versucht, bei den Gesprächen, die in einem formellen Rahmen und auf der Basis einer gemeinsam entwickelten Philosophie und Systematik stattfinden, denjenigen, die sie führen, dennoch ein Maximum an Autonomie in der Art und Weise der Durchführung zu überlassen. Durch diesen organisationsdiagnostischen Schritt wird ein Selbstbeobachtungsmechanismus etabliert, in dem es gelingt, quer zu den Hierarchien und über die Grenzen der einzelnen Zentren hinaus die Bedürfnisse der Bewohnerinnen zu erfassen und den organisationalen Umgang mit diesen zu reflektieren.

Durch das systematische Sprechen über das Sterben sollen Veränderungen auf vier Ebenen bewirkt werden:

* *Wirksamkeit für die Bewohner und Angehörigen:* Das Gespräch bietet Möglichkeit zur Entlastung und dazu, an das eigene Sterben oder das naher Ange-

höriger bewusster heranzugehen, Ängste und Sorgen klarer zu sehen und auszusprechen sowie Bedürfnisse zu formulieren.

- *Wirksamkeit für die Mitarbeiterinnen:* Das Thema wird enttabuisiert, lang zurückgehaltene Fragen können gestellt werden. Die eigenen Handlungen können sich an den Erfahrungen aus den Gesprächen orientieren. Besonders wichtig für das Gelingen des Projektes ist, dass es gelingt, die Mitarbeiter zu mobilisieren – damit sie mit ihrem Engagement zu Miteigentümern des Projektes werden.

- *Wirksamkeit für die „Zentren Leben im Alter"* (Versorgungsorganisation): Leitungskräfte und Mitarbeiterinnen werden in das Projekt einbezogen. So wird Sterben neu und anders zum Thema gemacht. Stärken und Schwächen der Zentren im Umgang mit Sterben werden sichtbarer, Problemlösungen können angedacht werden.

- *Wirksamkeit für „Diakonie in Düsseldorf" als Gesamtsystem:* „Diakonie in Düsseldorf" erhält durch die Auswertung der Gespräche Wissen über ihre zentralen Kundinnen, die Bewohner und deren Angehörige. Eine systematische Auseinandersetzung mit den Erfahrungen ist durch die Workshops, die Präsentationen und die Diskussion der Umsetzungsprojekte gegeben.

Organisatorische Neugestaltung auf Basis einer radikalen Bewohnerorientierung

Das dezidierte Interesse der Auftraggeberin besteht darin, die Bedürfnisse, Vorstellungen und Bilder der Bewohnerinnen in den stationären Versorgungseinheiten („Hier wohne ich, hier sterbe ich"), der Gäste in der Kurzzeitpflege und der Patienten in der ambulanten Hauskrankenpflege zu erfassen. Die Betroffenen selbst und ihre „Sicht der Dinge, des Lebens und des Sterbens" sollen zum Ansatz und Ausgangspunkt aller Veränderungsbemühungen gemacht werden. Dabei geht es dem Träger im weitesten Sinn darum, eine externe Sichtweise wahrzunehmen, mit den „Augen anderer sehen zu lernen". In alter diakonischer Manier soll danach gefragt werden, was aus der Perspektive der Betroffenen ansteht. Aus dieser „Kundinnenperspektive" gilt es Stärken und Schwächen der Dienstleistungen zu beschreiben.

Ihrem theologischen und betriebswirtschaftlichen Selbstverständnis entsprechend steht „Diakonie in Düsseldorf" auf dem Standpunkt, dass Experten, Fachleute oder Professionelle *nicht* unbedingt wissen, was für andere gut ist. Die Frage, wie sich älter werdende Menschen, die versorgungsabhängig sind, ihr Sterben vorstellen oder wünschen, wird oft nicht einmal gestellt und noch weniger häufig befriedigend beantwortet. Bewohnerinnenorientierung bedeutet die Bedürfnisse der Bewohner zu identifizieren und sie in einem weiteren Schritt in alltägliche Handlungen der Mitarbeiterinnen, in Regeln, Routinen, Vereinbarungen und Dienstleistungsstandards zu übersetzen. Wie eine „fachlich-qualitative und menschenwürdige Grundsicherung und Grundversorgung von Sterbenden aussieht" – sozusagen die Mindeststandards zu beschreiben –, scheint eine wichtige Herausforderung zu sein.

Partizipation der Mitarbeiter und Wissensmanagement

Das im und durch das Projekt geschaffene Wissen soll möglichst effizient und umfassend zum Wissen der Organisation werden. Die Mitarbeiterinnen sollen selbst in eine tragende und gestaltende Rolle für die notwendigen Veränderungsprozesse kommen. Gleichzeitig ist es erwünscht, sie Multiplikatoren für die Qualifizierung und Anleitung anderer, nicht im Projekt involvierter Kolleginnen werden zu lassen.

Die starke Einbindung der Mitarbeiter ermöglicht eine intensive Auseinandersetzung derer, die im Alltag mit dem Sterben der Bewohnerinnen unmittelbar konfrontiert sind, mit den Wünschen und Ansprüchen ihrer Klienten – und zwar nicht wie bereits bisher in unsystematischer und informeller Weise, sondern auf der Basis eines gemeinsam erarbeiteten Beobachtungsfokus, in einem klar definierten organisatorischen Rahmen und mit der Sicherheit, dass die Ergebnisse von der Organisation wahrgenommen und genutzt werden.

Dieser Anspruch impliziert eine interprofessionelle Auswahl der Teilnehmenden, die auch realisiert werden konnte.

Projektablauf und -struktur

Das Beratungsteam des IFF

Dieses ist im Projekt so zusammengesetzt, dass ein fachlicher und organisationsberaterischer Anschluss an die Klienten gewährleistet ist. Die inhaltlichen Herausforderungen im Feld können so hinreichend aufgenommen werden. Das Team besteht aus vier Personen, zum Teil mit Mehrfachqualifikation: ein Theologe/Sozialwissenschaftler, eine Ärztin/Gesundheitswissenschaftlerin, eine Volkswirtin/Psychologin und ein Psychologe. Alle vier arbeiten als Organisationsberater und -beraterinnen. Sie vereinbaren vertraglich mit dem Auftraggeber das folgende Procedere.

Projektverlauf und Projektlogik

Siehe Grafik auf der nächsten Seite.

Der Projektstart: ein Workshop mit den Auftraggebern

Der Einstieg in das Projekt erfolgt mit einem entscheidungsorientierten Workshop mit den Auftraggebern des Projektes. Vor allem sollen Verständigung über die spezifischen Fragestellungen für die Bewohner- und Angehörigenbefra-

Projektverlauf und Projektlogik

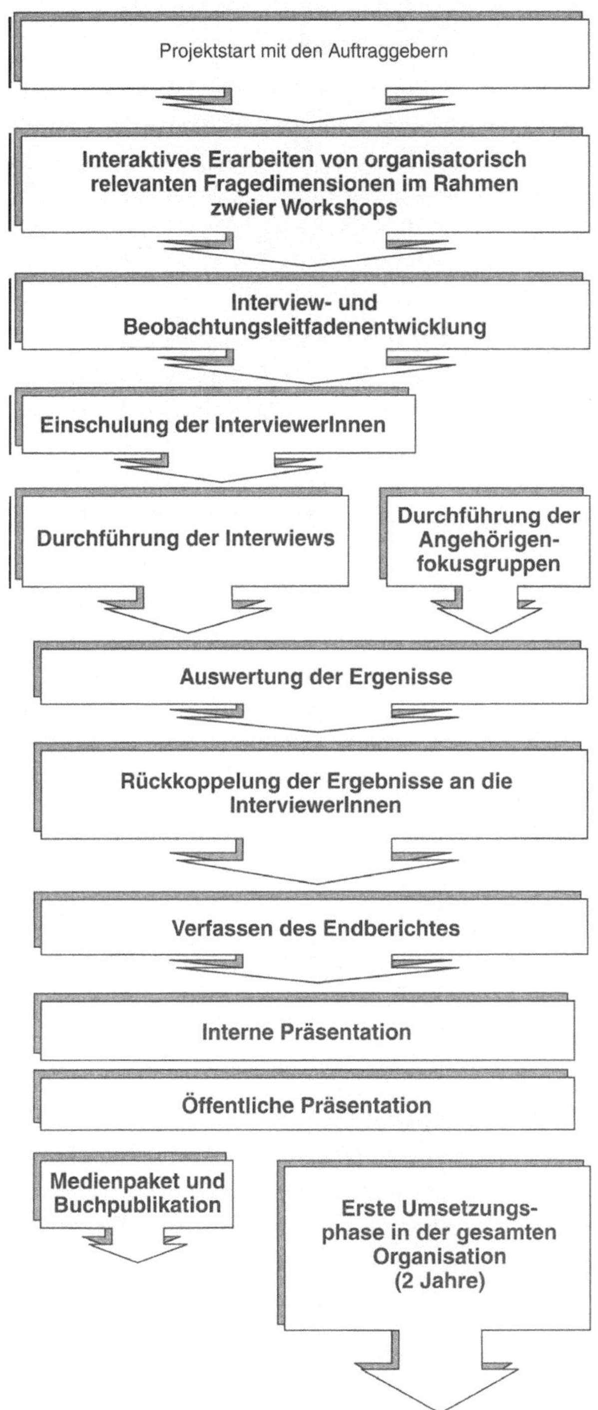

gung erzielt werden und die Erwartungen der Auftraggeber geklärt werden. Sodann gilt es die interne Projektorganisation zu gestalten. Hier erfolgen auch die maßgeblichen strategischen Entscheidungen:

Die Ergebnisse aus den Befragungen der Klientinnen von „Diakonie in Düsseldorf", den Bewohnern und Angehörigen, werden in das Zentrum aller weiteren organisationalen Veränderung gestellt. Dadurch wird auch die grundsätzliche Herangehensweise nachhaltig verändert: Nicht mehr die Vorstellung der Expertinnen davon, was für die Bewohner gut und richtig ist, bestimmt das Vorgehen, sondern die organisationalen Abläufe werden auf Basis der Klientinnenwünsche redefiniert.

Indem die Gespräche durch die Mitarbeiter der Diakonie selbst durchgeführt werden, soll auch eine Maßnahme zur Personalentwicklung und gleichzeitig eine bewusste organisationale Nutzung des Erfahrungswissens der Mitarbeiterinnen stattfinden.

Die öffentliche Projektpräsentation: Die Auftraggeber übergeben das Projekt

Leitungskräfte, Mitarbeiter, Presse und interessierte Öffentlichkeit werden am Beginn in einem „Kick off" über das Projekt informiert. Damit ist sichergestellt, dass ausreichend Aufmerksamkeit auf das Projekt gelenkt wird. „Diakonie in Düsseldorf", ihre Mitarbeiterinnen und relevante Umwelten erhalten so Gelegenheit, sich mit dem Projekt vertraut zu machen, seine Zielsetzungen genauer kennen zu lernen und eventuelle Bedenken einzubringen – und beginnen somit Ownership, d.h. die „Eigentümerschaft", zu übernehmen. Ein erster Schritt in Richtung OrganisationsKultur des Sterbens ist gesetzt.

Die Workshops mit Leitungskräften und Mitarbeitern

Die Leitungskräfte der einzelnen Zentren „Leben im Alter" werden im nächsten Schritt in zwei Workshops in das Projekt einbezogen.

Die Aufgabe der Workshops ist es,

- Erwartungen von Leitungskräften und Mitarbeiterinnen an eine „bewohnerorientierte Organisationsentwicklung" zu ermitteln,
- konkrete Fragestellungen und Themen für die Interviews mit den Bewohnerinnen und die Diskussionsgruppen mit Angehörigen zu erarbeiten,
- auf der Basis der Workshops einen Leitfaden für die Gespräche mit den Bewohnern zu entwickeln.

114

Entwicklung des Interviewleitfadens

Vom IFF wird ein Leitfaden für die Interviews entwickelt. Dieser enthält zehn Dimensionen. Er entsteht vorrangig auf Basis der Ergebnisse der Workshops am Projektbeginn. In der Literatur festgehaltene Erfahrungen mit Bedürfnissen von Patientinnen und Altenheimbewohnern wurden einbezogen (Gerteis et. al. 1993).

Dimensionen des Gesprächs mit den Bewohnerinnen

1. Erfahrungen und Bilder zum eigenen Sterben („Sterbeanamnese")
2. Kommunikation – wie stellen sie sich gutes Sterben vor? Mit wem bzw. mit wem nicht?
3. Einbeziehen der Bezugspersonen
4. Körperliches Wohlbefinden, Schmerzen und Umgang im Fall einer Verschlechterung des Gesundheitszustandes
5. Information und offene Fragen an „Diakonie in Düsseldorf"
6. Räumliche Umgebung und Rahmenbedingungen für gutes Sterben
7. Rechtliche Vereinbarungen über das Sterben und die Zeit nach dem Tod
8. Religiöse Bedürfnisse
9. Offene Wünsche im Hinblick auf das Sterben, die noch nicht angesprochen wurden
10. Kurzer Rückblick auf das Gespräch

Der Leitfaden soll nicht wortwörtlich verstanden werden. Er ist vielmehr als Unterstützung gedacht, damit die Mitarbeiterinnen und die Bewohner einen Dialog über das Sterben führen können. Er wird auch in vielen Gesprächen nur teilweise verwendet, vielfach kommen neue Themen zum Ausdruck.

Einschulung der Mitarbeiterinnen

In einer halbtägigen Arbeitssitzung werden jene Mitarbeiter, die sich bereit erklärt hatten, ein oder mehrere Gespräche mit den Bewohnerinnen zu führen, auf die Gesprächssituation vorbereitet. Unsicherheiten und Bedenken können besprochen werden, der vom IFF vorbereitete Leitfaden wird von den Mitarbeitern erprobt und akzeptiert.

Die Befragung von Bewohnerinnen

Eines der Charakteristika des Projektes besteht darin, dass die Mitarbeiter selbst die Interviews durchführen. Damit wird ermöglicht, dass das in der Befragung erhobene Wissen nicht in primär in einer externen Forschungsinstitution oder einer Beratungsfirma gesammelt bleibt, sondern ohne Aufwand in der Organisation auf breiter Basis nutzbar gemacht werden kann, ohne als Expertinnenwissen von außen erlebt zu werden.

Diese Vorgehensweise, in der die Erhebung zu einem überwiegenden Teil von Organisationsmitgliedern selbst durchgeführt wird und die externe Forschungseinrichtung nur punktuell und mit einer beraterischen Zugangsweise auf den Plan tritt, ist ökonomisch für die Organisation zwar günstiger. Nicht zu übersehen ist aber, dass der Aufwand für die Mitarbeiter und Führungskräfte in der Organisation erheblich größer ist. Dieser Aufwand lohnt sich nur dann, wenn beim Auftraggeber die Bereitschaft besteht, das Projekt von Beginn an mit einer Kulturtransformation zu verknüpfen.

Die Mitarbeiterinnen haben es in der Hand, die Interviews zu gestalten und jene Fragen zu stellen, die für die Entwicklung ihrer Organisation, ihrer Routinen und Abläufe von Bedeutung sind. Die Interviews werden von den Mitarbeitern unterschiedlicher Berufsgruppen (Hauswirtschaft, Pflege, Sozialarbeit, medizinisch-technische Dienste, Seelsorge) realisiert. Entgegen bestimmten Befürchtungen werden sie von den Bewohnerinnen großteils als befreiend erlebt. Dennoch werden bei solchen Gespräche selbstverständlich auch starke Emotionen, ambivalente Gefühle, Ängste und Hilflosigkeiten freigesetzt. Erfolgskriterien für diese Art der Gespräche sind:

- eine gute Vorbereitung: Klärung der Intention, des Ziels, Vereinbarung von Ort und Zeit, emotionales Einstimmen auf die jeweiligen Gesprächspartner;
- eine gute Nachbereitung: Wahrnehmung der Befindlichkeit der Gesprächspartnerinnen, Definition von möglichen Folgeterminen, Reflexion von Beziehung und Inhalt, Weitergabe von relevanten Wünschen und Informationen an das Team, Definition von notwendigen pflegerischen, sozialen und organisatorischen Schritten;
- gute Rahmenbedingungen, die ein respektvolles und egalitäres Gespräch gestatten;
- eine angemessene Balance von Emotionalität und Funktionalität; die Gespräche haben natürlich einen sehr intimen Charakter, gleichzeitig dienen sie als Quelle von organisationsweit diskutierbaren Erkenntnissen, also mit einem gewissen öffentlichen Charakter.

Über das eigene Sterben zu sprechen ist nicht selbstverständlich. Es macht einen qualitativen Unterschied aus, ob systematische und verbindliche, zeitlich und sozial mit Bedeutung akzentuierte Gespräche geführt werden. Überhaupt Zeit zu haben – nicht grenzenlos, sondern punktuell – wird zu einem wichtigen Indikator einer qualitativ ernst zu nehmenden Sterbekultur.

Die Mitarbeiter führen insgesamt 38 Interviews mit Bewohnerinnen der Zentren „Leben im Alter" und mit Patienten der Hauskrankenpflege. Sie protokollieren die Gespräche selbst – in sehr unterschiedlicher Weise: teilweise handschriftlich, teilweise am Computer. Wenige lassen ein Band mitlaufen, einige Protokolle werden von den Mitarbeiterinnen bereits dazu genutzt, Gespräche zu verarbeiten und Hypothesen zu entwickeln.

Fokusgruppen mit den Angehörigen

Qualität des Sterbens ist ein wichtiges Thema nicht nur für die Bewohner der ‚Zentren Leben im Alter" und deren Mitarbeiterinnen, sondern es bewegt auch die Angehörigen – in aller Regel Töchter, Söhne, Schwiegertöchter oder Schwiegersöhne. Allzu oft rücken sie – unter dem Druck der Ereignisse – aus dem Blickpunkt der Versorgungsorganisation. Dies ist problematisch, stellen sie doch für eine Versorgungseinrichtung eine wichtige Klientengruppe dar; eine Gruppe, deren Interessen gehört und wahrgenommen werden müssen, wenn es darum geht, integrierte Versorgung anzubieten – Versorgung, die Laienbetreuung und professionelle Betreuung integriert.

Angehörige in das Projekt einzubeziehen gelingt durch zwei Fokusgruppen. Eingeladen sind Angehörige, deren Eltern bzw. Schwiegereltern in „Diakonie in Düsseldorf" wohnen oder vor kürzerem dort verstorben sind. In zweistündigen Diskussionen wird gemeinsam darüber reflektiert, was beim Sterben der Angehörigen beschäftigt. Die Gespräche sind von hoher emotionaler Dichte geprägt, die auch humorvolle Auseinandersetzung mit dem Thema erlaubt. Oft kommen tabuisierte und eingefahrene Familienthemen zur Sprache.

Auswertung der Ergebnisse

Die Protokolle aus den Interviews und Fokusgruppen werden vom IFF ausgewertet und zu Hypothesen verdichtet.

Die Rückmeldung der Ergebnisse aus den Befragungen

In einem eigenen Workshop werden die Zwischenergebnisse der Befragung mit den Mitarbeiterinnen diskutiert. Dies ist der erste Schritt dazu, das im Projekt gewonnene Wissen wirksam werden zu lassen:

• Die Ergebnisse werden diskutiert und differenziert.
• Die Ergebnisse können auf Plausibilität überprüft werden.
• Die Mitarbeiter werden neuerlich an der Generierung von Wissen beteiligt.
• Zusätzlich hat der Workshop die entlastende Funktion, schwierige Situationen bei der Interviewführung auszutauschen und zu bearbeiten.

Die Präsentation des Endberichtes: Das Projekt geht weiter

Die diakonieinterne Präsentation des Endberichtes stellt einen zentralen Event dar. Die Ergebnisse des Projektes können vergemeinschaftet werden und die Leitungskräfte der Zentren sowie das Top-Management von „Diakonie in Düsseldorf" können die Wissensarbeit mitvollziehen. Den Mitarbeiterinnen kann maßgeblich Raum gegeben werden, ihre persönlichen Erfahrungen in den Interviews mit einer relevanten internen Öffentlichkeit zu teilen. Gemeinsam werden Konsequenzen aus den Ergebnissen und den Empfehlungen gezogen.

Es wird entschieden, die Ergebnisse einer breiteren Öffentlichkeit zu präsentieren sowie in einer nächsten Projektphase Umsetzungsprojekte einzurichten.

Im Folgenden werden einige zentrale Ergebnisse referiert:

Wie wollen alte Menschen sterben?

So unterschiedlich die 38 Gespräche gelaufen sind – es lassen sich doch mehrere wichtige gemeinsame Themen zusammenfassen, die auch für die OrganisationsKultur des Sterbens in „Diakonie in Düsseldorf" von Bedeutung sind.

Bedürfnisse der Bewohner beim Sterben

* Individualität respektieren
* Schmerzfreiheit ermöglichen
* Reflektierter Umgang mit Überweisungen ins Krankenhaus
* Die (Un-)Gestaltbarkeit des Sterbens akzeptieren
* In der gewohnten Umgebung bleiben
* Beachten, wer und wer nicht beim Sterben dabei sein soll, und soziale Nähe „auf Abruf" gewährleisten
* Bestmögliches körperliches Wohlbefinden und Selbstständigkeit aufrechterhalten
* Für Kontinuität sorgen
* (A-)Religiöse Bedürfnisse respektieren
* Regelung finanzieller, rechtlicher und organisatorischer Belange

Individualität respektieren

In den zahlreichen Interviews wurde eines deutlich: Sterben ist ein sehr persönliches Thema, das eng mit der individuellen Lebensgeschichte und unterschiedlichen Lebenssituationen bzw. Zäsuren der Biographie verbunden ist. Generelle Vorstellungen, wie ein menschenwürdiges Sterben zu erfolgen hat, haben immer eine begrenzte Gültigkeit.

Die Unterschiede bestehen nicht zwischen den Personen, sondern auch bei den Betroffenen selbst existieren teilweise intrapersonal widersprüchliche Vorstellungen, die nicht einseitig auf einen Pol hin vereinheitlicht werden können.

Gleichwohl besteht für Trägerorganisationen die humane, fachliche und organisationale Herausforderung darin, die Individualität zu ermöglichen und zu stützen. Es gilt Rahmenbedingungen zu schaffen, unter denen ein hohes Maß an individueller Lebens- und Sterbegestaltung möglich ist.

Schmerzfreiheit ermöglichen

Bei aller Unterschiedlichkeit in den konkreten Vorstellungen, was „ein gutes Sterben" bedeutet, gibt es nahezu stereotype Elemente, die immer wieder geäußert werden. Ein gutes Sterben ist ein ruhiges, schnelles, schmerzfreies und manchmal bewusstloses Sterben. Auf den Punkt gebracht könnte man überspitzt sagen: Man will praktisch beim eigenen Sterben nicht dabei sein.

Die Bewohnerinnen drückten das etwa so aus:

„Ich möchte abends im Bett einschlafen und am nächsten Morgen nicht mehr aufwachen."

„Wenn die Zeit und Stunde da ist – ich kann es ja nicht bestimmen –, dann muss ich mich damit abfinden und warten, was auf mich zukommt. Am besten wäre natürlich ein Herzschlag oder friedlich einschlafen."

„Wenn ich einen Schlag kriege, dann bin ich weg. Auf einmal weg. Das ist besser. So langsam sterben ist langweilig. Nein, ich fürchte mich nicht. Weil man nichts machen kann. Nur vor den Schmerzen, da fürchte ich mich."

Natürlich wünscht sich jeder ein möglichst schmerzfreies Sterben. Natürlich ...? Die Tatsache kann nicht oft genug betont werden. Schmerzfreiheit ist bei nahezu allen Gesprächspartnern die zentrale Dimension für gutes Sterben. Die Einengung auf die physische Existenz im Sterben rückt körperliche Bedürfnisse in den Vordergrund.

„Ich will nicht an Schmerzen leiden und möchte richtige Medikamente bekommen."

Bei der Verwendung einer Schmerzskala wurde sichtbar, dass ein Großteil der Bewohner leichte bis mittelstarke Schmerzen haben. Hier stellte sich für die Organisation letztlich die Frage, welche Standards sie sich setzen und wie sie weiterhin mit der zentralen Dimension Schmerz in der Betreuung ihrer Klientinnen umgehen will.

Reflektierter Umgang mit Überweisungen ins Krankenhaus

Die meisten Bewohner lehnen eine Überweisung ins Krankenhaus nachdrücklich ab, vor allem im Zusammenhang mit lebensverlängernden Maßnahmen. Medizinische Interventionen, die vor allem der Schmerzreduktion dienen, sind jedoch auch im Krankenhaus sehr willkommen.

Für Hauskrankenpflegepatientinnen, die daheim unter Einsamkeit leiden, kann das Krankenhaus jedoch eine willkommene Alternative darstellen.

„Ich möchte lieber im Krankenhaus sterben als alleine."

Auch hier geht es wieder darum, differenziert zu entscheiden und auf individuelle Bedürfnisse einzugehen. Krankenhausüberweisungen sind in „Diakonie in Düsseldorf" zwar nicht häufig; die Entwicklung der Schnittstellen zum Krankenhaus und die klare Formulierung von Kriterien für die Überweisung gewinnen jedoch durch die Befragung an Bedeutung.

Die (Un-)Gestaltbarkeit des Sterbens akzeptieren

Viele Bewohner gehen ganz existenziell davon aus, dass ihr eigenes Sterben im weitesten Sinn letztlich nicht gestaltbar ist.

„Man muss sich eben damit abfinden, wie es kommt. Das kann man nicht beeinflussen."

Vorstellbar ist, dass sich hier ein Lebensmuster der Bewohnerinnen als „Sterbemuster" fortsetzt – „man stirbt so, wie man gelebt hat". Wenn Patienten zeitlebens wenig Möglichkeiten hatten, ihr Leben zu gestalten, erwarten sie auch nicht unbedingt, dass ihnen das im Sterben gelingt. Priorität könnte hier haben, bei den Bewohnerinnen zu den Willen zur Gestaltung wecken. Für eine Organisation wie „Diakonie in Düsseldorf", die besonderen Wert auf die OrganisationsKultur des Sterbens legt, kann es eine große Herausforderung sein zu akzeptieren, dass manche Bewohner keinen Wert auf Einflussnahme beim Sterben legen.

Individuelles Nicht-Gestalten des Sterbens muss auf der anderen Seite umso mehr das Potenzial der Organisation mobilisieren, organisatorische, medizinische, pflegerische und religiöse Bedingungen für gutes Sterben sicherzustellen.

Beachten, wer und wer nicht beim Sterben dabei sein soll, und soziale Nähe „auf Abruf" gewährleisten.

Sehr unterschiedlich gestalten sich die Bedürfnisse, wenn es um die Frage geht, wer beim Sterben dabei sein soll. Manche Bewohnerinnen wollen nicht alleine sterben, andere wollen bewusst niemanden dabei haben.

Nicht alleine sterben muss nicht heißen, dass ununterbrochen jemand anwesend ist:

„Es soll jemand in der Nähe sein."

„Meine Tochter sollte schon zeitweise da sein, aber ich möchte nicht andauernd jemanden um mich haben."

Es geht um eine personale oder professionelle Nähe „auf Abruf"; die Vorstellung einer Betreuung „rund um die Uhr" entspricht jedenfalls *nicht* den expliziten Bedürfnissen der Bewohner. Nähe muss dann möglich und gewährleistet sein, wenn sie gefragt ist bzw. wenn die Sterbenden sie nicht mehr aktiv einfordern können.

Sehr individuell ausgeprägt ist auch die Frage, wer diese Nähe gewährleisten soll. In erster Linie wird zwar die nächste Familie genannt. Aber auch Bewohnerinnen, die Familie haben, bevorzugen manchmal Freunde und Bekannte. Vor allem Personen, die keine Angehörigen haben, wünschen sich Begleitung durch Pflegepersonen oder durch Freunde in den Zentren „Leben im Alter". Für einige ist religiöser Beistand wichtig.

Diese individuellen Bedürfnisse rechtzeitig zu erheben ist eine Aufgabe für die Organisation.

Es gibt auch Bewohner, die keinen Wert auf die Nähe oder Abrufbereitschaft anderer legen.

„Beim Sterben, da kann einem keiner helfen."

Für manche ist Alleinsein eine selbstgewählte, bewusste Entscheidung, andere lehnen Anwesenheit beim Sterben aus Angst vor Enttäuschung ab. Nur sehr sporadisch wird der Wunsch nach der Lösung von lang anstehenden Konflikten oder der Versöhnung mit Angehörigen geäußert – ein Bild, das dem gängigen Klischee von Sterbenden widerspricht.

Bedeutend ist hier vor allem – trotz aller Unterschiede –, dass fast alle Interviewten sehr klar formulieren können, wer und auch wer nicht beim Sterben dabei sein soll.

Bestmögliches körperliches Wohlbefinden und Selbstständigkeit aufrechterhalten

Körperliche Unversehrtheit ist ein zentrales Moment des Wohlbefindens. Neben Schmerzfreiheit geht es vor allem auch darum, sich möglichst lange selbst versorgen zu können. Sauberkeit und Hygiene stehen im Vordergrund. Als sehr belastend werden genannt: der Verlust der Fähigkeit, selbst zu kochen, der Verlust der Mobilität sowie Inkontinenz.

Der Umstand, nicht mehr für sich selbst sorgen zu können, macht es generell den älteren Bewohnern von „Diakonie in Düsseldorf" schwieriger, die bisherigen Standards aufrechtzuerhalten, und das macht Sorgen. Im Sterben wird diese Situation noch verstärkt.

Für Kontinuität sorgen

Die Gesprächspartnerinnen betonen, in „ihrem Zimmer" sterben zu wollen. Das kann das Zimmer zu Hause, aber auch das Zimmer im Heim sein. Kurz vor dem Sterben in ein anderes Zimmer oder in ein Heim zu übersiedeln sehen die meisten als große Belastung. Es bedeutet für viele das Aufgeben gewohnter sozialer Kontakte und den Verlust persönlicher Gegenstände. Die gewohnte Umgebung ist letztlich die beste Umgebung.

(A-)Religiöse Bedürfnisse respektieren

In den „Zentren Leben im Alter" leben und sterben Bewohner verschiedener Konfessionen und auch solche ohne Konfession. Die verschiedenen religiösen oder aber auch explizit areligiösen Bedürfnisse zu respektieren ist eine Aufgabe, die sich Mitarbeiterinnen von „Diakonie in Düsseldorf" tagtäglich stellt.

Die Palette reicht von *„Bloß keinen Pfarrer"* bis zu: *„Der Pfarrer hat dem Papa die heilige Kommunion gereicht und dann hat er mit dem Leben abgeschlossen und ist gestorben. So ein Ende wünsch' ich mir."*

Einerseits geht es darum sicherzustellen, dass die Schwelle für religiösen Beistand für die, die ihn wünschen, nicht zu hoch ist. Gleichzeitig muss darauf geachtet werden, dass Personen, die kein Interesse an seelsorgerischer Begleitung haben, sich nicht bedrängt fühlen.

Die Regelung finanzieller, rechtlicher und organisatorischer Belange

Die Regelung finanzieller, rechtlicher und organisatorischer Belange für die Zeit nach dem Tod ist für viele Gesprächspartner wichtig und entlastend. Hierher gehören das Testament, der Nachlass, die Bestattung, die Gestaltung des Grabes und das Verabschiedungsritual im Zentrum „Leben im Alter".

„Na klar hätte ich gern eine Trauerfeier für mich im Wohnheim ... Es ist schön, wenn man nicht einfach so verschwindet."

Was erwarten die Angehörigen?

Bedürfnisse der Angehörigen von sterbenden Bewohnerinnen

- Mit den Bewohnern über das Sterben reden können
- Anwesenheit beim Sterben
- Die eigenen Erfahrungen in die professionelle Pflege einbringen können
- Ausreichend informiert werden und am Heimleben partizipieren
- Entlastung durch hohe Betreuungsqualität

Mit den Bewohnern über das Sterben reden können

Ein immer wieder geäußertes Bedürfnis ist es, mit den sterbenden Eltern oder Schwiegereltern über ihr Sterben zu sprechen. Dies ist oft mit großen Schwierigkeiten verbunden. Allzu häufig haben sich familiäre Kommunikationsmuster herausgebildet, die das Thema Sterben vermeiden oder nur unbefriedigend „besprechen" lassen. Die Erfahrung, dass offene Gespräche über das Sterben eine entlastende Wirkung haben, wurde mehrmals eingebracht. Hier geht es darum, dass spezifische Angebote gesetzt werden, die die Bewohnerinnen und Angehörigen in ihrem Versuch unterstützen, sich dem schwierigen Thema zu nähern.

Anwesenheit beim Sterben

Viele Angehörige haben den Wunsch, beim Sterben der Eltern dabei zu sein. In der Praxis ist dies jedoch nicht immer zu realisieren: Dies würde bedeuten, niemals auf Urlaub zu fahren und aus allen familiären, beruflichen und anderen Situationen jederzeit abrufbar zu sein. Es muss auch immer die pragmatische Frage des Machbaren gestellt werden. Zusätzlich kommt noch dazu, dass sich die Bedürfnisse der alten Menschen nicht unbedingt mit denen der Angehörigen decken.

Regelmäßige Reflexionssettings und die Erarbeitung von Qualitätsstandards für die Betreuung von Sterbenden durch ihre Angehörigen sind organisatorische Maßnahmen, die die Qualität der Kultur des Sterbens prägen können.

Die eigenen Erfahrungen in die professionelle Pflege einbringen können

Die meisten Angehörigen haben viele und differenzierte Erfahrungen mit ihren alternden Verwandten gemacht. Schwierige Fragen – etwa der Verzicht auf lebensverlängernde Maßnahmen – werden oft nur im vertrauten sozialen Kontext besprochen. Dieses Wissen um die speziellen Bedürfnisse ihrer Angehörigen wollen die Befragten auch in die Pflege und in die medizinische Betreuung einbringen. Speziell Letzteres wird als sehr schwierig beschrieben. Hier gilt es Routinen zu entwickeln, die die Erfahrungen der Angehörigen verstärkt nutzen.

Ausreichend informiert werden und am Heimleben partizipieren

Das Informationsbedürfnis bezieht sich insbesondere auf drei Punkte:

1. Verlegung der pflegebedürftigen Angehörigen in ein Krankenhaus
2. Information über Fortschritt von Gesundheit und Krankheit durch Ärztinnen
3. Information über das Ableben von anderen Heimbewohnern

Dem Bedürfnis nach Information durch Ärzte könnte dadurch nachgekommen werden, dass die Informationspflicht in einem Anforderungsprofil für Ärztinnen festgehalten wird, mit denen „Diakonie in Düsseldorf" einen Vertrag eingeht.

Manche Angehörigen sind über ihre eigenen Familienmitglieder hinaus am Heimgeschehen interessiert und geeignete Formen der Partizipation sollten weiterentwickelt werden.

Entlastung durch hohe Betreuungsqualität

Die zentrale Entlastung für pflegende Angehörige ist es zu wissen, dass ihre Familienmitglieder in der Organisation in guten Händen sind. Dazu gehört vor allem, dass auf ihre Bedürfnisse beim Sterben weitestgehend eingegangen wird.

Öffentliche Präsentation

Zusätzlich zur Präsentation und Diskussion der Ergebnisse innerhalb von „Diakonie in Düsseldorf" erfolgt eine Präsentation in einem öffentlichen Rahmen, wo Vertreterinnen anderer Einrichtungen der Altenpflege und der geriatrischen Versorgung eingeladen werden. Diese sehr gut besuchte Veranstaltung, die auf durchwegs positive Resonanz stößt, dient der Etablierung eines organisationsübergreifenden Diskurses und der Vernetzung der Erfahrungen, die in den unterschiedlichen mit dem Sterben alter Menschen befassten Organisationen gemacht werden.

Das Medienpaket – Öffentlichkeitsarbeit

„Diakonie in Düsseldorf" stellt auf Basis der Projektunterlagen ein Medienpaket zusammen, das den Titel „Leitfaden und Dokumentation zum Thema Kultur des Sterbens" trägt. In den zwei Jahren nach der Erstellung des Pakets konnten annähernd 300 Exemplare dieser Dokumentation unter potenziellen Kooperationspartnern in ganz Deutschland vertrieben werden (vgl. DiD 2000). Das Projekt erhält dadurch eine Wahrnehmung weit über die Region hinaus in fast ganz Deutschland – vor allem in Altenheimen, Bildungseinrichtungen und bei Wohlfahrtsverbänden. Diese erfolgreiche Präsentation des Projektes nach außen wurde als Teil eines Workshops an die am Projekt beteiligten Interviewer und Zentrumsleiterinnen zurückgespielt. Diese konnten so den Erfolg des Projektes mitfeiern und es wurde nochmals bewusst, welches innovative Potenzial im Projekt von den Beteiligten erarbeitet wurde. Darüber hinaus fand das Projekt auch seinen Niederschlag in der Fachdebatte zu den Themen „Menschliches Sterben", „Pflegeorganisation" und „Palliative Versorgung" (s. Heller/Heimerl/Husebö 1999).

Umsetzungsphase in der Gesamtorganisation – Weiterentwicklung

Zwei Jahre war es aus Sicht der Beratung um das Projekt sehr still. Gar nicht still steht das Projekt jedoch in den „Zentren Leben im Alter". Die Erfahrungen aus den Interviews wirken im Alltag der Betreuenden in den Zentren weiter. Nach zwei Jahren wurden die am Projekt beteiligten Zentrumsleiter und Interviewerinnen vom Vorstand „Leben im Alter" in „Diakonie in Düsseldorf" zu einer Fachtagung eingeladen. Unter Leitung des IFF-Teams fand dort ein Wissensaustausch zwischen den Zentren und Leitungs- sowie Betreuungspersonen statt. Eineinhalb Tage lang konnten die Beteiligten einander berichten, auf welchen Ebenen es gelungen ist, das Wissen aus den Interviews umzusetzen:

- Eine wichtige Erfahrung teilen alle Zentren nach zwei Jahren miteinander: Es gibt eine Gesprächskultur des Sterbens, die durch das Projekt grundgelegt wurde. Mitarbeiter können nun mit Bewohnerinnen und Angehörigen über das Sterben sprechen, das Tabu ist gebrochen. Die Betreuenden beobachten auch, dass nun Angehörige und Bewohner spontan auf sie zukommen, um mit ihnen über ihre Bedürfnisse in Bezug auf Tod und Sterben zu sprechen.

- Zahlreiche Rituale zur Verabschiedung von verstorbenen Bewohnerinnen machen die Zeit unmittelbar nach dem Tod eines Bewohners leichter für Angehörige, hinterbliebene Bewohnerinnen und Mitarbeiter. Drei Beispiele aus unterschiedlichen Zentren sollen dies belegen: So begleiten etwa in mehreren Zentren Mitarbeiterinnen die hinterbliebenen Bewohner an das Bett, wo die Tote aufgebahrt ist, damit sie sich, wenn es gewünscht wird, verabschieden können. In einigen Zentren nehmen Mitarbeiter von „Diakonie in Düsseldorf" am Begräbnis von Bewohnerinnen teil, mit denen sie eine nahe Betreuungsbeziehung verband. In allen Zentren können verstorbene Bewohner das Haus in Würde verlassen, ebenso wie sie es betreten haben: Der Sarg wird im Beisein von Bewohnerinnen durch den Haupteingang hinausgetragen.

- Perspektiven für die weitere Qualitätsentwicklung können erarbeitet werden: Priorität haben die Einführung medizinischer Standards wie Schmerz und Symptomkontrolle über die Kooperation mit den Hausärzten sowie die Einführung von regelmäßiger und vor allem in Krisensituationen ansprechbarer seelsorgerischer Betreuung – sowohl für Bewohnerinnen als auch für Angehörige und für Mitarbeiter der Zentren.

- Eine Dokumentation der Regeln, Routinen und Rituale zur Organisations-Kultur des Sterbens wird eingeführt: Ein weiteres wesentliches Ergebnis des Workshops nach zwei Jahren ist die verbindliche Vereinbarung zur Dokumentation der Umsetzungsvorhaben. In einem vom IFF-Team entwickelten Dokumentationsbogen tragen die einzelnen Zentren steckbriefförmig ihre Initiativen ein. Ziel der Dokumentation ist es, anderen Zentren zu ermöglichen, erfolgreiche Initiativen nachzuvollziehen und zu übernehmen. Eine Präsentation der Auswertung der Dokumentationen soll die Vergemeinschaftung des Wissens sicherstellen.

Das Besondere am Projekt: ein interventionsorientiertes Forschungs- und Beratungsprojekt

Im Vordergrund des Projektes standen Dimensionen der Organisationsentwicklung. Das Forschungsinstrument der Befragung wurde so eingesetzt, dass es zur Entwicklung der Organisationskultur des Sterbens beitrug:

Die Entscheidungsträger der Organisation waren prominent in das Projekt einbezogen. Die Geschäftsführung von „Diakonie in Düsseldorf", der Vorstand des Bereichs „Leben im Alter" und die Leitungen der „Zentren Leben im Alter" waren über die Auftragsverhandlungen, über den ersten entscheidungsorientierten Workshop sowie über die teilweise Anwesenheit in weiteren Workshops an das Projekt angeschlossen und haben es mitgetragen. So konnte sichergestellt werden, dass Entscheidungen im Projekt auch Relevanz in der Organisation erhielten und durch die notwendigen personellen und finanziellen Ressourcen unterstützt wurden.

Die Kooperation im Projekt, insbesondere die Zusammensetzung der unterschiedlichen Workshops, stellte eine Zusammenarbeit zwischen den Berufsgruppen und auch zwischen den Teilorganisationen („Zentren Leben im Alter") von „Diakonie in Düsseldorf" sicher.

Die in der Betreuung tätigen Mitarbeiterinnen, die ja über die genaueste Kenntnis der Abläufe in der Organisation verfügen, waren am Know-how-Aufbau beteiligt. Sie wurden in die Erstellung des Interviewleitfadens, in die Durchführung der Interviews und in die Auswertung miteinbezogen. Das Wissen, das im Projekt generiert wurde, konnte so in der Organisation verbleiben und dort selbst genutzt werden. Dies war auch die wichtigste Intention der Auftraggeberin.

Die systematische Erhebung von Patientenbedürfnissen und die ergänzende Perspektive aus den Angehörigenfokusgruppen lieferten zusätzliches explizites Wissen, das weit über das in alltäglichen Gesprächen entstehende implizite Wissen hinausgeht. Sterben und Tod gezielt in das Zentrum der Reflexion zu stellen ermöglichte es, das Thema aus der Tabuzone zu holen.

Die Ergebnisse des Projektes wurden an die relevanten Umwelten der „Zentren Leben im Alter" – an die anderen Bereiche von „Diakonie in Düsseldorf", an kooperierende Versorgungskontexte sowie an die gesamte Region und das Land Nordrhein-Westfalen – kommuniziert und konnten dort auch als Intervention genutzt werden. Dazu dienten die öffentliche Präsentation, der Vertrieb des Medienpakets und die gezielte Publikation sowohl in Massenmedien wie auch in einer einschlägigen Fachpublikation. Durch diese prominente Aufmerksamkeit der Umwelten wurde das Projekt auch für die Beteiligten aufgewertet und Ownership war für sie leichter zu übernehmen.

Zwei Jahre nach dem Abschluss der Erhebungs- und damit Diagnosephase wurde in einer Fachtagung ein neuerlicher Entwicklungsschritt gesetzt. Dort konnte das vorhandene Wissen über die Umsetzung der Ergebnisse gesichert und zwischen den Zentren ausgetauscht werden. Die Leitungsebene konnte an die Entwicklung angeschlossen werden und sich in die Steuerung des weiteren Verlaufs einbringen. Entscheidungen für die Strategie und die Öffentlichkeitsarbeit konnten getroffen werden.

Die geplante und begonnene schriftliche Dokumentation der Umsetzungsinitiativen stellt das Weiterleben des Projektes sicher. Damit wird auch der erste Schritt gesetzt, der über die Ausnahmesituation des Projektes hinausgeht. Dokumentierte Regeln, Routinen und Rituale machen sichtbar, dass die Ergebnisse des Projektes in den Alltag übernommen und zu einem fixen Bestandteil der Abläufe wurden. Ein Stück OrganisationsKultur des Sterbens wurde geprägt.

Kapitel VI:

Abteilungsentwicklung durch kontinuierliche Führungsarbeit

Organisationsentwicklung der klinischen Abteilung für Onkologie der Medizinischen Universitätsklinik am Landeskrankenhaus – Universitätsklinikum Graz

Klaus Scala

Abteilungen und Stationen stellen die „Kerneinheiten" eines Krankenhauses dar: Sie sind entscheidend für die fachliche Qualität und die Reputation eines Hauses. Hohe medizinisch-fachliche Standards können nur realisiert werden, wenn sich die Abteilungen als dezentrale eigenständige Einheiten verstehen und Verantwortung für ihre Organisationsgestaltung übernehmen. Hier werden Arbeitsorganisation und Arbeitsbedingungen geschaffen, hier wird die Zusammenarbeit zwischen den Berufsgruppen gestaltet, die für die Qualität der Behandlung und Betreuung der Patienten ausschlaggebend ist.

Die medizinische und pflegerische Betreuung schwer- und todkranker Patientinnen wird in erster Linie als eine Herausforderung an das persönliche Engagement von Ärztinnen und Pflegekräften gesehen. Die damit verbundenen Belastungen können jedoch nicht wirklich auf Dauer von den Einzelpersonen bewältigt werden; es braucht eine Reihe sorgfältig entwickelter Organisationsarrangements, um die Fachkräfte in ihrer sehr personenbezogenen Arbeit mit den Patienten und Angehörigen zu unterstützen. Es sind schwierige Entscheidungen interprofessionell zu treffen, Möglichkeiten für soziale Unterstützung im Team zu schaffen, Regelungen für wichtige Funktionen und Aufgabenverteilung zu treffen sowie die Rollen der Leitungskräfte zu differenzieren (vgl. Grossmann 1995c; Nowak/Pelikan/Lobnig 1994).

In den Abteilungen gilt es die medizinisch-therapeutische, forscherische, pflegerische und administrative Arbeitslogik zu verknüpfen sowie die Kommunikation mit den Patientinnen und Angehörigen zu bewältigen; hier ist die Kontaktstelle zu den zentralen Dienstleistern sowie zu externen Einrichtungen. Reformen auf der Ebene von Trägerorganisationen und Krankenhäusern greifen letztlich nur, wenn die Abteilungen zu einer eigenständigen Entwicklung im Stande sind.

Wirksame und gegenüber den komplexen Anforderungen erfolgreiche Veränderungen können einerseits nur aus den bestehenden Strukturen heraus entwickelt werden und andererseits stößt man dabei permanent an die Grenzen dieser Strukturen sowie der daraus resultierenden Routinen und Handlungsmuster. Sich in dieser Paradoxie zu bewegen und mit dieser Spannung zu arbeiten ist die Herausforderung, die sich für Abteilungen besonders drastisch stellt, da auf dieser Ebene alle Beteiligten die strukturellen Widersprüche täglich und hautnah erleben. Denn es gilt in der täglichen Arbeit Balance zu halten:

- zwischen den emotionalen Anforderungen im Umgang mit kranken Menschen und dem Anspruch, im Arbeitsablauf reibungslos zu funktionieren,
- zwischen fachlicher Autonomie und eingeschränkten Entscheidungskompetenzen,
- zwischen der Segmentierung in Berufsgruppen und der Kooperationsnotwendigkeit im Arbeitsprozess,
- zwischen hierarchischen Strukturen und der geforderten Eigenverantwortung jeder einzelnen Fachkraft,
- zwischen dem nur mit hohem kommunikativen Aufwand bewältigbaren Abstimmungsbedarf und der Notwendigkeit eingespielter sowie effizienter Arbeitsabläufe,
- zwischen dem Bedarf an einem raschen und flexiblen Entscheidungsmanagement und den nötigen Freiräumen zur Auswertung und Reflexion.

Das Fallbeispiel beschreibt den mehrjährigen Veränderungsprozess einer onkologischen Abteilung, den der Autor beraterisch unterstützte. Die Beratung hatte zwei sehr unterschiedliche Phasen: In der ersten Phase wurde der Berater auf eine gemeinsame Entscheidung des Ärzteteams hin vom Abteilungsleiter ins Team geholt. Anlass waren „Unstimmigkeiten" im Team, die es in Form einer Teamsupervision zu beheben galt. Als Antwort folgte eine Beratung des Ärzteteams, die vor allem eine Optimierung der Besprechungen und der Besprechungsstrukturen zum Gegenstand hatte und damit den Fokus auf Organisationsentwicklung legte. Sie endete inklusive einer Erprobungsphase mit einer Evaluation der gesetzten Veränderungen nach zirka einem halben Jahr.

Im Anschluss daran wandte sich der Abteilungsleiter mit der Anfrage um ein Coaching für weitere Veränderungsvorhaben an den Autor. Klient war nun der ärztliche Leiter der Abteilung. In dieser zweiten – zirka vierjährigen – Phase wurden die einzelnen Themen im Coaching vereinbart. So gab die Neugestaltung der Besprechungen aus der Phase 1 bereits den Anstoß dafür, sowohl an der Optimierung der Leistungsprozesse zu arbeiten als auch die Forschungsarbeit und die wissenschaftliche Förderung der Ärzte organisatorisch besser zu verankern. Insgesamt kamen im Coaching folgende für die Entwicklung der Abteilung relevante Themen zur Sprache:

Phase 1:
- Strukturierung und Gestaltung von Besprechungen

Phase 2:
- Standardisierung von Arbeitsabläufen – Optimieren von Leistungsprozessen
- Gestaltung von Führungsstrukturen – Integration der Abteilung

• Aufbau geeigneter Strukturen für Forschung und Ausbildung (noch nicht abgeschlossen)

Diese Kontraktveränderung wirft auch ein Licht auf die Bedeutung der Führungskraft für Veränderungsprozesse auf Abteilungsebene: Welche Chancen, aber auch welche Grenzen liegen in dieser Rolle, Entwicklungen zu initiieren und zu begleiten, die über die eigene Berufsgruppe hinausgehen und die gesamte Abteilung betreffen? Welcher Tiefengrad an Veränderung kann auf diese Weise realisiert werden? Ändern sich, wenn notwendig, grundlegendere Muster in der Arbeitsweise und Kommunikation oder werden eher Adaptierungen umgesetzt, die die Probleme meist verlagern, statt sie zu lösen? Veränderungen können bei einem mehrjährigen Prozess gut auf ihre Dauerhaftigkeit geprüft werden. Zentrale Aufgabenfelder in der Steuerung einer Abteilung treten deutlich hervor. Der Rolle der Führung wird daher im Anschluss an das Fallbeispiel ein eigener Abschnitt gewidmet.

Vom Anlass über die Problembeschreibung zum Beratungsangebot

Die onkologische Abteilung am Landeskrankenhaus Graz (eine Station und eine Ambulanz, 13 Ärztinnen, drei Psychologinnen, zirka 30 Pflegekräfte) innerhalb einer Universitätsklinik für interne Medizin hatte eine Zeit erfolgreicher Entwicklungen hinter sich. Die räumliche Situation hatte sich quantitativ und qualitativ sehr verbessert, in einem groß angelegten Projekt („Verbesserung der Lebensqualität für KrebspatientInnen durch künstlerische Neugestaltung der Krankenstation") hatte man Zimmer und Gänge ästhetisch gestaltet, einen attraktiven Aufenthaltsraum für Patienten und Besucherinnen geschaffen und die therapeutischen Auswirkungen dieser Innovation evaluiert. Es gab Zuwachs an Personal und Anzeichen für eine gestiegene Reputation. Zur laufenden Selbstbeobachtung wurde ein Patientenfragebogen eingesetzt und es gab eine an der Psychoonkologie orientierte Selbstdarstellung, die auch aktiv nach außen getragen wurde (Fachtagungen, Krankenhauskongresse, Medien, Verein für Krebskranke etc.).

Im Ärzteteam hatte sich jedoch parallel dazu eine Unzufriedenheit eingestellt, die sich nicht aus äußeren Umständen erklären ließ – im Gegenteil: Die Arbeitsbedingungen hatten sich, wie schon erwähnt, verbessert. Um mit der besonders belastenden Patientinnensituation besser zurechtzukommen und aus Gründen einer optimalen Patientenbetreuung besuchte das zirka 13-köpfige Ärztinnenteam gemeinsam mit dem Abteilungsleiter regelmäßig eine Supervision, die auf die Arbeit an einzelnen aktuellen Fällen aus dem Kreis der Patienten ausgerichtet war. Dies war eine schon seit mehreren Jahren etablierte Einrichtung. Die erst kürzlich aufgetretene Unzufriedenheit stand daher damit nicht in Zusammenhang und konnte nicht aus aktuellen Gründen erklärt werden, was dazu führte, zunächst einmal abzuwarten. Die Unzufriedenheit verschwand jedoch nicht, sondern verfestigte sich derart, dass man sich auf Anregung des Abteilungsleiters entschied, diesem Problem mit Hilfe einer externen Beratung nachzugehen.

Man wollte die Ursachen für die wachsende Unzufriedenheit erheben und daraus mögliche Schlussfolgerungen zur Verbesserung des Arbeitsklimas und der Motivation ziehen. Es wurde auch besprochen, inwiefern die Pflegekräfte in die Beratung einbezogen werden sollten. Da die Pflegekräfte zu diesem Zeitpunkt auf zwei Abteilungen aufgeteilt waren, ihre Leitung zudem nur interimistisch besetzt war und eine Neubesetzung bevorstand, traf man die Entscheidung, sich zunächst der Problematik der Ärztegruppe zu widmen, zumal die anstehenden Schwierigkeiten aus der Sicht des Abteilungsleiters „hausgemacht" waren und nicht unmittelbar mit der Zusammenarbeit zwischen den Berufsgruppen zu tun hatten.

In der ersten Sitzung der ganzen Gruppe kam eine Fülle an Themen auf den Tisch, wobei sich die Sichtweise des Leiters und der Gruppe gut ergänzten: Zunächst wurde eine Reihe von Verhaltensweisen kritisch aufgelistet, die sich eingeschlichen hatten und als hinderlich für ein konstruktives Arbeitsklima erlebt wurden:

• Aufgaben werden von Einzelnen informell übernommen, aber nicht wirklich weiter verfolgt,
• nach außen stellt man sich als Team dar, doch intern fehlt es an Offenheit,
• es wird oft sehr indirekt kommuniziert, im Arbeitsalltag auftauchender Ärger wird nicht direkt geäußert, sondern viel „hintenherum" geredet,
• es herrscht oft das Gefühl, zu wenig zu wissen, und dadurch entsteht Druck,
• die Verteilung der Arbeit wird als ungleich erlebt.

In einer genaueren Recherche wurde der Fokus weg von der normativen Beschreibung von Verhaltensweisen auf strukturelle Bedingungen verschoben. Als Ursachen wurden vor allem die sehr rasche Vergrößerung des Teams und das gestiegene Arbeitspensum angegeben. „Das Team ist sehr rasch größer geworden, doch ist die Arbeit ebenso gestiegen, das macht die Einteilung schwieriger und lässt rasch das Gefühl der Benachteiligung entstehen." Mit dem Anwachsen des Teams machten sich Unterschiede in der Beziehung zum Leiter bemerkbar, Nähe und Distanz zwischen ihm und den einzelnen Teammitgliedern zeigten größere Unterschiede; gleichzeitig stieg die Bedeutung der formellen hierarchischen Struktur und damit die Chef-Funktion des Leiters im Alltag, da die gewohnten informellen Absprachen im kleinen Team nicht mehr funktionierten. So wurde auch der Druck stärker verspürt, der von den professionell hohen Anforderungen des Leiters ausging. Der Bedarf nach formellen, transparenten Regelungen war angestiegen und zugleich wurde mehr Intransparenz erlebt. Im Gespräch wurde auch der Fokus von der Unzufriedenheit auf den anderen Pol gelenkt und erhoben, was im Zusammenhang mit der Arbeit Zufriedenheit und Stolz auslöst. Die Antworten dazu fielen zwischen der Leitung und der Gruppe recht unterschiedlich aus: Der Leiter wies auf die Erfolge der letzten Zeit und auf das spezifische Profil der Abteilung hin, während sich die Gruppe in dieser Frage ziemlich bedeckt hielt.

Soweit die unmittelbar geäußerte Sichtweise der Betroffenen. Sicherlich bot das geschilderte Material genügend Stoff, um an der Gefühlslage weiterzuarbeiten. An dieser Stelle schien es dem Berater wichtig, über eine Reflexion der angerissenen Themen hinaus das Bild von den professionellen Anforderungen und den bisher gefundenen arbeitsorganisatorischen Antworten darauf mit der Gruppe zu vertiefen: Welches Spektrum an Aufgaben ist zu bewältigen? Was sind die genuinen Belastungssituationen? In welchen Situationen im Arbeitsalltag kommt Unzufriedenheit auf? Wie passen die gegenwärtig eingespielten Rollen und Arbeitsstrukturen zur Aufgabenbewältigung?

Letztlich antwortete der Berater auf das Anliegen, die Unzufriedenheit im Team zu bearbeiten und gegebenenfalls zu beheben, mit dem Angebot, in einem ersten Schritt die Arbeitsstrukturen zu reflektieren und auf ihre – fachliche und kommunikative – Brauchbarkeit zu überprüfen. Die Aufmerksamkeit wurde auf die gemeinsame Reflexion und Weiterentwicklung von Organisationsstrukturen gelenkt.

Das alltägliche Problemgestöber

Die für das Krankenhaus als Organisation typischen Belastungen verdichten sich auf einer Onkologie: Die Arbeit erfordert einerseits sehr hohe Aufmerksamkeit in Bezug auf medizinisch-chemotherapeutische Aspekte und zugleich besondere Sensibilität im Umgang mit den Patientinnen. Die Behandlung muss zwei sehr unterschiedliche Zugänge zum Patienten parallel bedienen und dies oft auch zugleich: ihn wie ein „Werkstück" behandeln und sich ihm sehr persönlich zuwenden, ihn informieren, pflegen, ermuntern, ihn als Subjekt und „Co-Therapeut" sehen. Tumorpatientinnen befinden sich physisch und psychisch in einer sehr ausgesetzten Situation. Dies gilt in eingeschränkter Weise auch für die Angehörigen, die ebenso professionell zu betreuen sind. Das Nebeneinander von High-tech und High-touch (Pelikan 1993) wird hier besonders dicht erlebt, eine aggressive Therapie ist mit empathischer Betreuung zu kombinieren. Medizinisch-technische Fähigkeiten sind ebenso gefordert wie kommunikative sowie Kompetenzen im Managen komplexer Abläufe. Unterschiedliche Arbeitssituationen erfordern eine jeweils andere „Sprache". Man muss zwischen der Verständigung innerhalb der Profession in der knappen, auf Reduktion und Standardisierung ausgerichteten Fachsprache sowie der Kommunikation mit anderen Professionen und von dort wiederum zum Gespräch mit dem Patienten in Angst und dem großen Verlangen nach Sicherheit pendeln (vgl. Grossmann 1995b).

Die Krankenbehandlung ist auf einer Onkologie mit großer Unsicherheit verbunden, eine Reihe nicht beeinflussbarer Faktoren spielen mit: schwer voraussagbare Krankheitsverläufe, die oft wechselnde Verfassung der Patientinnen sowie der Kontakt mit ihren Angehörigen, die sehr unterschiedliche Erwartungen herantragen. Dazu kommen noch die Möglichkeit von Pannen und Fehlern sowie das Faktum, dass nur eine Minderheit der Patienten langfristig geheilt werden kann. Fachliches Risiko und persönliche Unsicherheit müssen täglich absorbiert werden, die Konfrontation mit Leiden und Tod ist ständig präsent. Eine nur auf Heilung ausgerichtete Therapie ist hier zu wenig, sehr oft muss in späteren Stadien des Krankheitsverlaufs auf Begleiten des Sterbens umgeschaltet werden. Das hat unmittelbare Konsequenzen für die medizinische Therapie, vor allem aber verlangt es dem betreuenden Personal eine emotional sehr fordernde innere Umstellung ab. Dies bringt die Onkologie auch in Widerspruch zum Mainstream der Krankenhausmedizin, wo rasche Reparatur und Heilung konzeptuell, aber auch ökonomisch angesagt sind. Chronische Patientinnen passen nicht in ein undifferenziert leistungsorientiertes Finanzierungssystem, für die Medizin ist Heilung der Erfolg und das Sterben der Patienten eine Niederlage.

Durch das Anwachsen des Teams auf der Abteilung wurde bei genauerer Analyse die Komplexität der zu bewältigenden Aufgaben und der damit anfallende Steuerungsbedarf sichtbar. Konfliktstoff entzündete sich vor allem an folgenden mit unvermeidbaren Widersprüchen aufgeladenen Aufgaben:

Integrieren von medizinischer und psychologischer Behandlungslogik (Psychoonkologie)

Als eine Abteilung mit schwer- und teilweise todkranken Patientinnen war die psychologische Komponente in der Behandlung dem Leiter ein besonderes Anliegen und neben den Ärzten gehörten auch drei Psychologinnen dem Team an. Im Abteilungsleitbild war ein „integriertes bio-psycho-soziales Betreuungsmodell" formuliert und postuliert, aber noch nicht konsensuell verankert. Dies implizierte fast unvermeidlich eine mehr unterschwellig geführte Diskussion über Sinn und Unsinn einer solchen über die rein medizinische Versorgung hinausgehenden und dementsprechend aufwändigen Patientenbetreuung. Die „ganzheitliche" Patientinnenbetreuung wurde von einigen explizit als wichtig und attraktiv benannt, andererseits verließ gerade zum Zeitpunkt, als die Beratung begann, eine speziell auf Laboruntersuchungen spezialisierte Fachkraft das Team, weil sie ihre Arbeit in einem „psychoonkologischen" Kontext wissenschaftlich zu gering eingeschätzt fühlte und für sich keine attraktive Perspektive sah. Geschürt wurde diese Debatte auch durch den Umstand, dass in der Klinik, der die Abteilung angehörte, die Wissenschaftlichkeit einer Psychoonkologie teils kritisch kommentiert und daher die Leistungen der Kollegen auf der Abteilung als wissenschaftlich nicht so relevant gewürdigt wurden. Dies machte insbesondere dem Leiter zu schaffen, da er sich genötigt sah, permanent dagegen anzukämpfen, wobei er den Mainstream der medizinischen Fachwelt und damit der unmittelbaren fachlichen Umwelt im Krankenhaus sowie auf der medizinischen Fakultät gegen sich sah.

Bedienen unterschiedlicher und teilweise konkurrierender Aufgaben: Patientenbehandlung versus Ausbildung und Forschung

Ein zweites Bündel von Problemen, die im Lauf der Erhebung formuliert wurden, gruppierte sich um die Notwendigkeit, neben der Patientinnenbehandlung auch die Ausbildung und die Forschung zu bedienen. Die einzelnen Teammitglieder waren davon äußerst unterschiedlich betroffen, sodass die Gruppe diesbezüglich sehr heterogen agierte. Letztlich blieb es weitgehend den einzelnen Mitgliedern überlassen, ihre unterschiedlichen Interessen zu verfolgen. Auf Grund der Anbindung an die Universität gibt es zwei unterschiedliche Anstellungsverhältnisse – bei der Krankenanstaltengesellschaft und bei der Universität –, wobei die Angehörigen der Universitätsklinik für die Aufrechterhaltung ihres Dienstverhältnisses entsprechende wissenschaftliche Leistungen vorweisen müssen. Die Vergrößerung des Teams hatte es in der Darstellung einiger Ärzte mit sich gebracht, dass die informellen Stützungsstrukturen in Form von Kleingruppen, die sich gemeinsam um ein Forschungsthema gebildet hatten, verschwunden waren. So hatte es sich ergeben, dass jeder selbst dafür sorgen musste, seine Ausbildungs- bzw Forschungsinteressen zu realisieren. Dies war für die Ärztinnen in Ausbildung eine schwierige Hürde, denn nicht jeder Arbeitsplatz bot dieselben Ausbildungschancen, in der Station gab es viel mehr Möglichkeiten als in der Ambulanz. Eine allzu häufige Rotation der Assistenzärzte widersprach jedoch wiederum der Logik einer optimalen Patientinnenbetreuung.

Doch auch für die Gruppe der Fachärzte war das Modell der Selbstorganisation der eigenen wissenschaftlichen Entwicklung wenig hilfreich. Im Lauf der Beratung stellte sich schon sehr bald ein Bewusstsein dafür heraus, dass Forschung und Wissenschaft organisatorisch nicht befriedigend verankert und strukturiert waren, sowohl in Bezug auf die Erarbeitung eines gemeinsamen Forschungsprogramms und Forschungsprofils als auch hinsichtlich der Förderung der wissenschaftlichen Karrieren der einzelnen Teammitglieder.

Bedarf an Regelungsdichte versus notwendige Freiräume und Entscheidungsspielräume

Ein weiterer Problemkreis betraf den Widerspruch zwischen dem hohen Bedarf an klaren, eindeutigen Regelungen und dem Anspruch, auf jeden Einzelfall individuell einzugehen und als Fachkraft eigenständig zu entscheiden, wann von einer Regel abzuweichen ist. Vor allem die Assistenzärztinnen – und, wie sich später herausstellen sollte, auch die gesamten Pflegekräfte der Abteilung – fühlten sich durch diesen Widerspruch verunsichert. Die Regelungen betrafen sowohl Prozeduren und Verfahren als auch Medikation und Behandlungsmethoden bei bestimmten Diagnosen. Die große Zahl an Patienten in der Ambulanz erfordert eine ausgeklügelte Logistik, die jedoch immer wieder dadurch torpediert wird, dass Krankheitsverläufe und Entwicklungen in der Therapie nicht so planbar sind und überraschende Diagnosen rasche Ad-hoc-Entscheidungen erfordern, die wiederum nicht ohne Auswirkungen auf die Abläufe und die Arbeitsorganisation insgesamt bleiben. Unvorhergesehene medizinisch induzierte Entscheidungen müssen daher von einem permanent vorhandenen Krisenmanagement abgefedert werden. Verschärft wird diese Problematik durch die Schwere der zu behandelnden Krankheiten, die einen sensiblen und kommunikativ ausreichend gestalteten Umgang mit den Patienten erfordert – d.h.: sowohl Veränderungen in der Behandlung eines Patienten nicht auf die anderen Patientinnen durchschlagen zu lassen und sie nicht mit plötzlichen Änderungen in den Abläufen zu konfrontieren wie auch genügend Zeit und Ruhe für jeden einzelnen Patienten zu haben. Diese Ziele sind jedoch nicht durch Appelle an das Engagement der Ärztinnen realisierbar, aber auch der Glaube an eine totale Regulierung stößt hier an seine Grenzen. Die Frage nach dem Maß an Regelungsdichte wird hier zu einem Kernproblem. Regelungen müssen so gebaut sein, dass Verbindlichkeit gestärkt und Routinen etabliert werden können, dass Kommunikationsbedarf reduziert werden kann und gleichzeitig Raum für Problembearbeitungen gegeben ist, die nur mit kommunikativem Aufwand gelingen können.

Der kurze Blick auf Teilaspekte des täglich zu bewältigenden Managements in der Ambulanz liefert nur einen kleinen Ausschnitt aus der Komplexität, die insgesamt für die Abteilung charakteristisch ist. Komplexe Aufgaben lassen sich meist nur durch komplexe Verfahren bearbeiten. Komplex meint ja nicht nur kompliziert, sondern die Kombination von kompliziert, ineinander verzahnt und vor allem nur bedingt planbar, weil man sich laufend auf Prozesse und Ereignisse einstellen muss, die außerhalb der eigenen Einflusssphären liegen. Angesichts von so viel Unsteuerbaren ist die Steuerung ebenso schwierig wie notwendig, d.h. besonders aufwändig und damit auch kommunikationsintensiv. Besprechungen nehmen daher im Krankenhausalltag eine zentrale Stellung ein. Auch von der Qualität und Leistungsfähigkeit der Kommunikationsstrukturen hängt sehr viel ab. Besprechungen müssen einerseits der Komplexität der Aufgabenbewältigung angemessen und andererseits möglichst unaufwändig und effizient sein, d.h.: Komplexität reduzieren. Diesem Widerspruch gerecht zu werden ist keine Selbstverständlichkeit und braucht eine laufende Beobachtung. „Von selbst" führt die Komplexität der Anforderungen entweder dazu, dass auch die Besprechungen immer mehr mit Themen angereichert und überfrachtet werden und dadurch Mehrgleisigkeit entsteht, oder es finden wichtige Themen keinen angemessenen Platz. Meist sind beide Varianten zugleich zu beobachten. Es überrascht daher nicht, wenn bei der Analyse der Arbeitsstrukturen mit dem Ärzteteam sich die Besprechungen als ein wichtiges Problemfeld herausstellten. Auf Vorschlag des Beraters ging man daher sehr rasch an eine gründliche Reflexion und Überprüfung der Besprechungsstrukturen und der Besprechungskultur.

Die Strukturierung und Gestaltung von Besprechungen

Besprechungen sollen ein Teil der Lösung sein. Nicht selten sind sie jedoch Teil des Problems. Und dies werden sie unvermeidlich, wenn sie nicht laufend „gewartet" und auf ihre Funktionalität hin überprüft werden. Zugleich sind die Ansprüche an Besprechungen sehr vielfältig: Sie sollen alle wichtigen Sachfragen klären, entscheiden helfen und damit auch die fachliche Orientierung sicherstellen, wobei die Sachaufgaben wiederum weit gestreut sind: Patientinnenbehandlung, Verwaltung, Aus- und Weiterbildung, Forschung sowie Außenkontakte. Sie sollen jedoch auch „social support" liefern und Platz bieten, wo emotional belastende Arbeitssituationen ansprechbar sind, und ausreichend Zeit, damit es für das Team als stützend erlebt werden kann. In Besprechungen sind aktuelle und akut auftretende Probleme zu lösen, andererseits sollen sie Raum für mittel- und langfristige Perspektiven bieten. Unterschiedliche Funktionen brauchen jedoch eine unterschiedliche „Sprache" und eine bewusst gestaltete Besprechungskultur.

Dem Krankenhaus vertraut sind die funktionsspezifisch klar abgegrenzten Besprechungen wie z.B. eine Übergabebesprechung zwischen Pflegekräften oder Ärzten oder eine Morgenbesprechung, die in eine Operations- oder Behandlungsplanung für den laufenden Tag mündet. Es gibt eine Vielzahl solcher relativ klar definierter, meist auch gut implementierter Kommunikationen, die bestimmte Aufgaben erfüllen, jedoch die für die Organisation und Entwicklung der Einheit wichtigen Aufgaben *nicht* erfüllen. Besprechungen mit Blick auf das Gesamte fehlen oft. Es braucht zusätzlich eine Reflexionsebene, die die Qualität und Leistungsfähigkeit der Arbeits- und Besprechungsstrukturen beobachtet, eine Ebene, die angesichts des täglich anfallenden Arbeitspensums in der Alltagshektik meist zu kurz kommt oder überhaupt keinen fixen Platz hat.

Die Analyse der Besprechungsstruktur und Besprechungskultur durch die Ärztinnengruppe ergab folgendes Ergebnis:

1. *Mehrgleisigkeit:* Es gab insgesamt neun unterschiedliche Besprechungstypen, von denen die Mehrzahl gut „funktionierten". Doch war die Zuordnung mancher Themen unklar und es kam daher immer wieder zu Mehrgleisigkeit in der Behandlung bestimmter Punkte, was wiederum zu weiteren „Verzettelungen" verführte. Die mehrfach angesprochenen Themen wurden dadurch oft erst recht nur angerissen und nicht mit der nötigen Gründlichkeit erledigt.

2. *Unbehandelte Themen:* Ebenso wurde festgestellt, dass bestimmte wichtige Themen und Anliegen durch den Rost fielen, weil innerhalb der bestehenden Besprechungen dafür kein Platz war. Dies betraf die Arbeit auf der Ambulanz, vor allem jedoch entdeckte man, dass für den Bereich von Wissenschaft, Forschung und Publikation keine angemessene Struktur bestand. Es gab zwar einen „Journal Club" und „Medizinische Fachgespräche", die jedoch nicht wirklich mit Leben erfüllt waren und immer wieder „einschliefen". Hier machte sich das schon angesprochene Defizit in der strategischen Ausrichtung in puncto Wissenschaftsprofil bemerkbar.

3. *Beteiligung:* Im Ärzteteam gab es vereinzelt die Klage, der Teilnahme an manchen Besprechungen keinen Sinn abgewinnen zu können, ein Fernbleiben sei jedoch mit schlechtem Gewissen verbunden. Eine wichtige Entscheidung betraf daher die Frage, wer an welchen Besprechungen teilnehmen soll und wer nicht. Inhaltlich-fachliche Gründe (Wessen Expertise ist gefragt? Wer ist involviert?), soziale Gesichtspunkte (Wer soll eingebunden werden und nicht ausgeschlossen bleiben?) und sparsamer Umgang mit der Ressource Zeit der Mitarbeiterinnen (Auf wen kann man ungestraft verzichten?) bildeten dafür die Grundlage.

4. *Gesprächskultur:* Besonders selbstkritisch ging die Gruppe mit ihrer Gesprächskultur zu Gericht: „Reine Informationsvermittlung dominiert und behindert Diskussion und Beteiligung der ganzen Gruppe, die Vermischung von organisatorischen Fragen mit der Besprechung bestimmter Patienten irritiert, es gibt wenig Platz für Anerkennung, Kritik hat Vorrang, das Team kommt wenig ins Gespräch – die Zeit ist meist zu knapp, Konflikte bleiben ausgesperrt."
Die Existenz von Besprechungen über bestimmte Themen ist offensichtlich zu wenig – letztlich entscheidet die Qualität der Besprechung darüber, was sie leistet. Sie umzusetzen ist besonders im Krankenhausalltag ein sehr hoher Anspruch. Die Besprechungen verlangen je nach Aufgabenstellung eine sehr unterschiedliche Gesprächskultur: Vieles muss unter Zeitdruck und streng sachbezogener Fokussierung besprochen und abgehakt werden, andere Themen brauchen Raum für Überlegungen, andere wieder erfordern besondere Aufmerksamkeit auf die Beteiligung aller. Die Umstellung von

einer Ebene auf die andere ist emotional und sozial für alle Beteiligten eine notwendige und zugleich aufwändige Aufgabe. Die Ärztinnengruppe entschied als Folge ihrer Analyse, für die einzelnen Besprechungen Verantwortliche für Moderation und Gestaltung zu nominieren, um so die Qualität der Besprechungen besser abzusichern.

5. Aus der externen Sicht des Beraters war auch noch auffallend, dass es keine eigene *Besprechung der Leitenden* (Abteilungsleiter, leitende Oberärztinnen auf Station und Ambulanz sowie Oberpfleger) gab, dass jedoch der Abteilungsleiter bei nahezu allen Besprechungen dabei war. In der Folge wurden eine eigene Leitungsbesprechung, allerdings beschränkt auf das Ärzteteam, etabliert (Oberarztbesprechung) und andererseits die Strukturen stärker in Form von Subteams dezentralisiert.

Die Reflexion der Besprechungsstrukturen war für den Leiter und das Team ein starker Impuls und man machte sich sogleich an eine Reorganisation. Der Leiter beauftragte für die Station und die Ambulanz jeweils eine Person damit, Entwürfe auszuarbeiten, diese mit ihm, den betroffenen Kolleginnen und Pflegekräften abzustimmen und letztendlich zur Diskussion und Entscheidung in die Ärztinnenteambesprechung einzubringen. Die Restrukturierung führte zu einer Fülle unterschiedlicher Besprechungen – in systemtreuer Selbstironie witzelte man vom „Besprechungstumor" –, doch war die Funktion der einzelnen Besprechungen durch die Subsumierung unter vier Aufgabenfelder (siehe unten) transparenter und auch die Durchführung gestaltete sich in der Praxis einfacher als zuvor:

Die vier Besprechungen zur Patientinnenbetreuung finden seither täglich zu fixen Zeiten statt, die Oberarztbesprechung einmal wöchentlich. Darüber hinaus war ein fixer Nachmittag für Besprechungen reserviert, wobei sich an diesem Termin alle anderen Besprechungen periodisch bzw. nach Bedarf abwechselten.

Besprechungsstruktur

Patientenbetreuung (interdisziplinär)

- Ambulanzbesprechung
- Stationsbesprechung
- Visitenbesprechung Station
- Röntgenbesprechung

Dazu kommen abteilungsübergreifende interdisziplinäre Besprechungen mit:

- Urologie
- Chirurgie
- HNO
- u.a. nach Bedarf

Fortbildung

- Allgemeine Onkologie
- Aktuelle Publikationen
- Kongressberichte
- Psychoonkologie
- Fallsupervision

Forschung

- Klinische Studien
- Projektbesprechung
- Journal Club
- Wissenschaftliche Publikationen

Organisation

- Oberarztbesprechung
- Strategiebesprechung Ambulanz (interdisziplinär)
- Strategiebesprechung Station (interdisziplinär)
- Ärzteteambesprechung

Wichtig für die Abteilung war auch die dadurch forcierte Strukturierung in unterschiedliche Aufgabenbereiche. Jetzt konnten vor allem jene Sektoren, die nicht unmittelbar mit der Patientinnenbehandlung in Zusammenhang stehen, besser und transparenter gegliedert werden. Dies betraf Forschung und Fortbildung, doch auch die Definition eines eigenen Aufgabenkomplexes „Organisation" war ein wichtiger Schritt: Dabei ging es nicht um technisch-administrative Fragen, sondern um Selbstbeobachtung und Entwicklung des Systems (Strategie). Die neu gefasste Besprechungsstruktur machte aber auch sichtbar, dass zu diesem Zeitpunkt kein interdisziplinäres Führungsteam (Medizin, Pflege, Psychologie) existierte.

Die aufgabenspezifische Strukturierung der Besprechungen ist notwendig, aber nicht hinreichend für die hohen Anforderungen einer Krankenhausabteilung. Besprechungen müssen auch eine hohe fachliche und kommunikative Qualität haben. Dazu braucht es die Auseinandersetzung mit folgenden Dimensionen und Fragestellungen:

- Aufgaben: Welche Aufgaben und Themen müssen in Besprechungen Platz haben (sachlich, sozial)?
- Angemessene Ausdifferenzierung von Besprechungen: Wie viele braucht man wofür?
- Häufigkeit und Dauer – flexibel „nach Bedarf", regelmäßig: Wie oft? Wie lange? Wie regelmäßig?
- Differenzierte Teilnahme: Wer muss wo dabei sein?

- Unterschiedliche Zielsetzung der Besprechung, angemessene Struktur und Gesprächskultur: Welche Vorbereitung? Welche Kriterien für die Moderation?
- Leitung, Verantwortlichkeit und Moderation: Wer hat Verantwortung wofür?
- Investition ins Team, Feedback, Bilanz von Erfolg und Misserfolg, Konfliktbearbeitung: Wie viel Zeit braucht die „Wartung" des Teams als soziales System? Wo sollte dafür Platz sein?
- Investition in die Entwicklung der Abteilung: Gibt es ausreichend Platz für gemeinsame Reflexion des Gesamten und der Entwicklung der Organisationseinheit?

Standardisierung von Arbeitsabläufen – Optimieren von Leistungsprozessen

Die Reorganisation der Besprechungen war für den Abteilungsleiter schon während dieses Prozesses Anlass dafür, die Arbeitsabläufe generell zu durchleuchten und zu optimieren. Er gab daher den Anstoß für eine grundlegendere Reorganisation der Arbeitsstrukturen und -prozesse. An dieser Stelle wuchs der Prozess über die Ärztegruppe hinaus und es wurde eine interdisziplinäre Arbeitsstruktur eingerichtet: Zwei interprofessionelle Projektgruppen – jeweils eine für die Station und die Ambulanz – bekamen den Auftrag zur Festlegung der „Standard Operating Procedures" (SOP). Dazu analysierten sie die Arbeitsabläufe, definierten die einzelnen Leistungsprozesse, erstellten dazu die Diagramme und erarbeiteten entsprechend differenzierte Checklisten für die einzelnen Abläufe sowie für die unterschiedlichen Rollen und Verantwortungsbereiche. Die Zwischenergebnisse wurden mehrmals in den interdisziplinären Strategiebesprechungen vorgestellt und diskutiert. Die Entwicklung und Implementierung der SOP brauchte mehrere Probedurchläufe, bis sie zu einer praktikablen Festlegung gediehen. In einem ersten Schritt wurden sie auf der Ambulanz eingeführt und erst nachdem sie dort gut verankert waren, wurden sie auch auf der Station entwickelt und eingeführt. Das Innovative daran war die konsequente Strukturierung nach Leistungsprozessen und die klare Festlegung von Verantwortlichkeiten für die einzelnen Schritte (als Beispiel „Vorstellung neuer Patienten in der Onkologischen Ambulanz", siehe unten). Dabei war die Frage der Regelungsdichte eine der Kernfragen, die längere Aushandlungsprozesse verlangte: Wie viel an Regelungen ist hilfreich und entlastend und unterstützt Flexibilität, die durch unvorhersehbare Veränderungen der Krankheitsverläufe notwendig ist? Wann kippt das Regelsystem in ein Korsett, das einengt und unpraktikabel wird, weil es für den realen Alltag zu unflexibel ist?

Die Beratung der Abteilung wurde nach einigen Monaten Erprobungszeit mit einer Evaluation der Neuerungen beendet. Die beschriebenen Veränderungen hatten sich als stabil erwiesen und bewährt. Die neu eingerichteten Besprechungsstrukturen brachten mehr Übersichtlichkeit in den Betrieb. Ebenso waren die SOP auf der Ambulanz bereits kurze Zeit implementiert und wurden in der Auswertung als sehr hilfreich bezeichnet: „Kompetenzen geregelt, Terminchaos beendet, Verantwortlichkeiten gelöst, Unsicherheiten reduziert", so lautete der Tenor. Befürchtungen gab es bezüglich mangelnder Flexibilität. Für ein endgültiges Urteil schien dem Team der Erprobungszeitraum noch zu kurz. Der Abteilungsleiter nützte in weiterer Folge die Beratung in Form des Coachings für seine Führungstätigkeit.

1. Pat. Unterlagen treffen in der Leitstelle ein:
- Vergabe der IZ-Nummer
- Eingabe von Name, Geb.-Datum, Adresse, Vers.-Nr. (wenn vorliegend), Zuweiser und Hausarzt (soweit möglich) ins Stammdatenblatt (autom. Übertragung in die EDV-Liste „Neuvorstellungen")
- Weiterleitung der Unterlagen in die Zwischenablage (ZWA) „OA-Neuvorstellungen" durch die Leitstellensekretärinnen

2. OA holt sich von ZWA die Unterlagen der Neuvorstellungen:

a. Keine Einberufung:
  1. OA gibt Fax mit Patientenunterlagen in ZWA „Ambulanzschreibkraft – Fax zu verschicken", Ambulanzschreibkraft holt Unterlagen, verschickt Fax.
  2. OA diktiert Brief – Diktat und mit Post-it versehene Patientenunterlagen in einer Plastikfolie in ZWA „Arztbriefschreibung" (wird von Ambulanzschreibkraft abgeholt).
     - Brief in Ablage in der Leitstelle zur Unterschrift
- OA vermerkt Nicht-Einberufung in EDV-Liste „Neuvorstellungen"
- Ablage der Unterlagen mit Fax bzw. aktuellem Arztbrief in Plastikfolie im Archiv „ausgeschiedene Patienten"

b. Patient zur Einberufung vorgesehen:
- OA gibt Unterlagen mit Angabe der durchzuführenden Voruntersuchungen, Art der Therapie, gegebenenfalls Fax für zuweisende Stelle und spätestem Einberufungstermin in ZWA „SR – Einzuberufende Patienten".
- OA vermerkt Einberufung in EDV-Liste „Neuvorstellungen".

3. Schwester führt Einberufung durch:
- Organisation der Voruntersuchungen
- Fax Weiterleitung
- Terminvergabe
- Anlegen einer grünen Mappe mit Name und Vorname (nur mit den P-Touch), Befundeinordnung (soweit möglich)
- Unterlagen werden in ZWA „Ass.-Arzt-Neuvorstellungen" gegeben.

4. Ass.-Ärzte bereiten Unterlagen für Erstkontakt vor:
(Einteilung siehe Ambulanzdienstplan)

- Anamneseblatt wird so weit wie möglich ausgefüllt.
- Diagnosekopf wird erstellt.
- Restliche Befunde werden eingeordnet.
- Ablage durch Ass.-Arzt in eigens dafür vorgesehenem Fach ZWA „Doku-Sekretärin – Neuvorstellungen"

5. Doku-Sekretärin:

- Gibt Diagnosekopf in Computer ein.
- Sobald möglich, Weitergabe der Unterlagen in ZWA „OA-Erstgespräch"

6. Patient kommt zur Erstvorstellung:

- Leitstelle überträgt von Patienten ausgefülltes Stammdatenblatt in Onko-System sowie ins KIS; Klebeetiketten für KIS und Onko-Klebeetiketten (groß und klein) sowie Stammdatenblatt werden in der Leitstelle ausgedruckt und dem Patienten gemeinsam mit Patienten-Nachsorgeausweis (unbeschriftet) ausgehändigt. Der Patient wird ersucht, den Ausweis nach Aufruf in den Untersuchungsraum mitzubringen.

7. Erstkontakt mit Patienten im Untersuchungsraum I:

a. Patient bleibt in Betreuung der onkologischen Ambulanz:

- SR führt Buchstabenmarkierung der grünen Mappe durch und füllt Patienten-Nachsorgeausweis aus
- OA vermerkt im aktuellen Terminkalender, dass Arztbrief erst zu einem späteren Zeitpunkt geschrieben wird, und erstellt Leistungserfassung
    1. *ohne zusätzliche Vorstellung anderswo:*
        - Patientenunterlagen in ZWA „OA – zum Diktieren"
    2. *mit zusätzlicher Vorstellung anderswo:*
        - Mit Post-it versehene Patientenunterlagen werden mit Zuweisungszettel für Vorstellung an anderen Institutionen in ZWA „Ambulanzschreibkraft – zum Kopieren" gegeben, von den Leitstellensekretärinnen geholt, kopiert, kuvertiert und ins entsprechende Postfach gegeben.
        - Patientenunterlagen werden nach Durchführung des Kopiervorgangs von Leitstellensekretärinnen in ZWA „OA – zum Diktieren" gegeben.
- OA diktiert Brief und vermerkt in der dafür vorgesehenen Tabelle, dass der Arztbrief diktiert wurde; damit wird der Patient aus der Mahnliste gelöscht – Diktat und Patientenunterlagen in grüner Mappe in ZWA „Arztbriefschreibung" (wird von Ambulanzschreibkraft abgeholt).
    - Brief in Ablage der Leitstelle zur Unterschrift
- Unterlagen werden mit aktuellem Arztbrief von der Ambulanzschreibkraft in der „Patientenablage" eingeordnet.

b. Patient kommt nicht wieder:

- SR füllt das Abschlussblatt mittels Computer aus und fügt es den Unterlagen bei; der Grund des Ausscheidens wird in der Kartei vermerkt.
- OA erstellt die Leistungserfassung und vermerkt, dass Arztbrief später diktiert wird.
- OA vermerkt Erstkontakt, jedoch keine weitere Betreuung in EDV-Liste „Neuvorstellungen", erstellt die Leistungserfassung und vermerkt, dass Arztbrief später diktiert wird.
- OA diktiert Brief und vermerkt in der dafür vorgesehenen Tabelle, dass Arztbrief diktiert wurde; damit wird der Patient aus der Mahnliste gelöscht. – Diktat und Patientenunterlagen in ZWA „Arztbriefschreibung" (wird von Ambulanzschreibkraft abgeholt).
    - Brief in Ablage der Leitstelle zur Unterschrift
- Ablage der Unterlagen mit aktuellem Arztbrief in Plastikfolie durch die Ambulanzschreibkraft in das Archiv „ausgeschiedene Patienten".

Die Gestaltung von Führungsstrukturen –
Integration der Abteilung

Führung braucht es, um all die beschriebenen Entwicklungsprozesse in Gang zu setzen, und zugleich ist Führung selbst Gegenstand der Veränderung. So haben sich auch auf der Onkologie im Lauf des Prozesses die Führungsstrukturen weiterentwickelt. Es gibt jetzt ein bereits eingespieltes Führungsteam, zusammengesetzt aus den Leitenden aus Medizin, Pflege und Psychologie. Als Voraussetzungen für das Gelingen der gemeinsamen Führung haben sich folgende Aspekte herausgestellt (vgl. Grossmann 1993b):

- eine klare Definition der *gemeinsamen* Aufgaben und Abgrenzung der Bereiche, für die jede der drei Führungskräfte allein verantwortlich ist,
- Investition in die eigene Führungsrolle – eine hohe Akzeptanz im eigenen Bereich ist notwendig – sowie
- gemeinsames Auftreten und gemeinsam organisierte Veranstaltungen der gesamten Abteilung.

Das Leitbild mit Leben füllen

Die Abteilung hatte bereits seit einiger Zeit ein Leitbild. Darin ist im Kern ein „integriertes bio-psycho-soziales Betreuungsmodell" formuliert und postuliert. Die Patientenbehandlung sollte alle angesprochenen Ebenen umfassen: medizinisch auf dem neuesten Stand, im Umgang mit den Patientinnen und Angehörigen die psychische Situation berücksichtigend und geprägt durch ein stützendes soziales Umfeld. Das Leitbild war vom Abteilungsleiter und der leitenden Psychologin formuliert worden und diente vor allem der Darstellung der Abteilung nach außen. Intern, so der Eindruck des Abteilungsleiters, war es weder im Bewusstsein noch im beruflichen Handeln der Mitarbeiterinnen ausreichend verankert. Er wollte daher die Auseinandersetzung mit dem Leitbild auf der Abteilung fördern. Die Situation in der Pflege hatte sich nach mehrmaligem Wechsel der Leitung konsolidiert, sodass sich für dieses Vorhaben ein gemeinsames Vorgehen der drei Leitenden (Medizin, Psychologie, Pflege) anbot. Die Implementierung eines Leitbildes hängt in hohem Maß davon ab, wie sehr dies als gemeinsames Ziel eines interprofessionellen Führungsteams angegangen wird, und zugleich war es für das Führungsteam eine hervorragende Gelegenheit, als Team zu agieren und sich zu bewähren. Die Beschäftigung mit dem Leitbild sollte mit einer Bilanz der Arbeitssituation verknüpft werden. Konkret wurden folgende Schritte geplant und in der Folge auch umgesetzt:

- Abendveranstaltung der gesamten Abteilung: Präsentation des Leitbildes durch den Abteilungsleiter und die leitende Psychologin, Diskussion; Ausgabe eines Fragebogens zum Leitbild und zur Arbeitssituation auf der Abteilung. Insbesondere sollte überprüft werden, ob das Leitbild akzeptiert und inwiefern es als realisiert erlebt wird (siehe Kasten).

Klinische Abteilung für Onkologie – wohin?

Mitarbeitermeinung

Eingeladene Personen   62
Anwesende Personen   51
Fragebögen ausgeteilt   48
Fragebögen mit Antwort   46

(Fragen 1-3: Zur Arbeitssituation: Positives, Fehlendes, Belastendes)

Frage 4: Das heute vorgestellte Konzept einer ganzheitlichen Medizin, welches an unserer Abteilung umgesetzt werden soll, ist für mich
(beantwortet von 44 Mitarbeitern)

33 sehr gut verständlich
 9 gut verständlich
 3 mäßig verständlich
 0 schlecht verständlich

Frage 5: Für mich ist die Umsetzung dieses Modells einer ganzheitlichen Medizin an unserer Abteilung

(beantwortet von 44 Mitarbeitern)

37 bereits sehr gelungen
 5 bereits eher gelungen
 2 eher noch nicht gelungen
 0 überhaupt noch nicht gelungen

Frage 6: Ich glaube, ich kann zur Umsetzung dieses Modells durch meine Mitarbeiter etwas beitragen
(Beantwortet von 38 Mitarbeitern)

34 JA   4 NEIN

Frage 7: Sonstige Kommentare/Meinungen zu unserer Abteilung

- Auswertung des Fragebogens durch ein kleines interprofessionelles Team
- Konstituierung von interprofessionellen Arbeitsgruppen mit je einer Themenstellung, die sich aus den Rückmeldungen ergeben hatte; drei Themen wurden vorgeschlagen, die Mitarbeiterinnen wurden eingeladen, sich je nach Interesse für eine der drei Arbeitsgruppen zu melden.
- Beauftragung und Arbeit der Arbeitsgruppen über etwa zwei Monate

144

Wir haben uns innerhalb dieser Besprechung darauf geeinigt, die geäußerten Meinungen drei großen Gruppen zuzuordnen:

1. Berufsgruppen – Kommunikation – Kooperation
2. Zeit – Organisation – Information
3. Psychologische Betreuung – psychische Belastung: Umgang damit

Weiters wurde vereinbart, drei Arbeitsgruppen zu bilden, die jeweils ein Thema bearbeiten und konkrete Vorschläge für eventuelle Lösungen erarbeiten sollen.

Beispiel: Gruppe 3 : Umgang mit psychischen Belastungen

Arbeitsinhalt:

A) Erhebung: Was sind die Belastungen? Auflistung von Schlüsselsituationen
B) Darstellung, auf wen sich die Belastungen am stärksten auswirken (Station? Ambulanz? Berufsgruppen?)
C) Derzeitige Formen des Umgangs mit der psychischen Belastung (Bewältigungsmuster)
D) Darstellung („Brainstorming") eventueller zusätzlicher Möglichkeiten zur Bewältigung der psychischen Belastung
E) Darstellung, welche der angeführten Möglichkeiten rasch umgesetzt werden können (wie, was, wann – Realitätsprüfung)

• Präsentation der Ergebnisse in einer Veranstaltung der gesamten Abteilung; Festhalten weiterer Schlussfolgerungen aus den Ergebnissen.

Die nachhaltigste Wirkung dieser Aktion bestand in der interprofessionellen Arbeit in den einzelnen Arbeitsgruppen. Plötzlich gab es einen Rahmen, sich über Kooperationsprobleme und belastende Arbeitssituationen zu verständigen. Die Ergebnisse wurden dokumentiert und lieferten so ein genaues „Röntgenbild" des Arbeitsalltags. Stärken und Schwächen der eingespielten Muster der Problembewältigung wurden sichtbar. Besonders deutlich traten die unterschiedlichen Sichtweisen der Berufsgruppen und die problematischen Kontaktstellen in der interprofessionellen Zusammenarbeit hervor. Das gemeinsame Hinsehen auf diese Unterschiede und die heiklen Punkte in der Kooperation veränderten den Stil, damit umzugehen. Zum Wegsehen und Ignorieren gab es keine Rückfahrkarte mehr. Organisationsbezogene Folgen bestanden einerseits in Aufgabenklärungen und dem Herstellen von verbindlichen Vereinbarungen zwischen den Berufsgruppen (z.B.: Wer verständigt die Angehörigen bei kritischem Zustand der Patientin?), andererseits in der Einrichtung und aktiven Nutzung informeller Kommunikationsgelegenheiten.

Entlastung organisieren

Sehr bewährt haben sich einmal jährlich stattfindende, gemeinsam geplante und durchgeführte Aktionen mit dem Personal der gesamten Abteilung, die vor allem das Gemeinsame der Arbeit an einer onkologischen Abteilung thematisieren, die Belastungen benennen und ein gemeinsames Verständnis im Umgang damit suchen. Dabei geht es primär um eine offene Gesprächsatmosphäre, die entlasten und verbinden soll, und nicht um konkrete Arbeitsergebnisse. Daher sehen diese Veranstaltungen auch viel Platz für informellen Austausch vor. So wurde z.B. im letzten Jahr vom Führungsteam eine zweitägige Jahresklausur organisiert, bei der tagsüber Schifahren auf dem Programm stand. Am Morgen gab es einen Input der Leitung Zukunftsperspektiven der Abteilung und der Abend war dem Thema „Hoffnung" gewidmet. Dazu hatte ein Vorbereitungsteam einige kurze Texte ausgesucht. Sie wurden vorgetragen und dienten als Impuls für anschließende Gespräche in Kleingruppen, die dem Austausch persönlicher Erfahrungen und Reaktionen auf die Texte dienten. Über den „Umweg" der Kunst wird so eine gemeinsame Auseinandersetzung mit der eigenen Berufssituation möglich, die – frei von unmittelbarem Handlungsdruck – viel Freiheit in der Art des Umgangs mit diesen Themen gibt. Dies bringt Entlastung und verbindet zugleich. Für die Patientinnen, deren Angehörige und eine interessierte Öffentlichkeit werden regelmäßig Veranstaltungen mit Künstlern mit ähnlicher Zielsetzung organisiert.

Aufbau geeigneter Strukturen für Forschung und Ausbildung

Die Bearbeitung der Besprechungen war der Schlüssel für alle weiteren Entwicklungen. An ihnen wurden die Schwachpunkte sichtbar und so gaben sie das Programm für die nächsten Schritte an: Wie schon oben angeführt beruhten die Probleme der Abteilung zu einem guten Teil auf der Schwierigkeit, Patientenbehandlung, Ausbildung und Forschung unter einen Hut zu bekommen. Organisatorisch ausreichend beachtet war lediglich die Patientinnenbehandlung; die beiden anderen Aufgaben wurden zwar in einem gewissen Rahmen berücksichtigt, aber doch in erster Linie als Angelegenheit der Betroffenen gesehen.

Nach außen hin war und ist die Abteilung in der Forschung durchaus präsent: Sie ist im internationalen Kontext der Psychoonkologie gut verankert und betreibt laufend Forschungsprojekte zu neuen Behandlungsmethoden mit nationalen und internationalen Partnern. Diese Projekte waren jedoch stark auf die Forschungsinteressen des Abteilungsleiters zugeschnitten und wer es von den übrigen Ärzten irgendwie geschafft hatte, sich daran zu beteiligen, war gut bedient. Als Organisation jedoch hatte die Abteilung zu diesem Zeitpunkt keine klare Forschungsstrategie. So klagten Ärztinnen in Ausbildung darüber, dass es zu wenig „Rotation" zwischen Station und Ambulanz gab und dass dadurch die Ausbildungsmöglichkeiten eingeschränkt waren. Die Ärzte mit Universitätskarriere mussten sich individuell um Möglichkeiten kümmern, zu forschen und zu publizieren. „Früher", so meinte man, „war das Team noch kleiner und die Kooperation und wechselseitige Unterstützung bei Forschungsvorhaben funktionierten von selbst." Mit der Vergrößerung des medizinischen Teams verschwand diese Form der Selbstorganisation und jede und jeder war mehr auf sich selbst zurückgeworfen.

Darauf suchte schon die Neuorganisation der Besprechungen eine Antwort und schuf eine bessere Platzierung der Forschung in den etablierten Kommunikationsstrukturen. Die neu eingerichteten Kommunikationsstrukturen wurden zwar gut genützt und es stellten sich auch in der Anerkennung auf medizinisch-fachlicher Ebene deutliche Erfolge ein: Im Ranking der geleisteten Publikationen konnten Mitglieder der Abteilung auf eine Punktezahl hinweisen, der die Kritiker der Wissenschaftlichkeit ihre Anerkennung nicht versagen konnten.

Jedoch zeigte sich, dass damit die Aufgabe der wissenschaftlichen Karriereförderung organisatorisch noch nicht in befriedigender Weise im Griff war. Der Leiter musste feststellen, dass die eigenständige Verfolgung wissenschaftlichen Arbeitens von den Ärztinnen sehr unterschiedlich wahrgenommen wurde und für seine Ansprüche nicht durchgehend zufriedenstellend war. Diesbezügliche Vereinbarungen zwischen dem Leiter und den Ärzten konnten nicht eingehalten werden und dafür gab es immer plausible Gründe. Die Bewältigung der Alltagshektik auf Station und Ambulanz ließ keinen ausreichenden Platz, der Forschungs- und Publikationsarbeit genügend kontinuierliche Aufmerksamkeit zu widmen. Der Widerspruch im Arbeitsrhythmus und in der Arbeitslogik zwischen Patientinnenbehandlung und Forschungstätigkeit war für den Leiter eine Hürde, die es zu nehmen galt. So entstand bei ihm die Idee, ein Arbeitszeitmodell zu entwickeln, einzelne Ärzte bis zu drei Monate lang von der Alltagsarbeit freizustellen, um sie ganz für Forschungs- und Publikationsarbeit nützen zu können. Dieses Thema bearbeitete er zunächst in einigen Coaching-Sitzungen. Für die logistische Seite dieses Problems hatte er bald einen Entwurf:

- Er definierte 18 Arbeitsbereiche.

- Diese teilte er in sieben Haupt- und elf Zusatzbereiche. Unterscheidungskriterium war die größere fachliche Relevanz der Hauptbereiche. Zu ihnen gehörten neben den Diensten auf der Station oder Ambulanz Aufgaben der Patientinnenbehandlung, Forschung, Fortbildung/Ausbildung; zu den Zusatzbereichen zählten u.a. Kongressorganisation, Homepage sowie Patient Education. Diese Differenzierung diente dazu, dass bei einer Aufteilung jeder Mitarbeiter sowohl Haupt- als auch Zusatzbereiche übernehmen sollte.

• Dann bewertete er den Arbeitsaufwand für jeden Bereich quantitativ.

• Durch eine zunächst fiktive Aufteilung der Arbeitsbereiche auf die Zahl der Teammitglieder für einen Zeitraum von einem Jahr schuf er genügend Spielraum, sodass die Ärztinnen zirka zwei Monate ausschließlich für Forschungsaufgaben zur Verfügung hatten.

Mehr Probleme machte es dem Abteilungsleiter, wie er diese Idee seinem Team vermitteln und mit ihm konkret ausgestalten sollte. Es war klar, dass das Modell nur funktionieren konnte, wenn es vom Team positiv aufgenommen und mitgetragen wurde. Eine hierarchische Verordnung würde ebenso zum Scheitern führen wie eine unentschlossene Haltung. Inhaltlich war es für das Team einerseits ein Angebot, aus den Schwierigkeiten herauszukommen sowie Alltagsarbeit mit wissenschaftlicher Tätigkeit zu verknüpfen, andererseits bedeutete es etwas Mehrbelastung in der Alltagsarbeit und die volle Verantwortung, in der „freien" Zeit auch wissenschaftlich etwas zu leisten. Der Leiter widmete diesen Fragen der Vergemeinschaftung viel Aufmerksamkeit: Wieviel Vorgabe braucht es, damit das Team genügend Sicherheit hat, sich darauf einzulassen, und wieviel Offenheit ist notwendig, dass das Team dieses Modell füllen und als ein eigenes ausgestalten kann?

Als ersten Schritt stellte der Leiter seinen Entwurf vor und machte auch die „Freizeiten" für die Forschung sichtbar. Es folgte eine Diskussion im Ärzteteam, die das Modell besser verständlich machen sowie die grundsätzlichen Vor- und Nachteile aufzeigen sollte. Die Aufteilung der Arbeitsbereiche für bestimmte Zeiträume auf die einzelnen Teammitglieder sollte mit ausreichend Zeit ausverhandelt werden.

Das Team reagierte auf die Präsentation des Entwurfs mit verhaltenem Interesse. In dem Vorschlag waren Entlastung und Chancen mit mehr Eigenverantwortung verknüpft. Noch ließ sich nicht erkennen, was für jeden und jede letztlich herauskommen würde. Das Modell war sehr auf Differenzierung der Aufgaben ausgerichtet. Die Realisierung würde die Unterschiede in den Forschungsinteressen und im Engagement innerhalb des Ärztinnenteams sichtbarer machen. Das positive Interesse überwog und so entschied sich das Ärzteteam, sich darauf einzulassen.

Jedes Teammitglied brachte innerhalb eines angemessenen Zeitraums eigene Vorschläge und Wünsche ein. Es folgten Wochen intensiver Verhandlungsprozesse, meist bilateral zwischen Abteilungsleiter und den einzelnen Ärztinnen, zum Teil wurden Aufteilungs- und Terminfragen auch in den Teambesprechungen behandelt. Als Ergebnis wurden klare Arbeitsvereinbarungen zwischen Abteilungsleiter und jedem Arzt schriftlich fixiert, die in Summe die Aufgabenbewältigung auf der Abteilung garantieren, die Forschungsvorhaben und -ziele festlegen sowie die angestrebten Karriereschritte als Wissenschaftlerin formulieren sollten. Damit war der Start für die Umsetzung gegeben.

Dies liegt nun einige Zeit zurück und es gibt erste positive Erfahrungen. Zugleich hat sich jedoch das Umsetzungstempo auf Grund von Personalausfällen und durch laufend steigende Patientenzahlen deutlich verlangsamt. Die durchgängige Realisierung des Modells steht noch aus.

Kritischer Annex

Bei einer Bilanzierung der Entwicklung der Abteilung und der Beratung drängen sich drei Fragen auf. Sie benennen wichtige Dimensionen für den Erfolg oder Misserfolg von Organisationsentwicklung und es lassen sich an ihnen über das Fallbeispiel hinausgehende Schlussfolgerungen ziehen:

- Was war der Anlass, Beratung zu holen, und wie hat sich der Fokus der Beratung im weiteren Verlauf verändert?
- Wer war Initiator und wer war Motor der Veränderung?
- Was war der Beratungskontrakt? Was hat er ermöglicht, aber auch behindert?

Der Anlass

Anlass der Beratung war die geschilderte Unzufriedenheit im Ärztinnenteam. Dies lässt offen, ob und inwiefern organisationsbezogene Veränderungen die passende Antwort sind (vgl. Scala/Grossmann 1997, S. 81 ff.). Im geschilderten Fallbeispiel fokussierte die Diagnose des Beraters die Organisationsstrukturen und so wurde dementsprechend vorgegangen. Die Thematisierung der Besprechungs- und Kommunikationsstrukturen brachte nach der ersten Phase einen Schwenk in der Motivlage: Nun wollte der Abteilungsleiter seine Organisation verbessern. Das Fallbeispiel ist durchaus repräsentativ, da Beratung am häufigsten in Anspruch genommen wird, wenn Leute (mit anderen Leuten) unzufrieden sind. Dies gibt aber noch wenig Auskunft über die Problemlage.

Der Initiator

Der Entwicklungsprozess auf der Onkologie war von den Intentionen und der Zielstrebigkeit des Leiters getragen. Es braucht klare Zielperspektiven und die Entschlossenheit der Abteilungsleitung, damit sich eine Krankenhausabteilung entwickeln kann. Das ist eine klare Schlussfolgerung aus diesem Fallbeispiel.

Diese Schlussfolgerung besagt sowohl, dass die Initiative von innen und nicht nur von außen kommen muss, als auch, dass es nicht unerheblich ist, von wem im System der Anstoß ausgeht. Dies kann auch aus anderen Beratungserfahrungen bestätigt werden: Aus Beratersicht haben jene Veränderungsprojekte von Krankenhausabteilungen eine schlechte Prognose, die von der Krankenhausleitung oder der Trägerorganisation verordnet werden, ohne dass innerhalb der Abteilung ein Problemlösungsdruck vorhanden ist. Abteilungen, die als „Problemfälle" bekannt sind und wo daher die Krankenhausleitung einen Handlungsbedarf sieht, eignen sich nicht unmittelbar für Organisationsentwicklung. Erst wenn ein System Druck von außen wahrnimmt und ihn für das eigene Überleben als relevant ansieht, kann auch innerhalb ein Veränderungsbedarf entstehen. Nach E. Schein verändern sich Organisationen dann, wenn die Angst vor Nichtveränderung größer wird als die Angst vor Veränderung (Schein 1995).

Kaum erfolgreicher sind Veränderungsvorhaben, für die die Krankenhausleitung eine Abteilung aussucht, wo sie umgesetzt werden sollen – nach dem Motto: „Wir brauchen ein Qualitätsmanagementsystem und ihr beginnt das umzusetzen." Erfolgreicher für diese Anliegen ist es, mit einigen freiwilligen Subeinheiten zu beginnen (vgl. in diesem Buch: Kapitel II „Auf das Ergebnis kommt es an", Kapitel III „Leistungsprozesse optimieren – Personal- und Organisationsentwicklung verknüpfen" sowie Kapitel IV „Das Mitarbeitergespräch als Führungsinstrument im Krankenhaus").

Problematisch sind auch Veränderungswünsche, die von einer Berufsgruppe ausgehen, aber alle Berufsgruppen betreffen. Hier braucht es zumindest ein gemeinsames, über die Berufsgruppe hinausgehendes Problemverständnis auf der Führungsebene aller Professionen.

Bezogen auf das Fallbeispiel waren also die Voraussetzungen insofern gut, als der „Mächtigste" im System, der Abteilungsleiter, der Motor für Veränderungen war. Dies implizierte jedoch auch gewisse Grenzen: Der Abteilungsleiter blieb innerhalb seiner Berufsgruppe als Initiator von Veränderungen weitgehend allein, so ziemlich alle Impulse gingen von ihm aus. Das brachte das Ärzteteam in eine merkwürdige Rolle des Reagierens, die es auch von sich aus nicht ändern konnte, denn dazu war es in sich viel zu heterogen: Ausbildnerinnen und Auszubildende, Universitätsbedienstete mit der Auflage einer wissenschaftlichen Karriere und Landesangestellte ohne wissenschaftliche Karriereperspektive, Altgediente und Jüngere, Männer und Frauen, allesamt hierarchisch abhängig von ihrem Chef. Offen bleibt, wieviel daran persönlicher Führungsstil ist und wieviel davon mit der Rolle der Leitung und der traditionell hierarchischen Krankenhauskultur zu tun hat.

Diese Situation führte zu einer ungleichen Verteilung an Veränderungsenergie. Die geschilderte Motivlage und der gesamte Entwicklungsprozess limitierten jedoch auch den organisationalen Lernprozess der Individuen. Zugespitzt formuliert: Die Organisation scheint mehr gelernt zu haben als ein großer Anteil der Individuen. Man hat gemeinsam Besprechungen quantitativ und qualitativ optimiert, man hat die Arbeitsorganisation kritisch analysiert und sie an den

Leistungsprozessen ausgerichtet und umstrukturiert, man hat mit viel Einsatz ein Modell für die Balance zwischen Patientinnenbehandlung und Forschung entwickelt. Doch scheint das Bewusstsein für die Bedeutung der Organisation als Erfolgsfaktor und für den eigenen Lernprozess, die Organisation auch gestalten zu können, beim Großteil der Mitarbeiter noch wenig ausgeprägt.

Der Beratungskontrakt

Begonnen hat die Beratung als Teamsupervision und fortgesetzt wurde sie als Coaching des Leiters. Einen expliziten und ausschließlichen Auftrag zur Organisationsentwicklung gab es nicht. Das Coaching war ja nicht auf die hier beschriebenen Organisationsthemen beschränkt, sondern diente als Reflexion und Unterstützung für alle im Alltag einer Führungskraft auftauchenden Fragen, Probleme und Sorgen. Ein guter Teil des Coachings beschäftigte sich mit Themen, die in keinem unmittelbaren Zusammenhang mit den hier beschriebenen Entwicklungsthemen stehen. Der Kontrakt hatte auch zur Folge, dass nach der ersten Phase über das Coaching hinaus keine direkten Interventionen des Beraters gesetzt wurden. Der Berater befand sich daher in einer gewissen Distanz zum Geschehen auf der Abteilung und als Information darüber stand ihm ausschließlich die Sichtweise seines Klienten, des Leiters, zur Verfügung.

Diese Faktoren trugen zu der schon oben erwähnten Unschärfe des *organisationsbezogenen* Lernprozesses bei. Organisationsentwicklung war so als explizites Thema wenig abgehoben vom Alltagsmanagement und Alltagsbetrieb, sowohl für den Leiter als in noch größerem Ausmaß für das übrige Personal. Zwar hatten im Lauf der Beratung die Themen „Organisation" und „Strategie" an Bedeutung gewonnen und ihren eigenständigen Platz in den Kommunikationsstrukturen bekommen, doch bleibt offen, inwiefern dies als ein Lernprozess der Organisation gesehen wurde und wird.

Andererseits liegt darin auch die Stärke des hier geschilderten Beratungssettings: Jede Veränderung, die gesetzt wird, ist eine Eigenleistung des Systems ohne direkte Intervention der Beratung. Damit ist das Risiko beseitigt, dass von der Beratung unpassende Modelle und Verfahren, die nach dem Beratungsprozess im Lauf der Zeit wieder verschwinden, in die Organisation hineingetragen oder nicht ausreichend adaptiert und implementiert werden. Das Coaching unterliegt hier einer unmittelbaren Realitätsprüfung und garantiert damit eine gewisse Nachhaltigkeit.

Im Lauf des Prozesses hat sich ein Führungsteam gebildet, bestehend aus dem leitenden Arzt, der leitenden Psychologin und der leitenden Schwester. Der Zeitpunkt hatte mit der Konsolidierung der Leitung des Pflegepersonals zu tun, wo es davor mehrmals einen Führungswechsel gegeben hatte.

Weniger Hierarchie, aber mehr Führung (Grossmann/Heller 1997)

Das Fallbeispiel hat die Rolle der Führung für die Organisationsentwicklung deutlich gemacht. Daher soll diesem Thema noch näher nachgegangen werden. Die Aufgabe, eine fachlich stimmige, sozial stützende und gleichzeitig effiziente Form von Besprechungsstrukturen zu entwickeln, die Arbeitsorganisation an Leistungsprozessen auszurichten, die Balance zwischen Patientenbehandlung, Ausbildung und Forschung organisatorisch zu sichern sowie identitätsstiftende Interventionen für die gesamte Abteilung zu setzen, mündet in die Frage des Managements und der Führung: Was ist die Aufgabe der Führungskräfte bei der Gestaltung der genannten Strukturen? Worum geht es bei der Führung in einer Abteilung? Was ist zu führen und wie ist jeweils zu führen? Und welchen Part spielen Führungskräfte im Rahmen von Organisationsentwicklungsprozessen?

Führung im Krankenhaus und ganz speziell in Krankenhausabteilungen ist konstitutiv mit der medizinischen und pflegerischen Arbeit verbunden und kann daher nicht an ein fachfremdes Management delegiert werden. Abteilungen und Stationen brauchen eine „leadership", die durch die Fachkräfte in Medizin, Pflege und anderen Disziplinen wahrgenommen wird. Auf der anderen Seite sind Leitungskräfte nicht primär als fachliche Autoritäten Leitungskräfte – dies würde Leitung auf die Entscheidung fachlicher Fragen reduzieren –, sondern sie haben ein über fachliche Belange hinausgehendes Aufgabenfeld, das professionell zu bedienen ist. Die optimale Gestaltung der Arbeitsprozesse, die fachliche Qualifizierung und Entwicklung der Mitarbeiterinnen, die Positionierung der Organisationseinheit innerhalb des Krankenhauses – dies alles erfordert kontinuierliche Beobachtung und Kontrolle sowie eine angemessene Strukturierung von Aufgaben und Verantwortung. Die Führungskräfte sind nicht die Problemlöser für alles, doch sie sind dafür zuständig, dass alle notwendigen Funktionen und Aufgaben kompetent wahrgenommen werden.

Zwei Kernfragen: Was ist zu führen? – Wie ist jeweils zu führen?

Gemessen an den komplexen Aufgaben von Führung stehen dazu sowohl die gesetzlichen Rahmenbedingungen als auch die etablierten Spielarten von Führung in krassem Widerspruch. So legen sowohl die formelle hierarchische Struktur als auch das dazu passende Denkmuster nahe, Verantwortung an der Spitze festzumachen und Führung auf eine Person hin zu monopolisieren, zumindest innerhalb einer Berufsgruppe. Führen wird assoziiert mit „einsam die Verantwortung tragen", „Macht ausüben", „Weisungen erteilen". Auf der Basis dieses Verständnisses kann dann unterschieden werden, wie „streng" oder „locker", wie „stark" oder „schwach" eine Führungskraft diese Rolle wahrnimmt. Diese Sichtweise wird jedoch weder der notwendigen Eigenverantwortung der

Mitarbeiter in einer Krankenhausabteilung gerecht noch entspricht sie den geforderten sozialen Kompetenzen der Mitarbeiterinnen, gut miteinander zu kooperieren. Sie übersieht ferner, dass qualitativ anspruchsvolle Tätigkeiten – z.B. ein sensibler Umgang mit schwerkranken Patienten – sich nicht durch Weisung einstellen, und sie geht letztlich an der Realität vorbei, dass angesichts der zunehmenden Spezialisierung die Expertise aller Professionellen gefragt und als unverzichtbare Ressource zu nutzen ist.

Aus der Perspektive der Aufgabenerfüllung stehen zwei Fragen im Blickwinkel: „Was ist zu führen?" und im Anschluss daran: „Wie ist jeweils zu führen?" Der Fokus auf den „Führungsstil" verdeckt zumeist die erste der beiden Fragen. Im Krankenhaus beobachtet man oft ein Nebeneinander von Unter- und Übersteuerung. In medizinischen Fachfragen oder bei Entscheidungen über Ressourcen wird oft monokratisch gehandelt, andererseits bleiben wichtige Dinge im Alltag ungeregelt. Es bedarf also einmal einer gründlichen Reflexion des ganzen Spektrums, was Führung alles zu tun hat. Es geht dabei weniger um die Identifizierung von einzelnen Entscheidungen und Maßnahmen, die explizit der Person an der Spitze vorbehalten sind, sondern primär um das Ganze der Organisationseinheit: Welches Aufgabenspektrum ist zu bewältigen und wie fit dafür sind die Arbeitsstrukturen? Wo braucht es laufende Beobachtung und Strukturierung der Arbeitsprozesse, wie kann die Verantwortung dafür aufgeteilt und optimal organisiert werden? Wo findet sich ein Defizit an Steuerung, wo wird übersteuert?

Dabei wird sich herausstellen, was bei der Diskussion der Besprechungsstrukturen schon deutlich geworden ist: Es braucht je nach Aufgabe sehr unterschiedliche „Führungsstile". Rasch getroffene Entscheidungen und Weisungen sind in bestimmten Situationen ebenso gefragt wie ein konsequentes Einbinden aller Betroffenen und die Berücksichtigung aller unterschiedlichen Standpunkte in anderen Situationen. Das „Wie" der Führung ist keine Frage einer Führungsideologie, sondern vom „Was" abzuleiten. *Führen heißt dann kunstvolles Pendeln zwischen sehr unterschiedlichen „Stilen", je nach Bedarf und Situation.* Rasche Entscheidungen zu treffen und direktive Weisungen zu erteilen ist ebenso notwendig wie Freiräume zur Reflexion und Auswertung zu schaffen, Gelegenheit zu Kommunikation und Austausch zu geben sowie Unterstützung und Partizipation zu fördern.

Professionelle Leitung hat eine strukturelle und eine personenbezogene Seite. Es braucht angemessene formale Führungsstrukturen und Leitungsrollen sowie andererseits Personen, die die nötigen Qualifikationen zur Wahrnehmung dieser Rollen mitbringen. Die Entwicklung beider Seiten muss aufeinander abgestimmt sein. Organisationen entwickeln sich nur, wenn die Veränderung von Strukturen mit dem Lernen von Personen verknüpft wird.

Gesundheitsorganisationen brauchen weniger Hierarchie, aber mehr Führung. Hierarchie spart Kommunikation und Auseinandersetzung und ist daher immer dann hilfreich, wenn man darauf verzichten kann. In einem Krankenhaus braucht es manchmal rasche, hierarchisch getroffene Entscheidungen, es braucht aber auch viel Kommunikation sowie fachliche Auseinandersetzung und daher eine Führung, die dafür die notwendigen Rahmenbedingungen schafft. Häufig werden Supervision und Organisationsberatung, aber auch die Einführung von Qualitätssystemen und aufwändige Organisationsentwicklungsprojekte als Ersatz für Leitungsarbeit eingesetzt, die diese Leistungen im Interesse des Funktionierens und der Entwicklung der Stationen, Abteilungen, Institute sowie der Gesamtorganisation im Routinebetrieb zu erbringen hätte. Leitungskräfte verdienen die bestmögliche Unterstützung: durch entsprechende Entlohnung, durch Qualifikation auf höchstem fachlichen Niveau und – ausgerichtet auf die spezifischen Anforderungen von Krankenhäusern – durch interne und externe Beratung.

Die Rolle von Führungskräften im Prozess der Organisationsentwicklung

Die Professionalisierung von Führung ist der entscheidende Angelpunkt von Organisationsentwicklung auf Abteilungsebene. Führungskräfte haben eine zentrale Rolle in der Diagnose des Veränderungsbedarfs und als Initiatoren von organisatorischen Veränderungsprozessen. Führungskräfte auf Abteilungsebene sind in Organisationsentwicklungsprojekten als Auftraggeber gefordert und als Entscheidungsträger unverzichtbar. Sie sind Auftraggeber nach innen gegenüber Arbeitsgruppen, Projektgruppen und Projektleitern sowie Auftragnehmer gegenüber der Krankenhausleitung oder der Trägerorganisation. Führungskräfte haben gemeinsam mit engagierten Mitarbeitern Ziele zu setzen, Erfolgskriterien zu definieren, über verfügbare Ressourcen zu entscheiden, Zeitpläne für den Veränderungsprozess festzulegen, Strukturen einzurichten, Projektgruppen zu beauftragen und Evaluation sicherzustellen. Das ist eine Aufgabe, für die sie als Entscheidungsträger kontinuierlich zur Verfügung stehen müssen. Führungskräfte sind in organisatorischen Veränderungsprozessen überdies insofern besonders gefordert, weil immer auch ihre eigene Rolle mit zur Disposition steht. Führung ist selbst Gegenstand der Veränderung. *Wenn sich in einer Organisation an der Führung nichts ändert, ändert sich gar nichts.* Das erfordert Klarheit in der Zielsetzung und persönliche Stabilität ebenso wie eine gehörige Portion Selbstdistanz und Rollenflexibilität. Führungskräfte sind schließlich verantwortlich dafür, dass erarbeitete Ergebnisse und entwickelte Optionen in der Alltagsarbeit umgesetzt werden und dass an diesem Transfer auch konsequent gearbeitet wird.

Organisationsentwicklung im Krankenhaus und anderen Gesundheitseinrichtungen hat eine gute Erfolgschance, wenn Führungskräfte in der Lage sind, einen solchen Prozess – unter Umständen mit Unterstützung von Stabstellen oder externen Beraterinnen – zu strukturieren, durchzuhalten und auch als persönliche Lernchance für die eigene Rolle zu sehen.

Die Entwicklung von Führungsstrukturen ist selbst ein Prozess der Organisationsentwicklung

Die Arbeit an den Leitungsrollen, den Leitungsteams sowie den arbeitsorganisatorischen Maßnahmen und Instrumenten, die Leitungsarbeit unterstützen können, hat in der Veränderung der Gesundheitsorganisationen daher höchste Priorität. Die Qualifikation von Führungskräften und ihre Beratung in der Entwicklung dieses Teils ihrer professionellen Identität ist ein Erfolgskriterium auf dem Weg der Krankenhäuser zu qualitätsbewussten, mitarbeiter- und kundinnenfreundlichen sowie gesellschaftlich verantwortungsvoll wirtschaftenden Organisationen. Insofern sind der Aufbau und die Entwicklung von Führungsstrukturen im Krankenhaus, die dem komplexen Aufgabenspektrum gewachsen sind, selbst ein kaum zu überschätzender und zugleich vorrangiger Organisationsentwicklungsprozess. Der Erfolg vieler Projekte zur Organisationsentwicklung, zum Qualitäts- oder Personalmanagement ist von der Leistungsfähigkeit der Führungsstrukturen und der Qualifikation der Führungskräfte abhängig. Die Steuerung komplexer sozialer Systeme erfordert die Aufmerksamkeit für folgende Dimensionen (vgl. Wimmer 1996):

* Identität des Systems sichtbar machen
* Beobachten des Ganzen: Pflegen der internen wie externen, d.h. grenzüberschreitenden Kontaktformen
* Führen über Einrichtung von Arbeitsstrukturen und Setzen von Rahmenbedingungen
* Pflegen und Herstellen grenzüberschreitender Kontakte (intern und extern)
* Aufbauen von Führungsstrukturen (Führungsteams, Aufteilung von Verantwortung)
* Fördern und Nutzen der Kompetenzen der Mitarbeiter – für selektive Partizipation sorgen
* „Mehrsprachigkeit" pflegen – Distanz zur eigenen Fachlogik – Pendeln im Führungsstil
* Freiräume zur Reflexion und zum Nachdenken über sich herstellen

KAPITEL VII

Die Evaluation von Prozessen der Organisationsentwicklung

RALPH GROSSMANN, KATHARINA HEIMERL, GEORG ZEPKE

Organisationsentwicklung ist eine Praxis, die vor allem auf Handlungen und Veränderungen abzielt. Geht es doch vorrangig darum, Projekte einzurichten, Leistungsprozesse zu optimieren und Management-Entscheidungen zu treffen. In die Prozesse der Organisationsentwicklung sind aber auch Beobachtung und Reflexion eingebaut. Einzelne Schritte werden geplant und umgesetzt; dann folgt als nächster Schritt die Beobachtung dessen, was die gesetzten Interventionen ausgelöst haben, inwiefern die gewünschten oder vermuteten Wirkungen eingetreten sind und welche Überraschungen sich aufgetan haben. Diese Reflexion ist Voraussetzung für die Planung der folgenden Schritte. Organisationsentwicklung ist ein Veränderungsprozess, der sich laufend beobachtet und evaluiert, ohne dass dies explizit als Evaluation bezeichnet wird.

Vor diesem Hintergrund ist die Thematik „Evaluation von Organisationsentwicklung" spezieller – und das heißt: anders – zu behandeln als die Evaluation von Dienstleistungen ohne diese Dimension der laufenden Selbstreflexion. Welche Rolle kann eine eigenständige, vom laufenden Prozess unabhängige Evaluation spielen? Ist sie überhaupt notwendig? Behindert sie nicht die dringend notwendigen Veränderungsschritte? Sie bindet Zeit und Ressourcen. Wären diese nicht an anderer Stelle besser eingesetzt?

Eine „Existenzberechtigung" im Rahmen der Organisationsentwicklung hat die Evaluation nur dann, wenn sie sich selbst als ein Instrument der Organisationsveränderung versteht, sich aber dennoch von der laufenden Prozessreflexion im Organisationsentwicklungsprozess unterscheidet. In den in diesem Buch angeführten Fallbeispielen wurden, in unterschiedlich intensivem Ausmaß, Organisationsberatung und Evaluation miteinander verknüpft. Die Evaluation war einerseits als ein eigenes Projekt organisiert und andererseits von dem Gedanken getragen, einen Beitrag zur Organisationsveränderung zu leisten (vgl. Heimerl/Heller 1997).

In diesem Sinn ist Evaluation ein eigenständiges Reflexionsinstrument, das:

• Konzeption, Ausgestaltung, Umsetzung und Nutzen von Organisationsentwicklung beobachtet und systematisch auswertet,
• in einem klar definierten Verhältnis zum beobachteten Organisationsentwicklungsprojekt steht,
• die wesentlichen Stakeholder des Veränderungsprozesses einbezieht,

- mit Hilfe speziell dafür geeigneter sozialwissenschaftlicher Forschungsmethoden durchgeführt wird und
- handlungsorientiert darauf abzielt, Wissensgrundlagen für weiterführende Entscheidungen zu liefern.

Durch die Evaluierung wird eine zusätzliche Perspektive in ein Veränderungsprojekt eingeführt, die der Überprüfung der Ergebnisse eines Projektes, der Sicherung der Erfahrungen bei der Projektdurchführung sowie der Theoriebildung der Organisationsentwicklung dient. Wir knüpfen mit dieser Sichtweise an die neuere Diskussion an, die – selbsterklärend – unter dem Stichwort *„evaluation for action"* (Ovretveit 1998) oder auch unter dem Titel *„ Wirklich ist, was wirkt"* (Heitger/Jarmai 1998) geführt wird.

Evaluierung von Organisationsentwicklung im Spannungsfeld unterschiedlicher Interessen

Evaluation im Kontext von beratungsunterstützter Organisationsveränderung findet im gemeinsamen Überschneidungsbereich zwischen den drei Systemen Auftraggeber/Klientin (z.B. Krankenhaus), Beratung und Wissenschaft statt. Sie zeichnet sich daher dadurch aus, dass sie versucht, sich bei der Gewinnung von neuem Wissen nicht nur an der Logik und Sprachweise der Wissenschaft zu orientieren, sondern auch brauchbare Ergebnisse sowohl für die Beratung als auch für die eingebundene Organisation zu erzielen.

Dabei ist das Herausarbeiten der drei verschiedenen Systeme (Auftraggeber, Beratung und Wissenschaftssystem) mit ihrer jeweils spezifischen Systemlogik eine Grundbedingung der Forschung.

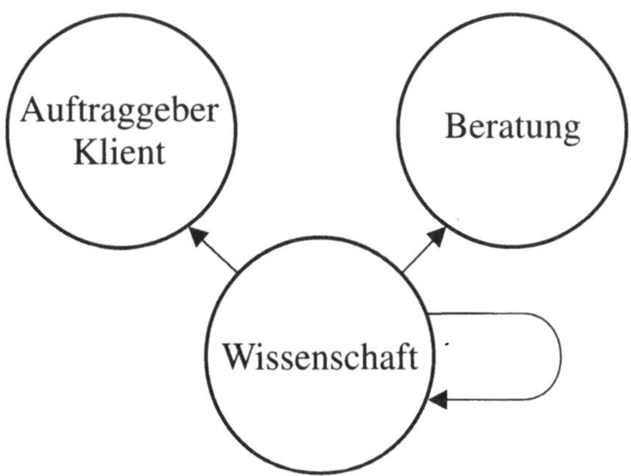

Was können nun Auftraggeber, Berater sowie die Scientific community von der Evaluierung von Organisationsentwicklung erwarten?

- Der *Auftraggeber* erhält neben der Beratung eine zusätzliche Perspektive, in der die Ergebnisse des Veränderungsprojektes sowie Erfolgsbedingungen und Schwierigkeiten erfasst werden. Damit stellt Evaluierung eine Form von Wissensmanagement dar. Indem die Erfahrungen eines Projektes gesichert werden, wird zusätzlich eine Investition in die Qualität zukünftiger Projekte getätigt. Für Financiers und Auftraggeberinnen ist es außerdem wichtig und wertvoll, eine Grundlage für die Bewertung der Effizienz – also der Relation zwischen Nutzen und Mitteleinsatz – eines Projektes zu bekommen. Darüber hinaus profitieren die Klienten von der Steigerung des Know-hows der Beraterinnen, das durch die Evaluation hergestellt wird.

- Für *Berater* wiederum stellt die Evaluation eine zusätzliche Wissensquelle dar. Die Forschungsperspektive der Evaluatorinnen – frei vom Handlungsdruck der Beratung und mit dem Zugang zu anderen Informationsquellen – eröffnet den Beratern zusätzliche Einblicke in den Organisationsentwicklungsprozess und die beratene Organisation. Zur Theoriebildung über die Spezifika des Feldes kann die Evaluation auf Grund ihres eigenständigen wissenschaftlichen Fokus wertvolle Beiträge liefern. Die Beraterinnen erhalten so eine nützliche theoretische Orientierung für ihr praktisches Tun.

- Für das *Wissenschaftssystem* wiederum stellen Evaluierungsprojekte innovative Modelle für eine zeitgerechte Form dar, Sozialwissenschaft dezidiert praxisorientiert zu betreiben. Neu ist hier vor allem die Involviertheit der Forschung in den Interaktionsprozess; die Mitglieder der Organisation sind – indem sie sich selbst beobachten und auswerten – Forschungsobjekt und -subjekt zugleich. Im Gegensatz zu einem traditionellen wissenschaftlichen Zugang versucht Evaluation nicht möglichst distanziert und unabhängig vom Forschungsgegenstand zu agieren. Im Gegenteil – die Evaluation akzeptiert, sucht und nutzt die Nähe zu ihrem Gegenstand. Sie schafft Wissen im Bereich der Organisationswissenschaften. Im Sinn von *grounded theory* (Glaser/Strauss 1998) geht es darum, aus der Beobachtung der Organisationsveränderung theoretisches Wissen zu generieren, also gewissermaßen von der Praxis zur Theorie zu gelangen und nicht umgekehrt.

Evaluierung ist eine Vorgehensweise, bei der auf fundierter wissenschaftlicher Basis den Anforderungen aus der Praxis konsequent Rechnung getragen wird. Damit liefert sie Ergebnisse, die sich sowohl für den wissenschaftlichen Diskurs als auch für die Beratung und das Krankenhaus als nützlich erweisen. Sie stellt Beratern und Entscheidungsträgerinnen in Organisationen theoretisch untermauertes Know-how zur Verfügung, das aus der reflektierten Praxis heraus entwickelt wurde, und versteht sich damit als eine Dienstleistung an Beraterinnen und Klienten. Gleichzeitig setzt sie einen Impuls zur Belebung der Wissenschaftsszene.

<table>
<tr><td colspan="2">Tabelle 1: Aufgaben der Evaluierung im Kontext von Organisationsentwicklung</td></tr>
<tr><td>Nutzerinnen der Evaluierung</td><td>Aufgabe, die durch Evaluation unterstützt wird</td></tr>
<tr><td>Auftraggeber</td><td>

- Erfahrungen sichern
- Einschätzung des Projektnutzens
- Investition in die Qualität zukünftiger Projekte
</td></tr>
<tr><td>Berater</td><td>

- Breites Spektrum an Perspektiven generieren
- Wissen über die Eigendynamik der Organisation
- Theoretische Fundierung für praktische Tätigkeit
</td></tr>
<tr><td>Wissenschaft
Scientific community</td><td>

- Entwicklung innovativer sozialwissenschaftlicher Modelle
- Wissen generieren über Organisationen („grounded theory")
</td></tr>
</table>

Stolpersteine erfolgreich umgehen: praktische Probleme von Evaluierung und mögliche Antworten

Organisationen können durch Evaluation lernen, lautet unsere These. Dennoch werden im Alltag von Projektbetreibern und Projektauftraggeberinnen immer wieder ernüchternde Erfahrungen mit Evaluierung gemacht. Im Folgenden wollen wir einige der zentralen und häufig auftretenden Stolpersteine von Evaluierungsprojekten anführen, die das Lernen erfolgreich verhindern können, und Strategien aufzeigen, wie mit ihnen umgegangen werden kann.

Problem: Die Frage, die die Evaluation beantwortet, hat sich – in der Organisation – niemand gestellt

Geht man als engagierte Forscherin an die Evaluation heran, kann es schon einmal passieren, dass die Fragestellung an den Interessen der Beteiligten vorbei zielt. So erscheint es z.B. logisch beinahe zwingend, beim Evaluieren des Instruments „Mitarbeitergespräch" zu erheben, ob durch die Einführung der Gespräche die Mitarbeiterinnenzufriedenheit gestiegen ist *(Ergebnisevaluation)*. Dies macht aber dann keinen Sinn, wenn sowohl Führungskräfte als auch Mitarbeiter vorrangig daran interessiert sind zu erfahren, ob und wie die Gespräche geklappt haben und wie sie zu verbessern wären *(Prozessevaluation)*.

*Gegenstrategie 1: Einbeziehen der Nutzerinnen der Evaluation in die
Erarbeitung der Fragestellungen*

Nur solche Daten, die in der beteiligten Organisation als relevant angesehen werden, können zu wirksamem Wissen werden. Was und wie gefragt werden soll, ist daher nicht allein eine methodische Entscheidung der Forscher. Es geht darum, am Beginn mit den Entscheidungsträgerinnen und Projektbeteiligten auszuhandeln, welche Fragen, Beobachtungskriterien und Erhebungsmethoden sinnvoll erscheinen.

So wurde z.B. zu Beginn eines Projektes zum Thema OrganisationsKultur des Sterbens ein Workshop mit Mitarbeitern und Führungskräften der Organisation abgehalten. Dort wurde die Fragestellung bearbeitet: „Was sehen wir als unsere Stärken und Schwächen im Umgang mit schwer kranken und sterbenden Menschen?" Die Ergebnisse des Workshops dienten dann als Grundlage für die Entwicklung des Gesprächsleitfadens, der im weiteren Verlauf des Evaluierungsprojektes eingesetzt wurde (vgl. Kapitel V „OrganisationsKultur des Sterbens").

Gegenstrategie 2: Contracting als wesentliches Element der Evaluation

Die Forschungsfrage kann also nicht primär von außen an das Krankenhaus herangetragen werden, sondern muss in Interaktion mit allen „Stakeholdern" – d.h. Auftraggeberinnen, Projektbetreibern, Beraterinnen und dem Forschungsteam – gemeinsam entwickelt werden. Das ist die Voraussetzung dafür, dass die Evaluierung nicht an den Interessen der Organisation vorbei arbeitet. Gleichzeitig bedeutet es, dass eine Evaluierung nur dann zu einer nachhaltigen Qualitätsverbesserung beitragen kann, wenn die Projekte aus sich heraus Interesse an einer Evaluierungsmaßnahme haben. Denn die Anstrengung und die Ressourcen – und zwar weniger in materieller Hinsicht als bezüglich der zu investierenden Zeit – einer Projektgruppe, die zusätzlich zu dem ohnedies anspruchsvollen Veränderungsprojekt noch Energie in die Evaluierung steckt, sind nicht zu unterschätzen.

Zentrales Erfolgskriterium ist also ein sorgfältiges *Contracting*, das ein stabiles Arbeitsbündnis errichtet. Ein solches Arbeitsbündnis muss einerseits vom Bewusstsein, welcher Ertrag aus der Evaluation zu erwarten sein wird, getragen sein und andererseits auf einer gewissen Vertrauensbasis zwischen den Stakeholdern und Projektbetreibern in der Organisation, dem Evaluationsteam sowie den anderen involvierten Organisationsberaterinnen aufbauen können.

Die Erfahrungen zeigen, dass die Contracting-Phase sechs bis zwölf Monate in Anspruch nimmt. Diese Zeitspanne dient dazu, sorgfältig zwischen den Stakeholdern die Ziele, die Fragestellungen und die potenziellen Nutzungsmöglichkeiten des Evaluationsprojektes zu verhandeln. Damit wird auch klar, dass diese Phase zu einem wichtigen Bestandteil des Projektes selbst wird. Oft muss

der Auftrag während des Projektes in Abstimmung mit dem Auftraggeber verändert werden, um dem Prozess, der durch die Evaluierung initiiert wird, gerecht zu werden.

Problem: Die Evaluierung führt zu einer verzerrten Sichtweise, die nur für einen Teil der am Veränderungsprozess Beteiligten stimmig ist

Die unterschiedlichen Interessen der Stakeholder beziehen sich nicht nur auf
die Positionierung gegenüber dem Organisationsveränderungsprozess, sondern
ebenso auf die Evaluation. Sind diese unterschiedlichen, teils einander wider-
sprechenden Interessen nicht adäquat berücksichtigt, führt die Evaluierung zur
organisationsinternen Polarisierung anstatt zur angemessenen Beschreibung der
Veränderung. Einseitiges Berater-, Wissenschafts- oder Managementinteresse
an der Evaluierung führt unweigerlich zu Widerständen.

Gegenstrategie: Einbeziehung der Interessen der relevanten Stakeholder

Der erste Schritt einer Evaluierung von Organisationsentwicklung sollte immer
in einer sorgfältigen „Stakeholder-Analyse" bestehen. Entscheidende Grund-
frage ist dabei, welche Interessengruppen und Personen an einem Organisationsentwicklungsprojekt beteiligt sind und wer von dem Veränderungsprojekt
mittelbar und unmittelbar betroffen ist.

Welche Stakeholder konkret in welcher Weise zu berücksichtigen sind, muss
in jedem einzelnen Projekt von neuem analysiert und spezifisch entschieden
werden.

An der Organisationsentwicklung beteiligt sind üblicherweise:

• Projektauftraggeber, die ein Interesse an der Frage haben, ob sich der Res-
  sourceneinsatz in das Projekt gelohnt hat,
• Projektleiterin, die die Verantwortung für die Optimierung des Projektes und
  für seinen Outcome trägt,
• Projektgruppenmitglieder, die daran beteiligt sind, dem Projekt zum Erfolg
  zu verhelfen,
• Berater, die ihre eingesetzten Instrumente auswerten wollen,
• Evaluatorinnen, die ihre Daten und Ergebnisse in den Organisationsentwicklungsprozess rückkoppeln wollen.

Betroffen sind meistens noch beträchtlich mehr Gruppierungen:

• Patienten, deren Lebensqualität durch letztlich alle Organisationsentwick-
  lungsbemühungen im Krankenhaus erhöht werden soll,
• Mitarbeiterinnen, deren Arbeitsalltag sich durch die Maßnahme ändert,
• Führungskräfte, die durch Organisationsentwicklung neue Verantwortungen
  übernehmen und/oder bisherige Aufgaben delegieren sollen,

- interne Personalentwicklungs- oder Organisationsentwicklungs-Fachkräfte, die, wenn sie nicht ohnedies im Organisationsentwicklungsprojekt eine Funktion haben, die Veränderungsintervention mit ihrem Arbeitsbereich abstimmen müssen.

Weitere mögliche Stakeholder, die sich entfernter in der Projektumwelt befinden, sind:

- weitere Klienten des Krankenhauses wie Angehörige, zuweisende Ärztinnen, kooperierende Gesundheitseinrichtungen und zuliefernde Betriebe sowie
- finanzierende und regulierende Institutionen wie Sozialversicherungen, Behörden und politische Institutionen.

Diese Stakeholder haben alle spezifische, einander zum Teil widersprechende Interessen gegenüber dem Organisationsentwicklungsprojekt sowie der Evaluierung. Es gilt, diese Unterschiedlichkeit der Perspektiven nicht verwischen zu wollen, sondern diese Unterschiede für die Organisation nutzbar zu machen.

Im Spannungsfeld der unterschiedlichen Interessen hat sich die Evaluation eine neutrale oder besser allparteiliche Position zu bewahren, die eine „programmatische Enttäuschungsresistenz" (Freundlieb/Wolff 1999) gegenüber dem Erfolg oder Misserfolg im Projekt möglich macht. Deswegen ist eine Berücksichtigung der Ansprüche und Perspektiven der Stakeholder in allen Phasen der Evaluierung bedeutsam.

Herausfordernd daran kann sein, dass bei einem oder mehreren Stakeholdern Interesse daran besteht, dass entscheidende Aspekte des Organisationsentwicklungsprozesses *nicht* zu Tage treten, etwa weil unangenehme Konsequenzen befürchtet werden: Bereits budgetierte Folgeprojekte müssen neu überdacht werden; Projektleiterinnen oder Berater fürchten, dass Schwierigkeiten ihnen als Person angelastet werden. In Gesundheitsorganisationen, die stark zu persönlichen Schuldzuschreibungen neigen, ist das ein nicht zu unterschätzendes Risiko; Führungskräfte oder Mitarbeiter, die eine Maßnahme unterlaufen, befürchten, dass ihr Widerstand nach einer Veröffentlichung geahndet wird. Ein gelungener Umgang mit diesen legitimen Widerständen ist Voraussetzung dafür, dass die Evaluation zum Veränderungsprozess beitragen kann.

Problem: Die Evaluierung führt zu einem Kompetenzzuwachs der Evaluatorinnen, aber nicht innerhalb des Krankenhauses

Organisationsentwicklungsprozesse sind für alle Beteiligten sehr anstrengend. Deswegen besteht oft das verständliche Bedürfnis, zumindest die Evaluation nicht als Zusatzanstrengung zu betreiben, sondern an externe Forscher zu delegieren. Eine solche Externalisierung der Evaluierung kann zwar zu ausgezeichneten Ergebnissen führen, nicht aber zu einem Kompetenzzuwachs in der Organisation.

In manchen reflexionsgewohnten und engagierten Häusern besteht zuweilen die umgekehrte Tendenz, die Auswertung ausschließlich organisationsintern durchzuführen. Das führt zwar zu einer Kostenersparnis, birgt aber das Risiko, dass es dadurch zu einer „Selbstimmunisierung gegenüber Irritation" kommt, indem gerade die entscheidenden Punkte durch Betriebsblindheit nicht wahrgenommen werden können und die Evaluation damit wenig Neuigkeitswert hat.

Gegenstrategie: Kombination aus Fremd- und Selbstevaluierung

Aus diesen Gründen scheint es sinnvoll, Fremd- und Selbstevaluierung zu kombinieren. Eine wichtige Voraussetzung für die Entwicklung von Organisationen ist ihre Fähigkeit zu Selbstbeobachtung und -auswertung. Angemessene Strukturen und Verfahren der Selbstbeobachtung ermöglichen es, die Entscheidungen und Arbeitsprogramme mit veränderten Umweltbedingungen in Bezug zu setzen und sich auf neue Anforderungen einzustellen. Beratung und Evaluation machen es sich daher zum Ziel, den Prozess der Informationsgewinnung im Klientensystem anzuregen, die Organisation bei der Produktion von problemadäquatem Wissen über sich selbst zu unterstützen und beim Aufbau der dazu notwendigen Instrumente und Kompetenzen zu beraten. Damit stellt eine so verstandene Evaluierung auch eine Form von Personalentwicklung dar.

Die Evaluation kann daher nicht zur Gänze nach außen an Expertinnen delegiert werden. Elemente der Selbstauswertung müssen mit der Nutzung der externen Perspektive kombiniert werden. Andererseits läuft eine Organisation ohne Außenperspektive Gefahr, nicht genügend Distanz zu haben, um Dysfunktionalität und Schwierigkeiten zu erkennen. Konflikte, die Bestandteil der Organisationskultur und damit zur Routine geworden sind, können so selbstverständlich geworden sein, dass sie von Personen innerhalb des Systems gar nicht mehr wahrgenommen werden. Evaluation braucht also eine externe Expertise, aber wenn sie extern bleibt, bleibt sie zugleich auch wirkungslos.

Um die externe Perspektive lernträchtig nutzbar zu machen, braucht es Möglichkeiten der kritischen Auseinandersetzung zwischen internen und externen Beobachtern sowie ein Setting, in dem eine Verständigung über die Erfahrungen und Ergebnisse erfolgen kann. Phasen der Selbstevaluierung und Phasen der Fremdevaluierung sind miteinander zu kombinieren. Dabei wird am besten nach dem Prinzip vorgegangen: So viel wie möglich intern und so viel wie notwendig durch externe Forscherinnen.

Problem: Trotz Datenvielfalt werden keine nützlichen Ergebnisse produziert, liefern die Ergebnisse keine Handlungsperspektive

In wohl jedem Schreibtisch von Führungskräften – sei es in der Wirtschaft, sei es im öffentlichen Bereich – türmen sich eine Vielzahl von Studien, Evaluationen und Gutachten, die mit beträchtlichem zeitlichen und finanziellen Aufwand verbunden waren, aber völlig konsequenzenlos geblieben sind. Aus der Masse der – an sich oft durchaus interessanten – Daten konnte kein für die Organisation wirksames Wissen werden. Ergebnisse, die ausschließlich in einem umfangreichen Bericht Ausdruck finden, ohne dass aus ihnen Konsequenzen für das weitere Vorgehen gezogen werden, sind unwirksam und damit letztlich Fehlinvestitionen. Dem isolierten Datenmaterial, das – unabhängig von seinem „Wahrheitsgehalt" – beziehungslos zur Arbeitsrealität bleibt, steht wirksames Wissen gegenüber, das in der Organisation vergemeinschaftet wurde und die Handlungsmöglichkeiten der Mitglieder erweitert. Denn *Wissen* besteht erst dann, wenn Informationen in einen bestimmten Erfahrungskontext eingebunden sind (vgl. Willke 1997).

Gegenstrategie 1: Vernetzte und kommunikative Erhebungen

In den Erfahrungskontext kann Information vor allem dann eingebettet werden, wenn sie gemeinsam mit den wesentlichen Beteiligten bearbeitet wird. Dies wird erreicht, wenn es der Evaluierung gelingt, im Rahmen der Erhebungen zu neuen Vernetzungen beizutragen: Gruppen und Personen zusammenzubringen, die üblicherweise nicht miteinander arbeiten. So sind die Chancen für einen gemeinsamen Lernprozess wesentlich größer.

In vielen Fällen erscheint es daher für die Evaluierung von Organisationsentwicklung sinnvoll, statt Einzelinterviews Gruppeninterviews durchzuführen, die so zusammengesetzt sind, dass eine systemische Perspektive auf den Evaluierungsgegenstand entsteht: hierarchieübergreifend, berufsgruppenübergreifend und arbeitsbereichübergreifend. So wurden z.B. bei der Evaluierung des Projektes „Einführung des Mitarbeitergesprächs" in einem großen Krankenhaus (vgl. Kapitel IV „Das Mitarbeitergespräch als Führungsinstrument im Krankenhaus") die Auswertungsgespräche als Gruppeninterviews geführt, an denen die Vorgesetzten mit allen ihren Mitarbeiterinnen gemeinsam beteiligt waren. Dies hatte zusätzlich eine vertrauensbildende Wirkung, weil die jeweiligen Beteiligten des Mitarbeitergesprächs anwesend waren, wenn ihr Partner das Feedback gab.

Gegenstrategie 2: Etablieren von Kommunikations- und Entscheidungsstrukturen zur Verarbeitung von Ergebnissen

Geeignete Formen der Rückkoppelung und Verarbeitung von Erhebungsergebnissen müssen von Beginn an eingeplant werden. Lernen ist möglich, wenn die Ergebnisse in sorgfältig geplanten Veranstaltungen den Entscheidungsträgern und Projektmitarbeiterinnen zur Verfügung gestellt werden und der Diskussionsprozess moderiert wird.

Die Gestaltung von geeigneten Reflexionssettings, um die erhobenen Informationen auch rückzukoppeln und im Sinn eines Lernprozesses wirksam werden zu lassen, ist eine Aufgabe, die besonders eng mit der beraterischen Grundintervention abgestimmt werden muss. Denn Evaluationsergebnisse können – gerade, wenn sie aussagekräftig sind – zu Störungen innerhalb der Projekte führen, z.B. wenn sich durch die Evaluation unterschiedliche Sichtweisen und Einschätzungen der Akteure auf die Intervention ergeben und das zu Konflikten führt.

Es geht also darum, zusätzliche Möglichkeiten des Austausches und des Wissenstransfers zwischen den beteiligten Akteuren und Organisationseinheiten zu schaffen. Der Ertrag des Innovationsvorhabens, Erfolge und Grenzen können so in einer gemeinschaftlichen Sichtweise herausgearbeitet werden. Nur dann können Schlussfolgerungen für die Fortsetzung oder Ausweitung eines Projektes formuliert werden.

Gegenstrategie 3: Verzahnung von Evaluierung und Entscheidung

Wesentlich ist auch die enge Verzahnung von Forschung und Entscheidung. Denn Evaluation kann, auch bei bester Absicht und professioneller Vorgangsweise, leicht als externe Kontrolle und als Einmischung der Krankenhausleitung, des Trägers oder eines Forschungsteams wahrgenommen werden, wenn sich die Beteiligten nicht bewusst für die Evaluation und eine gemeinsame Vorgangsweise entscheiden. Um etwa einen Prozess der Kombination von Selbst- und Fremdevaluierung (siehe oben, „Problem: Die Evaluierung führt zu einem Kompetenzzuwachs der Evaluatorinnen, aber nicht innerhalb des Krankenhauses") adäquat zu implementieren, ist es notwendig, dass die entsprechenden Steuerungsgremien die dafür notwendigen Entscheidungen treffen.

Gegenstrategie 4: Ergebnisorientierung und Festlegen von Erfolgskriterien

Bei vielen Evaluationen will die Auftraggeberin damit eine qualifizierte Einschätzung über die Wirksamkeit von Maßnahmen erhalten. Diese dient dann als Grundlage für die Entscheidung bezüglich der Fortsetzung bzw. Ausweitung eines Projektes. In Zeiten eines erhöhten Kostendrucks auf Gesundheitseinrichtungen kann Organisationsentwicklung eine wichtige Hilfe zur Erhöhung der Leistungsqualität und des bedarfsgerechten Einsatzes finanzieller Ressourcen darstellen. Gleichzeitig stellt sich aber auch die Frage, ob sich der finanzielle und zeitliche Aufwand gelohnt hat.

Damit gewinnt aber auch die Frage an Bedeutung: Was sind die eigentlichen Ergebnisse von Organisationsentwicklung? Woran sieht man, dass ein Veränderungsprozess erfolgreich war? Dies gilt es im Auftrag für eine Evaluation zu klären und festzulegen. Auf die Formulierung von Beobachtungskriterien für den Erfolg eines Veränderungsprozesses wird im Folgenden noch näher einzugehen sein (siehe „Beobachtungskriterien für Evaluation von Prozessen der Organisationsentwicklung" auf der nächsten Seite).

Problem: Die Interventionen der Organisationsberatung und die Impulse der Evaluierung sind nicht aufeinander abgestimmt und behindern einander

Die Datenerhebung und -rückkoppelung stellt immer auch eine Intervention dar. Die Durchführung von Interviews und Gruppendiskussionen oder auch die breite Verteilung von Fragebögen geben Anlass zu Vermutungen und Hoffnungen wie etwa der, dass jetzt endlich eine „wissenschaftlich abgesicherte Wahrheit" zu Tage kommt, oder auch zu Befürchtungen bezüglich externer Kontrolle. Noch stärker ist das Interventionspotenzial bei der Rückkoppelung der Ergebnisse, denn sie können schließlich die Grundlage von unter Umständen weitreichenden Entscheidungen für das weitere strategische Vorgehen im Krankenhaus darstellen. Aber nicht nur die Forscher beobachten, sammeln Daten und bilden Hypothesen, sondern auch die Mitglieder in der Organisation beobachten die Forscherinnen, kommunizieren miteinander über diese Beobachtungen und bilden Hypothesen über die Motive, über die Qualität und über die Intention der Forscher.

Da traditionelle Wissenschaftlerinnen oft nicht gewohnt sind, ihre Einflussnahme auf den Forschungsgegenstand zu reflektieren, kann es hier immer wieder zu Schwierigkeiten kommen – vor allem dann, wenn das Beratungsteam und das Evaluierungsteam völlig unabhängig von einander unkoordiniert agieren, werden sie einander behindern und wechselseitig entwerten.

Gegenstrategie: Gezielte Nutzung des Interventionscharakters von Forschung und Abstimmung mit der „Grundintervention"

Komplexe und nicht-triviale Systeme wie etwa die Organisation Krankenhaus reagieren auf Impulse komplex und nicht-trivial. Das heißt, dass die Wirkung von Impulsen, die von außen gesetzt werden, nicht völlig absehbar ist. Denn was ein System wahrnimmt und wie es Wahrgenommenes verarbeitet, ist von der Eigendynamik und den internen Kommunikationsstrukturen abhängig (vgl. Kapitel I „Krankenhäuser als Organisationen steuern und entwickeln").

Diese potenzielle Irritationsquelle, die eine Evaluation für ein Krankenhaus darstellt, ist aber auch eine große Chance. Während in einem traditionellen Wissenschaftsverständnis alle außerhalb einer klar definierten Forschungsfragestellung stehenden Wirkungen als „Störvariablen" gesehen werden und versucht wird, diese möglichst restlos zu eliminieren, versucht eine interventionsorientierte Forschungsstrategie dieses Irritationspotenzial konstruktiv zu nutzen.

Evaluierung tritt also als Meta- oder Parallelintervention zur eigentlichen Intervention auf. Radikaler formuliert ist eine Evaluation einer Organisationsentwicklungsmaßnahme immer von der Grundintervention abhängig. Deshalb ist eine sorgfältige Abstimmung der Evaluierungsschritte mit den relevanten Steuerungsgremien, den Führungskräften und den beteiligten Beratern notwendig.

Die Intervention der Evaluation kann nicht getrennt von der beraterischen Intervention konzipiert werden, wenn es das Ziel ist, Lernprozesse in den beteiligten Systemen zu initiieren. Das Ankoppeln der Evaluationsmaßnahmen an die laufenden Veränderungsprozesse und der Umgang mit den Stakeholdern erfordern zusätzlich zur sozialwissenschaftlichen Kompetenz im engeren Sinn viel beraterisches Geschick. Als Projektstruktur hat es sich in den hier beschriebenen Projekten bewährt, Beratung und Evaluation durch eine gemeinsame Gesamtprojektleitung miteinander zu koordinieren.

Beobachtungskriterien für Evaluation von Prozessen der Organisationsentwicklung

Hinter diesem Thema verbergen sich zwei unterschiedliche Fragestellungen, nämlich:

1. die Frage nach der Qualität der Organisationsentwicklung und
2. die Frage nach der Wirkung der Organisationsentwicklung.

Fragestellungen zur Bewertung der Qualität der Organisationsentwicklung

Um die Qualität eines organisationalen Veränderungsprozesses zu evaluieren ist es nötig, sich an professionellen Qualitätsstandards der Organisationsentwicklung zu orientieren. Folgende Fragestellungen können dazu dienen, den Ablauf eines Projektes mit professionellen Vorstellungen „gelungener" Organisationsentwicklung zu vergleichen:

1. Findet ein Prozess einer angemessenen Problembeschreibung im System statt?
2. Wurden die relevanten (aktiven und passiven) Beteiligten und die relevanten Umwelten für den Organisationsentwicklungsprozess identifiziert?
3. Gelingt es, neue, überraschende und wirkungsvolle Vernetzungen zu inszenieren?

4. Gelingt die Balance zwischen personenbezogenen und strukturellen Veränderungsprozessen?
5. Gelingt das Timing, d.h. eine angemessene zeitliche und inhaltliche Strukturierung des Prozesses der Veränderung?
6. Beobachtet das System seine eigene Veränderung?
7. Gelingt es, die notwendigen Entscheidungen herbeizuführen?
8. Wird im Prozess „Lernen" auf der Organisationsebene organisiert?
9. Gelingt es, das Verhältnis zwischen Bewahren und Verändern in der Organisation zu respektieren?
10. Besteht Allparteilichkeit der Beratung gegenüber unterschiedlichen Inte-
    ressen im System?
11. Sind die Veränderungsaktivitäten sinnvoll zwischen Führungskräften, Mit-
    arbeitern und Beraterinnen verteilt?
12. Ist der Beratungsprozess adäquat dimensioniert und ökonomisiert?
13. Ist die Beratung „theory-driven"? Beruhen Zielsetzungen, Methodik und
    Maßnahmen der Beratung auf einer Theorie der Intervention?

Welche Bedeutung diese Fragen in einem konkreten Projekt haben und wie sie
jeweils zu überprüfen sind, ist in jedem einzelnen Projekt aufs Neue zu entscheiden. Betreiberinnen und vor allem Berater von Organisationsveränderung
brauchen explizite Standards für ihre Vorgehensweise, mit denen man ihre tatsächliche Vorgehensweise vergleichen kann.

Fragestellungen zur Bewertung der Wirkung von Organisationsveränderung

Um die Wirkung von Organisationsentwicklung zu evaluieren, ist es natürlich
auch nötig, sich die erhofften Veränderungen für jedes einzelne Projekt konkret zu überlegen. „Die" Organisationsentwicklung gibt es nicht. Die Veränderungen in einer Organisation werden in unterschiedlichem Ausmaß und in unterschiedlichen Bereichen stattfinden, je nachdem, ob etwa ein Leitbild entwickelt, ob eine strategische Personalentwicklungsmaßnahme durchgeführt oder
ob ein am Outcome orientiertes Steuerungsmodell verankert wird.

In Organisationsentwicklungsprozessen finden neben den ursprünglich geplanten Veränderungen meist auch Veränderungen statt, die ursprünglich gar nicht
intendiert waren. Denn Organisationen sind eigensinnig und reagieren sehr
autonom auf Veränderungsimpulse. Gerade aus diesem Umstand gewinnt die
systematische Beobachtung von Verlauf und Wirkung durch Evaluierung ihre
wachsende Bedeutung. So kann die Einführung von Qualitätsmanagement,
selbst wenn die Patientinnenzufriedenheit nicht im geplanten Ausmaß gestiegen ist, zu sehr nachhaltigen Veränderungen in der Organisationskultur führen,
etwa durch den interdisziplinären und hierarchieübergreifenden Austausch im
Projekt und durch das Experimentieren mit neuen, ungewohnten Arbeitsfor-

men. Umgekehrt kann die Einführung eines innovativen Controlling-Systems zwar unter betriebswirtschaftlichen Gesichtspunkten erfolgreich abgeschlossen werden; als unintendierte Veränderungen können aber Unsicherheiten und Motivationseinbrüche bei den Mitarbeitern auftreten sowie strukturelle Spannungen entstehen – etwa zwischen den verstärkt Controlling-Funktionen wahrnehmenden Führungskräften und den bisher alleine für die finanzielle Planung zuständigen Verwaltungseinheiten.

Gerade um auch solche nicht geplanten – selbst bei noch so großem Planungsaufwand auch nicht restlos planbaren – Veränderungen erfassen zu können, ist es bei umfassenden Evaluierungen nötig, in allen der in der Folge angeführten neun Dimensionen zu untersuchen, ob es zu Veränderungen gekommen ist:

Strukturelle Veränderung

Organisationsentwicklung bringt meist sehr konkrete strukturelle Veränderungen mit sich: Einführung neuer Funktionen, Schaffung neuer Steuerungsgremien, veränderte Besprechungsstrukturen, veränderte Ablauforganisation etc. Es können aber auch strukturelle Widersprüche – unklare Zuständigkeiten, nicht handhabbare Führungsspannen, historisch gewachsene und nunmehr funktionslose Hierarchieebenen – unerwartet zum Vorschein kommen und nach einer weiteren Bearbeitung verlangen.

Veränderte Kundinnenzufriedenheit

Letztlich erhält jedes Organisationsentwicklungsprojekt seine Legitimation dadurch, dass es zu einer Erhöhung der Patientinnenzufriedenheit führt. Dabei ist zwischen Projekten zu unterscheiden, die auf eine unmittelbare Erhöhung der Kundenzufriedenheit abzielen – etwa bei Qualitätsmanagementprojekten –, und solchen, die eher binnenorientiert sind und bei denen die Verbesserung der Patientenorientierung nur mittelbar stattfindet: z.B. Maßnahmen zur Führungskräfteentwicklung, Verbesserung der interdisziplinären Kooperation, Wissensmanagement. In beiden Fällen müssen die Effekte auf die Kundinnen mittel- bis langfristig gemessen werden, da durch die Arbeit in einem Organisationsentwicklungsprojekt vorerst Personalressourcen temporär aus dem Patientinnenkontakt abgezogen werden.

Kulturveränderung

In jedem Organisationsentwicklungsprojekt finden Veränderungen bei den gemeinsamen Grundannahmen, bei den Umgangsformen und bei den Normen – kurz: bei der Organisationskultur – statt; meist als erwünschter Effekt, manchmal aber auch als für die Betreiber überraschende Entwicklung. Vor allem der organisationsspezifische Umgang mit Veränderung – aber auch der Umgang mit dem Bewahren von Bestehendem – wird durch jede Veränderungsmaßnahme neu geprägt.

Aufgabe von Evaluierung ist es hier, die Veränderungen in der Organisationskultur genau zu erfassen und etwaige Spannungsfelder aufzuzeigen, z.B. parallel existierende, einander widersprechende kulturelle Orientierungen in ein und der selben Organisation.

Veränderungen hinsichtlich der wirtschaftlichen Effektivität

Gesundheitsorganisationen müssen vermehrt Rechenschaft über ihre Wirtschaftlichkeit ablegen. Gleichzeitig sind sie im Gegensatz zu Wirtschaftsunternehmen nicht auf Basis einer ökonomischen Logik organisiert. Dennoch wird sich auch im Gesundheitsbereich jeder umsichtige Auftraggeber die Frage stellen, wofür sich welcher finanzielle Aufwand lohnt und inwiefern durch Organisationsentwicklungsprojekte Kosten reduziert werden können.

Viele notwendige und aufwändige Organisationsveränderungen lassen ihren Erfolg nicht in betriebswirtschaftlichen Kennzahlen abbilden. Es ist notwendig, dass die Auftraggeberinnen sich im Vorfeld überlegen, wieviel an finanziellem und personellem Aufwand ihnen eine Investition in die Kooperationsbeziehungen oder eine klarere strategische Orientierung wert ist. Darauf aufbauend lässt sich mit Unterstützung durch die Evaluation bilanzieren, ob sich das Projekt ausgezahlt hat und ob es einen Return of Investment gibt – ökonomisch oder in anderer Hinsicht.

Veränderungen bei der Führung

Ein zentrales Element zur Entwicklung von Organisationen ist eine passende Ausgestaltung von Führungssystemen. Aus diesem Grund ist ein evaluierender Blick auf die Entwicklung neuer Führungsstrukturen und auf ein verändertes Verständnis von Führung im Krankenhaus von besonderer Bedeutung. Wesentlich dabei ist eine sorgfältige Unterscheidung zwischen personenbezogenen Verhaltensänderungen einzelner Führungskräfte und einer strukturellen und kulturellen Veränderung der Steuerung in der Organisation.

Erhöhung der Mitarbeiterzufriedenheit

Organisationsentwicklung führt oft zu einer Erhöhung der Mitarbeiterinnenzufriedenheit. Durch eine verstärkte Partizipation bei der Gestaltung des eigenen Arbeitsalltags, durch die Möglichkeit, die eigenen Erfahrungen und Meinungen in einem formellen Rahmen einbringen zu können, wird einem Grundbedürfnis vieler Mitarbeiter entsprochen.

Andererseits ist auch realistisch zu kontrastieren, dass nicht bei allen Projekten die Mitarbeiterinnenzufriedenheit immer linear verbessert wird, sondern dass sie sich zum Teil ebenso verschlechtern kann. Projekte bedeuten auch Zusatzarbeit und -belastung. Zudem bringen Veränderungen immer Ängste und Unsicherheiten mit sich, die sich auf die Zufriedenheit negativ niederschlagen.

170

Qualifikationsbedarf

Gelungene Organisationsentwicklungsprojekte haben eine gut austarierte Balance zwischen personenbezogenen und organisationalen Veränderungsmaßnahmen. Im Zuge einer Evaluation ist es sinnvoll zu erheben, ob sich durch das Projekt ein veränderter Qualifikationsbedarf für die Mitarbeiter und Führungskräfte ergibt. Eine noch so brillant entwickelte neue Organisationsstruktur bleibt Konzeptpapier, wenn den beteiligten Personen das fachliche oder soziale Knowhow fehlt, um die Struktur mit Leben zu erfüllen.

Veränderte Nutzung der Wissens- und Selbstbeobachtungsressourcen in der Organisation

In Zeiten von sich zunehmend dynamischer entwickelnden Umweltbedingungen im Gesundheitssektor wird die Fähigkeit von Organisationen, die eigenen Prozesse und Abläufe sowie ihre Relation zu relevanten Umweltfaktoren systematisch zu beobachten, aus Fehlern zu lernen und die Wissensbestände bei den Mitarbeiterinnen an der Basis für die Organisation zu nutzen, zunehmend zur Schlüsselqualifikation.

Durch Evaluation kann erhoben werden, ob in einem Projekt ausreichend Reflexionsschleifen eingebaut waren, um ein Lernen der Organisation sicherzustellen. Evaluierung ist im hier beschriebenen Verständnis selbst eine bedeutsame Investition in die Lernfähigkeit der Organisation und in das Wissensmanagement.

Veränderte Außenwirkung

An der Optimierung der eigenen Organisation zu arbeiten ist im Gesundheitssektor inzwischen ein Qualitätssiegel geworden, mit dem Professionalität, Modernität und Engagement auch nach außen hin demonstriert werden sollen. Kaum mehr trifft man in Krankenhäusern auf die Befürchtung, durch Organisationsentwicklung in der Öffentlichkeit als „behandlungsbedürftig" und unprofessionell wahrgenommen zu werden. Ob und wie ein Projekt nach außen vermarktet werden kann, ist keine Evaluierungsfrage, sondern letztlich eine Frage des Marketings.

Aufgabe der Evaluierung in diesem Kontext kann es aber sehr wohl sein, eine veränderte Außenwirkung, aber auch veränderte Ansprüche von relevanten externen Stakeholdern zu beleuchten.

Durchführung von Evaluierung im Kontext von Organisationsveränderung

Die Durchführung einer Evaluierung ist immer mit einer Anzahl von methodischen und designtechnischen Entscheidungen verbunden. Wenn die Evaluierung von externen Forscherinnen durchgeführt wird, ist es deren Aufgabe, den Auftraggeber über ein geeignetes Vorgehen zu beraten.

Grundsätzlich sind alle sozialwissenschaftlichen Methoden unter bestimmten Voraussetzungen für die Evaluation von Organisationsentwicklung geeignet. Die Entscheidung, welche Methoden einzusetzen sind, hängt ab von:

- der Komplexität von Prozess und Ergebnis sowie von der Komplexität von Ursache-Wirkung-Zusammenhängen,
- der Beobachtbarkeit von Prozess und Ergebnis,
- den Adressaten der Evaluation und deren Standards,
- der Kontroverse, die die Ergebnisse auslösen,
- den Verwertungsinteressen der Evaluation und
- den Ressourcen der Evaluation.

Anbei sind einige methodische Fragen angeführt, mit denen sich Evaluatoren beschäftigen; sie sind aber auch für potenzielle Auftraggeberinnen wichtig. Denn je besser informiert ein Auftraggeber ist, desto größer ist die Wahrscheinlichkeit, dass eine für dessen spezifische Situation passende Evaluationsstrategie gewählt wird.

Formativ oder summativ?

Traditionell lassen sich zwei unterschiedliche Aufgaben der Evaluation im Rahmen von Veränderungsprozessen unterscheiden.

1. Die Evaluation der Qualität des Veränderungsprozesses, mit der Aufgabe, diesen Prozess zu optimieren. Evaluationen, die vorrangig diesem Ziel dienen, werden häufig als *formativ* bezeichnet, da sie helfen, den Prozess und das Projekt zu formen. Die Leitfrage lautet hier: Wie lässt sich der Organisationsentwicklungsprozess verbessern?

2. Die Zusammenfassung der Ergebnisse des Veränderungsprozesses unter der Fragestellung: „Was hat das Projekt gebracht?" Diese vorwiegend ergebnisorientierten Evaluationen werden häufig auch als *summativ* bezeichnet, weil es ihre Aufgabe ist, Bilanz zu ziehen, d.h. die *Summe* der Ergebnisse darzustellen. Sie gehen der Frage nach: Lohnt sich das Projekt, soll es fortgesetzt werden?

Geht man an eine Evaluation heran, gilt es zunächst – gemeinsam mit den wichtigsten Beteiligten – zu entscheiden, welche dieser beiden Aufgaben das Forschungsvorhaben erfüllen soll. Oft wird aber auch eine Kombination aus beiden Strategien sinnvoll sein. Unterschiedliche Erwartungen an die Evaluierung müssen zu Beginn geklärt werden. Damit lassen sich Enttäuschungen vermeiden.

Qualitativ oder quantitativ?

Qualitative Daten, etwa durch Interviews oder Gruppendiskussionen, erlauben es, sich bei der Evaluierung differenziert und vertiefend etwa mit auftretenden Phänomenen im Prozessverlauf, mit Schwierigkeiten im Projekt, mit Motiven oder mit abteilungsübergreifenden Interaktionen auseinander zu setzen. Gleichzeitig ist es aber auch sinnvoll, *quantitative* Methoden anzuwenden, die eine statistische Auswertung erlauben, um eine größere Anzahl von Projekten zu erfassen oder um eine große Anzahl an Mitarbeitern oder Patientinnen zu befragen und die Ergebnisse zu bündeln.

Dabei hängt es von der Evaluationsfrage ab, welche Methoden sich jeweils besser eignen. Es ist auch hier oft sinnvoll, die Vor- und Nachteile beider Zugänge zu kombinieren und einen Methodenmix aus qualitativen und quantitativen sozialwissenschaftlichen Erhebungs- und Auswertungsmethoden anzuwenden. Nicht zuletzt hängt die Wahl der Methoden auch davon ab, wer die Abnehmer der Evaluation sind: Handelt es sich um Berufsgruppen, die eher naturwissenschaftlich sozialisiert sind, werden quantitative Methoden und Ergebnisse in Form von Statistiken und Tabellen anschlussfähig und plausibel erscheinen. Für Gruppen, die eher kommunikations- und reflexionsorientiert sind, ist dagegen ein qualitativer Zugang oft nützlicher.

Einige bewährte Methoden für die Organisationsentwicklungsforschung im Krankenhaus sind:

- Qualitative Einzelinterviews
- Qualitative Gruppeninterviews und Fokusgruppen
- Standardisierte Fragebögen zur Outcome-Messung, z.B. Mitarbeiterinnen- oder Patientenzufriedenheit
- Analyse von Prozessdokumenten

Experiment oder Nicht-Experiment?

Es gibt keine *richtigen* und keine *falschen* Designs für die Evaluation von Prozessen der Organisationsentwicklung. Es gibt jedoch das *richtige Design* für die *richtige* Fragestellung und für die *richtigen* Stakeholder.

Drei prototypische Fragestellungen sollen hier skizziert werden, die mit Hilfe sehr unterschiedlicher Designs zu beantworten sind.

Gibt es einen kausalen Zusammenhang zwischen Intervention und Outcome?

Ein kausaler Zusammenhang lässt sich nur im Experiment *beweisen*. Experimente vergleichen Ergebnisse der Intervention mit Ergebnissen von *Nicht-Interventionen* bzw. von Kontrollgruppen (z.B. die Blutdrucksenkung durch ein Medikament mit der Blutdrucksenkung durch ein Placebo).

Experimente zeichnen sich u.a. durch drei wesentliche Merkmale aus:

1. Der Erfolg der Intervention muss eindeutig messbar sein
2. Es muss eine Kontrollgruppe definierbar sein, in der keine Intervention stattfindet (die „Placebogruppe").
3. Die Teilnehmerinnen am Experiment müssen nach dem Zufallsprinzip der Intervention oder der Kontrollgruppe zugeordnet werden (Randomisierung).

Drei Bedenken sprechen meist gegen das Durchführen von Experimenten in der Organisationsentwicklung:

1. Erfolge der Organisationsentwicklung sind häufig zwar eindeutig beobachtbar, vielfach aber nicht messbar im Sinn von quantitativen Kriterien.

2. Das zufällige Zuordnen von Teilnehmern zur Intervention und zur Kontrollgruppe führt mit Sicherheit zum Scheitern der Organisationsentwicklungsmaßnahmen. Es ist nicht sinnvoll, beispielsweise nur die eine Hälfte der Mitarbeiterinnen einer Abteilung in das Mitarbeitergespräch einzubinden und die andere Hälfte nicht. Die Organisation als soziales System ist ein Ganzes, das sich in dieser Weise nicht teilen lässt (vgl. Kapitel IV „Das Mitarbeitergespräch als Führungsinstrument im Krankenhaus").

3. Organisationen antworten in der ihnen eigenen Logik ständig auf Veränderungen und Herausforderungen der Umwelt. In einer Organisation werden also immer (mehr oder weniger sinnvolle) Maßnahmen der Organisationsentwicklung gesetzt. In diesem Sinn gibt es keine Organisationseinheiten, die sich nicht entwickeln. Eine Kontrollgruppe, in der „keine Organisationsentwicklung" stattfindet, lässt sich also kaum definieren.

*Führt das Organisationsentwicklungsprojekt zu erfolgreichen
Veränderungen?*

Um Veränderung wahrzunehmen, muss ein Vergleich zwischen dem Zustand vor dem Projekt und dem Zustand während des Projektes oder nach dem Projekt möglich sein. Diese auch als *Vorher-Nachher*-Design bezeichnete Anordnung (Ovretveit 1998) setzt eine *Nullmessung* voraus.

Unter Nullmessung oder *baseline* wird eine Erhebung verstanden, die *vor* einer Veränderungsmaßnahme oder einem Organisationsentwicklungsprojekt durchgeführt wird und damit als Vergleichsmaßstab verwendet werden kann. Speziell bei summativen Evaluierungen, bei denen der Erfolg einer Maßnahme bewertet werden soll, ist eine Nullmessung in aller Regel äußerst sinnvoll.

Wenn etwa eine Station durch ein Projekt verstärkt patientinnenorientiert agieren möchte, ist es nützlich, die Patientenzufriedenheit sowohl vor als auch nach dem Projekt zu erheben.

Allerdings besteht immer wieder das praktische Problem, dass Auftraggeber sich erst dann für eine Evaluierung entscheiden, wenn das Projekt schon läuft und es nicht mehr möglich ist, eine Nullmessung durchzuführen. Hier ist es dann nötig, durch kreative Vorgehensweisen einen Bezugspunkt für einen Vergleich zu suchen. Möglichkeiten dafür sind etwa:

- Rückblickende Einschätzungen über die Situation vor dem Projekt
- Erhebungen in vergleichbaren Stationen oder Krankenhäusern, in denen noch keine entsprechenden Maßnahmen gesetzt wurden (was den Vorteil hat, dass in dieser Organisation dann eine Nullmessung für ein etwaiges eigenes Projekt vorliegt)

Optimalerweise ist die Evaluierung von Beginn an eingeplant und dadurch in die Projektstruktur eingebaut. Die Nullmessung dient dann bereits zu Beginn des Projektes dazu, bei den Befragten einen Reflexionsprozess einzuleiten und so die Intervention zu unterstützen.

Nimmt „die Organisation" – das heißt: nehmen die Stakeholder – eine positive Veränderung wahr?

Daten werden nur dann zu Wissen, wenn sie sich in der Organisation in einen Erfahrungszusammenhang bringen lassen. Das heißt, die Daten müssen Aussagen machen, die für die Mitarbeiter und das Management der Organisation nachvollziehbar und von Bedeutung sind. Organisationsveränderung hat also nur dann Sinn, wenn sie für die Mitarbeiterinnen beobachtbar ist. Die relevante Frage an die unterschiedlichen Stakeholder in einer Organisation lautet daher: „Haben Sie positive Veränderungen bemerkt? Haben Sie neues Wissen gewonnen, neue Strukturen eingeführt, Normen und Werte verändert?" So lässt sich ein Bild der Effekte des Organisationsentwicklungsprojektes zeichnen, so wie sie in der Organisation erlebt und beobachtet werden. Ein solches – am besten als *systemische Analyse* beschriebenes – Design erfordert folgende Schritte (siehe Tabelle 2 auf der nächsten Seite):

- Identifikation der wesentlichsten Stakeholder des Veränderungsprozesses
- Festlegen von relevanten Kriterien für erfolgreiche Organisationsveränderung
- Erheben der Beobachtungen der Stakeholder in Interviews
- Vernetzen der Stakeholder miteinander durch Gruppeninterview
- Rückkoppelung der erhobenen Daten in die Organisation

Tabelle 2: Aufgaben und Designs für Ergebnisevaluation

Aufgabe	Fragestellung	Design	Interessenten-systeme	Nutzungsmöglich-keit	Anmerkung
Kausalen Zusammenhang zwischen Intervention und Outcome beweisen	Ist die Organisationsentwicklungsmaßnahme die Ursache für eine positive Veränderung?	Experiment	Wissenschaft, Politik, Beratersystem	Theoriebildung (deduktiv) = Hypothesentestung, generalisierbare Ergebnisse für Transfer in großem Rahmen	Nur sehr selten durchführbar, *sehr* aufwändig, produziert viele Daten, die nur teilweise zu Wissen transformierbar sind
Positive Veränderung im Rahmen der Intervention erheben	Geht mit den Organisationsentwicklungsmaßnahmen eine positive Veränderung einher?	Before-After-Design	Auftraggeber und Financiers, Top-Management, Klienten des Krankenhauses	„Summativ", d.h. Entscheidung über weitere Ressourcen-Investition	Aufwändig, aber möglich
Analyse von Veränderungen im System	Welche Veränderungen beobachten die Stakeholder in der Organisation?	Systemische Analyse	Führungskräfte und Mitarbeiterinnen, Beratersystem, ev. Wissenschaft, Klientinnen des Krankenhauses	Herstellen von neuen Vernetzungen, „formativ", d.h. Verbesserung des Programms, Transfer innerhalb der Organisation, *grounded theory*	Sehr effizientes Design im Sinn des Organisationslernens, erfordert kommunikative Kompetenz der Evaluatorinnen

Standardisierte oder maßgeschneiderte Instrumente?

Zu einigen für Organisationsentwicklung relevanten Themen wie Patientinnenorientierung oder Mitarbeiterzufriedenheit gibt es mittlerweile eine Vielzahl standardisierter Instrumente, z.B. den Picker-Commonwealth-Fragebogen zur Erhebung der Patientenzufriedenheit im Krankenhaus (vgl. Kapitel II „Auf das Ergebnis kommt es an"). Standardisiert bedeutet, dass die Ergebnisse des Instruments mit einer normierten Stichprobe vergleichbar sind. So können mit dem Picker-Commonwealth-Fragebogen die Ergebnisse der Patientinnenzufriedenheitserhebung in einem Haus mit der Zufriedenheit in einer repräsentativen Auswahl von Krankenhäusern in den USA verglichen und damit als hoch oder niedrig eingestuft werden. Standardisierte Instrumente haben also den großen Vorteil, dass durch eine einmalige Erhebung aussagestarke Daten erhoben werden können.

Der Nachteil von standardisierten Instrumenten wiederum ist zum einen, dass viele Normen veraltet sind und die Vergleichsstichprobe oft problematisch ist. Sind z.B. mitteleuropäische und US-amerikanische Krankenhäuser bzw. Patienten tatsächlich vergleichbar? Gibt es eigene Normen für kleine und große Häuser, für Pflegeheime und Schwerpunktkrankenhäuser? Zum anderen gibt es für viele Fragestellungen überhaupt keine geeigneten standardisierten Instrumente. Damit ist es oft passender, maßgeschneiderte Instrumente für ein spezielles Projekt zu entwickeln. Ein solches Instrumentarium kann dann allerdings mehrmals im selben Haus verwendet werden und damit sehr wohl vergleichbares Material liefern.

Tabelle 3: Standardisierte oder maßgeschneiderte Instrumente in der Evaluation von Organisationsentwicklung?		
	Standardisierte Instrumente	*Maßgeschneiderte Instrumente*
Vorteile	• Vergleichbarkeit mit anderen Organisationen • Verlässlichkeit, weil vorgetestet • Kostengünstiger in der Herstellung	• Stakeholder können in die Erstellung des Instruments einbezogen werden • Projektspezifische Fragestellungen können bearbeitet werden
Nachteile	• Beschäftigen sich nicht immer mit den relevanten Fragestellungen • Können veraltet sein • Ungenügende Berücksichtigung kultureller Unterschiede	• Aufwändige Herstellung • Keine Vergleichsdaten • Verlässlichkeit der Ergebnisse häufig nur innerhalb des befragten Systems anerkannt

Evaluation als Beitrag zur Qualitätsentwicklung

„Primum nil nocere" – das vorrangige Ziel für medizinisches Handeln ist es, nicht zu schaden. Für die Evaluierung von Organisationsentwicklung wollen wir dieses vorrangige Ziel umformulieren in „primum servire" – das Wichtigste ist, zu nützen. Eine gelingende Evaluierung im Kontext von Organisationsentwicklung ist eine, die nicht nur nicht behindert, sondern selbst zur Entwicklung beiträgt. Dies bedeutet unter anderem auch, sich der Zeitlogik des Entwicklungsprozesses anzupassen und Daten dann zu produzieren und zu präsentieren, wenn das Organisationsentwicklungsprojekt es verlangt oder dafür eine Gelegenheit bietet, und nicht dann, wenn sie wissenschaftlich ausgefeilt sind. Den Evaluatorinnen wird dabei eine große soziale Kompetenz abverlangt, die sich wenig von den Anforderungen an die Berater unterscheidet.

Evaluierung von Organisationsentwicklung ist eine anspruchsvolle und theoretisch wenig behandelte Aufgabe. Der Balanceakt zwischen solider Wissenschaftlichkeit und pragmatischer Hemdsärmeligkeit stellt die Evaluation von Organisationsentwicklung vor häufig nicht leicht bewältigbare Herausforderungen. Die ethische und ökonomische Forderung, mit den Evaluationsressourcen einen Beitrag zur Qualitätsentwicklung im Krankenhaus zu leisten, steht dabei im Vordergrund.

Kapitel VIII:
Veränderungsfähigkeit macht die Intelligenz einer Organisation aus

Ralph Grossmann, Klaus Scala

Die Entwicklung von Organisationen ist zu einer Daueraufgabe geworden. Die hier angeführten Fallbeispiele benennen relevante und aktuelle Themen der Veränderung; sie beschreiben, wie Veränderungsprozesse zu strukturieren und zu managen sind und welche Schwierigkeiten sich dabei stellen. Erfolg oder Misserfolg hängen ganz wesentlich vom Konzept und seiner passenden Umsetzung ab. Es muss viel ins Konzept investiert und ausreichend Know-how zur Umsetzung aufgebaut werden. Dies belegen die Fallbeispiele eindrucksvoll. Wir können daher mit gutem Grund die Kompetenz zur Veränderung als den Indikator für die Intelligenz einer Organisation bezeichnen und die Fallbeispiele sind in diesem Sinn auch Pilotprojekte zur Steigerung der organisationalen Intelligenz.

Dabei geht es nicht nur darum, Probleme zu lösen, sondern auch darum, eine Organisation mit hoher Problemlösungskapazität zu schaffen. Dazu bedarf es einer auf Dauer gestellten Infrastruktur, die laufend darauf achtet, ob und welcher Veränderungsbedarf jeweils gegeben ist.

Vor dem Hintergrund der Fallbeispiele sollen hier die wesentlichen Dimensionen benannt werden, die für gelungene Veränderung unverzichtbar sind (vgl. auch Wimmer 2000):

- Veränderung – wann und wie?
- Ansetzen an den Kernaufgaben
- Steigerung der Umweltsensibilität
- Über Formen der Selbstbeobachtung verfügen
- Projekte im Management von Veränderung nutzen
- Rollen in Veränderungsprozessen
- Lernen in Veränderungsprozessen – Lernen der Organisation

Veränderung – wann und wie?

Das Krankenhaus ist ein dynamisches System: Eine rapide fachliche Entwicklung setzt die – meist nachhinkende – Organisation permanent unter Druck. Es muss laufend eine hohe Anpassungsleistung vollbracht werden, um neue fachliche Innovationen aufzugreifen und zugleich als Organisation stabil zu bleiben. Es ist kein statischer Vorgang, den Status quo aufrechtzuerhalten, sondern ein dynamischer Prozess, der mit ständigen Anpassungen verbunden ist. Die Organisation braucht viel Energie, um Kontinuität zu sichern. Diese Optimierungsarbeit soll und kann im Alltag geleistet werden, sofern etwa eine Abteilung dafür „Standard Operating Procedures" (SOP) hat, also Besprechungsstrukturen, die regelmäßig den Arbeitsprozess auf seine Funktionalität hin untersuchen und für die Weiterentwicklung sorgen. So kann der Großteil der notwendigen Veränderungsarbeit dort geleistet werden – ohne große und dramatische Veränderungsprojekte. Diese vorausschauende Selbsterneuerung ist ein kontinuierlicher Prozess – die Organisation muss sehr viel tun, muss sehr viel Veränderungsarbeit leisten, um überhaupt so zu bleiben, wie sie ist.

Diese Dynamik fördert einen Hang zur permanenten Adaption. Diese kann jedoch problematisch werden, wenn die zu lösenden Probleme durch eine Anpassung nicht mehr adäquat gelöst werden können, sondern grundlegendere Änderungen verlangen. Die eingespielten Muster der Problembearbeitung und der laufenden Anpassungen machen es schwer, andere Perspektiven der Veränderung in den Blick zu bekommen.

Anlässe zur Veränderung gibt es viele: Kostendruck, Konkurrenz, ineffiziente Abläufe, Unzufriedenheit der Mitarbeiterinnen, Kundenbeschwerden, Anschluss an die aktuellen wissenschaftlichen und technologischen Entwicklungen. Ansetzen kann man also an vielen Punkten, doch bleibt offen, wie weit man jeweils in der Problemlösung kommt und welche unbeabsichtigten Nebenwirkungen dabei ausgelöst werden. Für Klagen von Kunden kann man ein Beschwerdemanagement einrichten, das die Kritik aufgreift und den Kundinnen vermittelt, dass ihre Stimme gehört wird. Doch sind damit die Zustände, die zu Beschwerden führen, noch lange nicht aus dem Weg geräumt. Nicht selten bleibt es dabei; eine Behebung der Ursachen erweist sich als zu schwierig und würde zu tiefe Einschnitte in Abläufe und Strukturen bedeuten. Kostendruck kann durch Einsparungsprogramme und Personalabbau bekämpft werden, in Krankenhäusern kommt es dabei aber regelmäßig zu verstärktem Burnout und damit zu einer Erhöhung der Krankenstände sowie zu einer Abwanderung qualifizierter Fachkräfte. Damit ist eine Negativspirale angeworfen: knappes Personal führt zu Überlastung und Krankenständen, aber auch zu weniger intensiver Betreuung, was wiederum die Aufenthaltsdauer von Patienten in die Höhe treiben kann. Damit steigen die Kosten für die Zahlerinnen, das einsatzfähige Personal wird noch weiter reduziert und somit hat sich das Ausgangsproblem verschärft. Ein unreflektierter Umgang mit wertvollen Humanressourcen ist in Expertenbetrieben Teil des Problems und das Einsparungsprogramm erweist sich als teuer. Für alle Probleme reicht die Anpassungsleistung nicht aus. Manchmal bedarf es einschneidender Veränderungen, für deren Entwicklung und Umsetzung eine parallele Organisation auf Zeit im Sinn eines Organisationsentwicklungsprojektes sinnvoll erscheint. Die weit verbreitete Lösungsstrategie, die jeweils das Problem, das im Augenblick am meisten Druck erzeugt, möglichst rasch beseitigt haben will und daher selektiv dafür Maßnahmen setzt, ohne fundierte Problemanalyse und ohne Reflexion möglicher unerwünschter Nebenwirkungen, wird nicht zu Unrecht „Logik des Misslingens" genannt (Dörner 1997).

Die Frage, welcher Typ von Veränderung – Anpassung oder tiefer greifender Musterwechsel – jeweils zum Ziel führt, bekommt so eine immense Bedeutung. Das Krankenhaus hat traditionell dafür keine etablierten Strukturen, die sich explizit und gründlich der Beantwortung dieser Frage stellen. Das vorherrschende Muster im Umgang mit Veränderungsdruck ist auf Anpassung ausgerichtet. Von der Beantwortung dieser Frage hängt jedoch sehr viel ab: Qualität, Leistungsfähigkeit, Effektivität und Effizienz im Umgang mit wertvollen Ressourcen. Zweifellos ist es ein hervorstechendes Merkmal einer intelligenten Organisation, wenn sie für die Bearbeitung dieser Frage über intelligente Strukturen und Verfahren verfügt.

Ansetzen an den Kernaufgaben

Eine intelligente Organisation setzt Veränderungsvorhaben immer in Beziehung zu ihren Kernaufgaben. Aus diesem Blickwinkel wird entschieden, wie einfach oder radikal ein Veränderungsvorhaben zu konzipieren ist. Organisationen sind um Aufgaben gebaut. Sie sind daher so gut, wie sie diese Aufgaben bearbeiten und lösen. Organisationsentwicklung setzt daher an den Kernaufgaben der Organisation an. Unzufriedenheiten von Mitarbeiterinnen, Effizienzdefizite und Kostenexplosion können Auslöser für Veränderungen sein – Ausgangspunkt bleibt jedoch die Kernaufgabe und die Art, wie sie am besten bearbeitet werden kann.

In den Krankenhäusern gilt es die Leistungsprozesse rund um den Patienten optimal zu organisieren, in den Pflegeheimen ist die Qualität des Aufenthalts der Bewohnerinnen der Bezugspunkt.

Einige der geschilderten Fallbeispiele liefern dazu interessantes Material. Mit der Überschrift „Auf das Ergebnis kommt es an" ist in Kapitel II die Orientierung für die Veränderung der Krankenhäuser im Kanton Zürich angezeigt. Hier setzte man auf einen gemeinsamen Qualitätsbegriff und investierte viel, um dafür Messkriterien und Messmethoden zu entwickeln und anzuwenden. Damit rückten die Leistungsprozesse ins Zentrum der Aufmerksamkeit. Das ermöglichte – bei aller Schwierigkeit und Sperrigkeit der etablierten Organisationsstrukturen mit ihrer Segmentierung in Berufsgruppen – einen gemeinsamen Blick auf den Zusammenhang zwischen Tätigkeit und Ergebnis. Weil sich die Kausalzusammenhänge nicht so eindeutig identifizieren lassen, wurde deutlich, dass man dabei umso mehr in ein allgemein akzeptiertes Messverfahren investieren muss.

Medizinisches Know-how war ebenso gefordert wie pflegerisches und die Patientinnensicht wurde durch elaborierte Fragebögen erhoben. In dem so definierten Qualitätsverständnis fanden sich alle wieder und die unterschiedlichen Zugänge von Medizin, Pflege und Patienten hatten einen gemeinsamen Bezugspunkt. Auch für die ökonomische und gesundheitspolitische Perspektive, die vor allem für den Träger eine Rolle spielte, stellte der so gewonnene Qualitätsbegriff einen Leitwert dar. Es wurde Transparenz hergestellt, wofür ja eigentlich bezahlt wurde. Die Leistungen waren anhand der Messkriterien klar definiert und die kantonale Gesundheitsdirektion hatte damit ein brauchbares Steuerungsinstrument.

Der Ansatz strebte eine möglichst hohe Qualität auch als gesundheitspolitisches Ziel an, um bei der Einführung leistungsbezogener Finanzierungsmodelle unerwünschte Nebeneffekte zu verhindern: Qualitätsrückgang, verdeckte Rationierung und damit eine Zwei-Klassen-Medizin.

Dieses Fallbeispiel beleuchtet auch sehr eindrucksvoll, welches Ausmaß an Umbau in den bestehenden Organisationsstrukturen und vor allem in den Relationen zwischen den involvierten Organisationen durch die konsequente Orientierung am Ergebnis ausgelöst wurde. Letztendlich hat sich die klassische Arbeitsteilung von Leistungserbringern, Trägerorganisation und Kassen verändert und die für die Qualität und ihre Messung relevanten Steuerungsleistungen werden als Folge des Projektes von einer neuen intermediären Organisation („Verein Outcome") wahrgenommen. Die gesamte Struktur der Zuständigkeiten und Verantwortungsbereiche hat sich verschoben, die Beziehungen zwischen Träger, Leistungserbringer und Kassen haben andere Dimensionen und eine andere Qualität angenommen, aber auch die Beziehung zwischen den Spitälern hat sich merkbar verändert.

Diesen Aspekt demonstriert auch das Beispiel der Alten- und Krankenheime der Stadt Zürich (Kapitel III). Auch hier geht es um Qualität und Optimierung von Leistungsprozessen. Es war erklärtes Ziel des Projektes, einen Lernprozess der Organisation in Richtung auf ein gemeinsam getragenes Qualitätsverständnis und Qualitätsmanagementsystem in Gang zu setzen. Dies implizierte ebenso wie im oben genannten Outcome-Projekt, dass sich die Beziehung zwischen den Ämtern für Kranken- und Altersheime und ihren dezentralen Betrieben neu organisierte. Das Projekt investierte viel in die Entwicklung eines neuen Steuerungsverständnisses des Amtes und der dezentralen Heime, das Letzteren mehr unternehmerische Gestaltung und Eigenverantwortung einräumte, aber auch abverlangte.

Der Artikel über Abteilungsentwicklung einer Onkologie (Kapitel VI) zeigt, dass diese Orientierung an den Leistungsprozessen auch auf dieser organisatorischen Ebene von zentraler Bedeutung ist. Hier nahm der Veränderungsprozess seinen Ausgang von einer diffusen Unzufriedenheit der Ärztinnengruppe, also zunächst bei einem mehr oder weniger zufälligen Symptom, doch stieß man nach einer Restrukturierung und Verbesserung der Besprechungen recht bald auf die Kernprozesse in der Patientenbehandlung als eine für die gesamte Arbeit entscheidende Dimension. Die Entwicklung der „Standard Operating Procedures" (SOP) war ein Schlüsselprozess auf dem Weg zu einer stärkeren Patientinnenorientierung.

Das Projekt der Diakonie in Düsseldorf (Kapitel V) fokussiert in besonderer Weise die Kernaufgaben in der Altenbetreuung. Für Menschen im letzten Lebensabschnitt steht die Auseinandersetzung mit dem eigenen Tod und dem eigenen Sterben im Vordergrund. Für mit der Versorgung von Menschen am Lebensende befasste Organisationen bedeutet dies, sich als Organisation auf diese Situation und diese Thematik einzustellen. Das Projekt zeigt, was das konkret bedeuten kann. Im Rahmen des „Kerngeschäfts", nämlich der konkreten Interaktion zwischen Bewohnerinnen und Mitarbeitern, wird ein soziales Setting geschaffen, in dem über das Thema „Sterben" gesprochen wird. Der Organisationsentwicklungsprozess orientiert sich also primär nicht an beliebigen Kundenbedürfnissen – z.B. freundliche Atmosphäre, Rekreationsmöglichkeiten, gute Küche –, sondern nimmt seinen Ausgangspunkt am Kernthema eines Altenheimes. Die Thematik des Sterbens wird trotz der Schwierigkeit, sie besprechbar zu machen, enttabuisiert und behutsam auf die individuell unterschiedlichen Bedürfnisse der Bewohner ausgerichtet. Über diese Gespräche gelingt es der Organisation, die Bedürfnisse der Bewohnerinnen zu erfassen und sich auch darauf einzustellen.

Versäumt ein Organisationsentwicklungsprozess sich die Frage zu stellen, was die Kernaufgabe der Organisation ist und wie die Leistungsprozesse zur optimalen Aufgabenerfüllung um diese Aufgaben herum zu organisieren sind, läuft er Gefahr, an der Organisation vorbei zu arbeiten. Damit können bestenfalls an manchen Stellen Abläufe verbessert werden, aber die etablierten Muster der Aufgabenbewältigung und Arbeitsorganisation werden nicht tangiert, auch wenn sie nicht funktional sind und oft die Ursache für eine Reihe von Problemen darstellen. An diesen Mustern zu rühren ist jedoch oft ein sehr aufwändiger und radikaler Prozess, sodass man sich angesichts des täglichen Arbeitsdrucks und geringer Aussichten auf Durchsetzung außer Stande sieht, einen radikaleren Veränderungsprozess in Angriff zu nehmen. So bleibt man oft an der Bekämpfung von Symptomen hängen, was auf Dauer auch mit hohen Kosten und Energieaufwand verbunden ist. In Supervisionen werden Anliegen dieser Art oft eingebracht. Supervision dient dann dazu, dass die Organisation so bleiben kann, wie sie ist, und ihre Muster nicht in Frage stellen muss (vgl. Scala/Grossmann 1997).

Steigerung der Umweltsensibilität

Zur Steigerung der organisationalen Intelligenz gehört sicher auch eine vielfältigere und genauere Beobachtung der relevanten Umwelten.

- Der auf die Kernaufgaben gerichtete Fokus lenkt den Blick auch auf eine relevante Umwelt: die *Kunden*. Das Schlagwort von der Kundinnenorientierung meint eine systematische Ausrichtung der Organisation auf die Bedürfnisse der Kunden sowie eine konsequente, permanente Beobachtung und Wahrnehmung dieser Bedürfnisse. Dazu gehört auch, über adäquate Erhebungsinstrumente zu verfügen und die Patientensicht zum Ausgangspunkt für interne Entwicklungsprozesse zu machen. Das verlangt ein gutes Zueinander von selbstreflexiver, kritischer Expertinneneinschätzung und Kundeneinschätzung als Basis für die Entwicklung der Qualität der Arbeit und der Dienstleistung.
Es ist in vielen Betrieben schwierig, aus der Kundinneneinschätzung zu lernen, aber in den Expertenbetrieben verschärft sich diese Schwierigkeit. Es ist auch für Verkäuferinnen einer Handelskette unangenehm, aber zugleich selbstverständlich, an den Verkaufszahlen gegenseitig gemessen zu werden. Für Experten ist dies in besonderer Weise kränkend und schwierig, an der Universität ebenso wie im Krankenhaus.
Die medizinische Profession als Wissenschaft ist zwar sehr konkurrenzorientiert und sehr gewohnt, sich im internationalen Wettbewerb zu messen, jedoch nicht gewohnt, Einschätzungen außerhalb des Expertinnensystems – etwa von Patienten – als relevante Messgröße zu betrachten. Wenn man von der Annahme ausgeht, dass Organisationen in erster Linie aus unterschiedlichen Sichtweisen lernen, dann verbaut sich die Organisation damit eine ganz entscheidende Entwicklungschance.

- Neben den Kunden sind auch andere Umwelten zu bedienen: Ein intelligentes Krankenhaus verfügt *vorher und nachher* über gut organisierte Anschlüsse zu den *Leistungserbringern*. Die Medizin und die Pflege sind aus der Tradition sehr nach außen orientiert und gut vernetzt – in fachlichen, internationalen Kontexten. Im Gegensatz dazu hat das Krankenhaus zur niedergelassenen Ärztin nebenan oder zum Bezirk, in dem es tätig ist, oft wenig Kommunikation. Nicht selten fehlen Zuständigkeiten in einer Station oder einer Abteilung für die Kommunikation mit Einrichtungen der Nachsorge, z.B. mit Hospizen. Dies wird von Personen, die sich in besonderer Weise engagieren, mühsam und ohne strukturell ausreichende Unterstützung geleistet.

- Zur Umwelt gehören auch die *Träger und Financiers*: Wie die Fallbeispiele vor allem in den Kapiteln II und III zeigen, sind relevante Entwicklungen mit einer tief greifenden Veränderung der Beziehung zwischen Träger und Organisation verbunden. Diese Veränderung impliziert vorerst die formelle rechtliche Ebene, aber auch die gelebte Beziehung ist dann – gegenüber einer langen Tradition – von einem anderen Muster geprägt: von einer Verhandlungskultur, die mehr Selbstverantwortung für die eigene Organisation übernimmt und auf die finanziellen sowie gesundheitspolitischen Außenperspektiven nicht nur mit Abwehr reagiert, sondern sie auch ernst nimmt und gleichzeitig von sich aus diese Beziehung zu gestalten versucht.

- Zur Umweltsensibilität gehört eine systematische Beobachtung der *Konkurrenz*. Auch wenn Krankenhäuser durch ihren Standort und ihr Einzugsgebiet oft weniger unter Konkurrenzdruck stehen als Wirtschaftsunternehmen, so hat dieser Aspekt vor allem in den Ballungszentren in den letzten Jahren stark zugenommen.

- Besonderes Lern- und Entwicklungspotenzial steckt im Vergleich zwischen Krankenhäusern, aber auch zwischen *Organisationseinheiten innerhalb eines Hauses*, wenn dazu ein Benchmarking organisiert wird, das methodisch in der Lage ist, den Lern- und Entwicklungsaspekt ins Zentrum zu stellen (Novak-Zezula et al. 2001). Internes Benchmarking in Bezug auf Qualität ist ein wirksames Instrument der Organisationsentwicklung. Benchmarking-Prozesse sind sensible Unternehmungen und brauchen ein durchdachtes Vorgehen, sollen sie ihren Impulscharakter erfüllen. Der oben erwähnte „Verein Outcome" (Kapitel II) bringt dafür interessantes Material. Damit machen die Fallbeispiele auch eines besonders deutlich: Kooperationsfähigkeit mit anderen selbstständigen Organisationen ist ein Überlebensfaktor geworden.

Über Formen der Selbstbeobachtung verfügen

Das Krankenhaus ist oft dem Vorwurf ausgesetzt, dass zu wenig kommuniziert wird. Gemeint ist hier vor allem das Gespräch mit den Patientinnen oder die fehlende Zeit dafür. Dennoch wird im Krankenhaus sehr viel kommuniziert. Das tägliche operative Geschäft eines 24-Stunden-Betriebs erfordert ein hohes Maß an Informationsweitergabe und Kommunikation. Patientinnen sind rundum zu versorgen, wechselvolle Krankheitsverläufe laufend zu beobachten, eine Vielzahl an Patienten sind „durchzuschleusen", eine komplexe Technologie ist zu bedienen und Kranke sowie deren Angehörige sind persönlich zu betreuen.

Aber der ganz überwiegende Teil dieses Kommunikationsaufwands dient der Bewältigung des operativen Geschäfts und nicht der Beobachtung und Entwicklung als Organisation. Der Druck und die Menge der zu bewältigenden täglichen Aufgaben machen es schwer, den Blick von dort abzuwenden und reflektierend auf die Art, wie gearbeitet wird, zu lenken. Das führt dazu, dass das Krankenhaus durchschnittlich sehr wenig in diejenigen Kommunikationen investiert, die der eigenen Beobachtung und Entwicklung als Organisation dienen. Damit bleibt aber die Organisation in ihren eigenen Mustern und Arbeitsweisen gefangen, unabhängig davon, ob diese auch zur optimalen Aufgabenerfüllung beitragen oder nicht. Notwendige Veränderungen können so nicht richtig angegangen werden.

Für die Organisation Krankenhaus ist es sehr schwer, sich in diese Richtung zu verändern: In einem rund um die Uhr arbeitenden Betrieb ist immer Personal vor Ort gebunden, von der Zeit- und der Arbeitsplanung her stellt sich den nötigen „Freiräumen" viel entgegen. Es braucht nicht nur zeitliche Gelegenheiten dazu, sondern auch eine mentale Umstellung: den Blick weg von den unmittelbar zu erledigenden Arbeiten und hin auf die gesamte Arbeitsorganisation, weg vom Termindruck, hin zur „Auszeit" fürs Nachdenken. Zum Teil ist diese Schwierigkeit kulturell in der Organisation und im Professionsverständnis verankert, zum Teil ist sie besoldungsrechtlich bedingt. Psychologisch betrachtet kann dieser etablierte Arbeitsrhythmus auch als Schutz gegenüber den Anfechtungen und Belastungen des beruflichen Alltags interpretiert werden. An ihm sollte daher nicht gerührt werden. Reflexion hingegen bringt Problemlagen deutlich in den Blick und macht sie zum Gegenstand offizieller, gemeinsam getragener Kommunikation.

Die Intelligenz eines Krankenhauses besteht daher auch darin, dass es über geeignete Kommunikationsstrukturen verfügt, um den eigenen Erfolg, die eigene Arbeit als Organisation systematisch auszuwerten und daraus Schlüsse für die Weiterentwicklung der Organisation zu ziehen. In den Arbeitsrhythmus sind periodische Schleifen der Selbstreflexion eingebaut. Diese Beobachtung kann nicht an Spezialisten oder Controller delegiert werden. Letztere können durch die Aufbereitung von relevanten Daten wichtige Hilfestellungen für die Auswertung geben. Der Auswertungsprozess selbst ist ein sozialer, kommunikativer Prozess, in dem Daten gemeinsam interpretiert und Schlussfolgerungen daraus gezogen werden. Diese Mechanismen der Selbstbeobachtung sind auf allen Ebenen relevant: Stationen, Abteilungen, Kliniken, Gesamtorganisation.

In den geschilderten Fallbeispielen sind auch unterschiedliche Formen solcher periodischer Schleifen der Selbstbeobachtung dargestellt:

Kapitel IV schildert „Das Mitarbeitergespräch als Führungsinstrument im Krankenhaus", ein periodisch eingesetztes Führungsinstrument, das explizit dem gemeinsamen Blick auf das Ganze gewidmet ist. Rückschau, Auswertung und Schlussfolgerungen in der Zusammenarbeit zwischen Führungskraft und Mitarbeiterin sowie die Kooperation in der Organisationseinheit sind die zentralen Themen. Hier werden Feedback und unterschiedliche Sichtweisen über die Zusammenarbeit ausgetauscht und Vereinbarungen für die Zukunft getroffen. Das Kapitel macht auch deutlich, welchen Entwicklungsschritt eine Organisation mit der Einführung eines solchen Instruments tut und wie sorgfältig daher die Implementierung angelegt sein muss.

Im Kapitel VI, das der Organisationsentwicklung auf Abteilungsebene gewidmet ist, wird gezeigt, wie eminent wichtig es für die Entwicklung einer Abteilung ist, dass das Thema „Organisation" einen festen Platz in der Besprechungsstruktur hat. Mit den fix eingeplanten, regelmäßig stattfindenden „Strategiebesprechungen" verfügt die Abteilung auch über ein Instrument zur Überprüfung der Qualität der Zusammenarbeit und Kommunikation.

Projekte im Management von Veränderung nutzen

Entscheidet sich ein Krankenhaus für ein umfangreicheres Veränderungsprojekt, so sind drei Kernprobleme zu bewältigen:

- Es muss gelingen, vom Routinebetrieb auf systematische Veränderungsarbeit umzuschalten, und wie in anderen Organisationen sind Veränderungen bei „laufendem Motor", also unter Aufrechterhaltung des Routinebetriebs zu bewerkstelligen. Das ist nur zu schaffen, wenn dazu geeignete Parallelstrukturen eingerichtet werden: eigenständige Arbeitssysteme, die mit der Ausarbeitung sowie eventuell mit der Erprobung und Implementierung der Innovation beauftragt werden. Es gilt die personellen, zeitlichen und finanziellen Ressourcen auch für Veränderung möglichst effektiv und effizient einzusetzen.
Konkrete Veränderungsvorhaben erfordern ähnlich wie organisatorisch verankerte Auszeiten zur Selbstbeobachtung genügend Raum, Zeit und Organisation. Im Krankenhaus sind diese Voraussetzungen besonders schwer herzustellen. An ihrem Fehlen scheitern jedoch viele Veränderungsvorhaben.

- Bereichsübergreifende Arbeitsprozesse sind zu organisieren. Die bestehenden Trennlinien zwischen Berufsgruppen, fachlichen Kompetenzen und Organisationseinheiten sind zu überbrücken. Die prioritäre Ausrichtung der Veränderungsarbeit auf die zentralen Leistungsprozesse erfordert zwingend die Investition in bereichsübergreifende Kooperationen.

- Das Potenzial aller Mitarbeitenden an Wissen und Erfahrung ist im Dienste der Veränderungsarbeit auszuschöpfen, vor allem auch die Ressourcen der Mitarbeiterinnen ohne Leitungsfunktion und mit schwacher Position in der Statushierarchie.
Der Widerspruch zwischen tradierter hierarchischer Ausrichtung der Organisation und der Abhängigkeit derselben von der selbstständigen, eigenverantwortlichen Arbeit der Mitarbeiter ist zu bearbeiten. Das an der Basis angesiedelte Know-how ist für die Aufrechterhaltung des Routinebetriebs unverzichtbar und dementsprechend auch für die Weiterentwicklung oder auch Verabschiedung etablierter Routinen. Nicht zuletzt liegt in der aktiven und verantwortlichen Beteiligung aller Mitarbeitergruppen auch die entscheidende Motivationsquelle, sich auf Neues einzulassen und die zusätzlichen Belastungen mitzutragen, die mit Veränderungen verbunden sind. Hier wird, wie

auch die Fallbeispiele zeigen, nicht ein empathischer Partizipationsbegriff vertreten, sondern es geht um ein Steuerungsverständnis, das die Erfolgsbedingungen einer Expertenorganisation ernst nimmt.

Projekte sind bewährte Organisationsformen der Veränderungsarbeit und Projektmanagement ist die dafür entwickelte Methode.

Projekte haben sich als solche Parallelstrukturen und Innovationssysteme auch in Spitälern und Pflegeheimen bewährt. Praktisch alle vorgestellten Fallbeispiele können in diesem Punkt positive Erfahrungen beisteuern. Gleichzeitig sind Projekte eine sehr voraussetzungsvolle Arbeitsform; viele Betriebe im Profit- wie im Non-Profit-Sektor tun sich sehr schwer damit, Projekte effektiv zu nutzen.

Wie andere Systeme lernen Organisationen über Unterschiede. Eine Projektorganisation erprobt Neues und führt damit bedeutsame Unterschiede in eine Alltagsorganisation ein, an der die Organisation insgesamt lernen kann. Definierte Ressourcen des Systems werden für eine begrenzte Aufgabe und Zeit auf die Entwicklung des Neuen konzentriert.

Die Kreation eines solchen Systems im System ermöglicht es, Personen, Gruppen und Organisationsteile miteinander in Beziehung zu bringen, die sonst durch die funktionale Gliederung wenig Gelegenheit zu systematischer Kooperation haben. Überraschende Vernetzung von Subsystemen und Personen bewirkt häufig eine sehr produktive Verstörung eingespielter Routinen.

Die aus dem Alltagsbetrieb etwas herausgehobene Zusammenarbeit in einem Projekt ermöglicht es auch, neue Arbeits- und Kooperationsformen nicht nur zu planen, sondern auch praktisch zu erproben. Diese neue Form der Arbeitskultur über Professions- und Hierarchiegrenzen hinweg ist ein wesentlicher Antrieb dafür, dass sich Mitarbeiterinnen in Gesundheitsorganisationen meist sehr engagiert an ihnen sinnvoll erscheinenden Projekten beteiligen, wenn sie erst einmal eingerichtet sind.

Um als Innovationssysteme lebendig und wirksam werden zu können, brauchen Projekte eine gute Abgrenzung gegenüber dem Alltagsbetrieb und die Möglichkeit, eine eigenständige Arbeitsorganisation zu entwickeln, die auch kulturelle Abweichungen zulässt. Andererseits müssen sie gut mit der Routineorganisation vernetzt sein, um die Ergebnisse der Innovationsarbeit auch in den Alltag transferieren zu können. Veränderungsprojekte in Gesundheitsorganisationen wie z.B. die Optimierung und Neukonzeption von zentralen Leistungsprozessen (vgl. Kapitel II, III, V, VI) zählen zu den anspruchsvollsten Projekttypen.

Wenn Projektmanagement genutzt wird, um beispielsweise ein komplexes Bauvorhaben abzuwickeln, dann ist das Ergebnis dieses Projektes im Prinzip bis ins kleinste Detail planbar und vorhersehbar. Es handelt sich hier um *deterministische* Projekte. Dennoch laufen auch solche Projekte, wie jeder Eigenheimbauer weiß, ständig aus dem Ruder, brauchen immer wieder neue Abstimmungsprozesse und Krisenmanagement. Auch solche Projekte demonstrieren, dass die in ihrer Bedeutung immer noch weit unterschätzten so genannten weichen Projektfaktoren die eigentlichen harten Faktoren darstellen.

Veränderungsvorhaben in Spitälern sind, was die Ergebnisse betrifft, in der Regel *offene* Projekte. Ihr Ausgang ist auch inhaltlich offen. Sie werden ja gerade dazu aufgesetzt, nicht Vorhersehbares und damit Neues zu entwickeln. Und es handelt sich praktisch immer um so genannte *selbstreferenzielle* Projekte, also Projekte, die die eigene Arbeitsorganisation und Arbeitsweise zum Thema machen und in denen die Sicherheit spendenden Routinen, traditionellen Rollenbilder, das professionelle Selbstverständnis der Akteure und ihre beruflichen Interessen nicht außerhalb bleiben, sondern explizit Gegenstand der Veränderungsarbeit sind. Solche Projekte brauchen noch mehr als andere eine sorgfältige und kommunikative Steuerung und Abstimmung.

Wir beobachten, dass Projektmanagement in Gesundheitsorganisationen zu einem häufig angewandten Management-Tool geworden ist. Wir beobachten gleichzeitig, dass Projekte oft mit zu wenig Nachdruck eingesetzt und die Anforderungen, sie zu managen, unterschätzt werden. Damit können die Organisationen den möglichen Ertrag dieser Arbeitsform nicht wirklich nutzen und das Instrument gerät in Gefahr, verschlissen zu werden.

Die vorgestellten Fallbeispiele in diesem Buch arbeiten einige Erfolgskriterien und Stolpersteine für eine intelligente Nutzung von Projekten in Spitälern und Pflegeheimen heraus. Einige Punkte sollen hier noch einmal pointiert werden:

• Inhaltlich stimmige und wirksame *Projektaufträge* in einer Klinik oder einem Pflegeheim, genauso wie Projektvereinbarungen zwischen Organisationen, *sind Ergebnis von Aushandlungsprozessen.* Das Outcome-Projekt des Kantons Zürich (Kapitel II) ist für diese Aushandlung zwischen Organisationen oder Organisationseinheiten sicher beispielgebend.
In solchen Auftragsverhandlungen können und müssen Führungskräfte ihre Ziele und Erfolgskriterien und ebenso ihre Vorstellungen davon einbringen, wann das Projekt als gescheitert zu betrachten ist. Aber auch die Mitarbeiterinnen als Projektleiter oder Mitglieder von Projektgruppen definieren mit ihrem Know-how den Projektgegenstand mit, bringen ihre Erfolgskriterien ein und grenzen sich gegenüber nicht machbar erscheinenden Aufträgen ab. Solche Verhandlungen von Projektaufträgen sind ein gutes Modell für ein systemisch aufgeklärtes Steuerungsverständnis. Die gemeinsame Definition des Projektes braucht Zeit und ist der erste Schritt aus einer hierarchischen Alltagskultur hinaus.
Auftragsklärungen scheitern häufig an zu geringer Einflussnahme von Führungskräften in Form von Zielen und Erfolgskriterien oder an einer Übersteuerung durch Führungskräfte, die für eine gemeinsame Verständigung über die Zielrichtung des Projektes kaum Spielraum lässt. Nach unserer Beobach-

tung wird in die Auftragsklärung zu wenig an Auseinandersetzung investiert, was sich meist in einer späteren Phase des Projektes als Konflikt bemerkbar macht.

- Der eigentliche Wert und die Attraktivität von Projektteams liegen darin begründet, dass sie durch eine innovative Kultur der Zusammenarbeit Kreativität und Motivation für unkonventionelle Lösungen freisetzen können. Dazu müssen die Mitglieder und der Betrieb *in die Arbeitsfähigkeit dieser Teams investieren.* Projektgruppen brauchen Gelegenheit, aus den eingefahrenen Geleisen der Alltagsarbeit herauszutreten ohne abzuheben. Häufig unterscheiden sich Projektbesprechungen aber kaum von Routinesitzungen. Oft wird gerade so viel investiert, dass es nicht ausreicht, um wirklich eine andere Arbeitskultur zu etablieren und zu überraschenden Lösungen zu kommen.

- Je offener oder auch riskanter ein Projekt vom Ergebnis her für alle Beteiligten ist, desto weniger lässt sich Sicherheit aus der fachlichen Expertise in Bezug auf die erwartbaren Ergebnisse gewinnen. *Sicherheit* lässt sich in solchen Projekten nur *über die Anlage und Steuerung des Veränderungsprozesses* gewinnen: durch vorausschauende Planung von Besprechungen zu Zwischenergebnissen (Meilensteinen), durch regelmäßige Information über den Projektverlauf, durch periodische gemeinsame Auswertung der Projektarbeit, durch die Möglichkeit für Führungskräfte und andere Beteiligte, Korrekturen und neue Orientierungen einzubringen.
Die langfristig konzipierte Prozessarchitektur der beiden Züricher Qualitätsprojekte (Kapitel II, III) und die Arbeit der Steuerungsgruppen in diesen Projekten können hier als gutes Beispiel dienen. Ähnlich wurde bei den anderen groß angelegten Projekten vorgegangen (vgl. Kapitel IV, V).

- Die produktive Kraft von Projekten liegt zu einem Großteil in ihrer *Spannung zur Routineorganisation* begründet. Projekte brauchen Selbstständigkeit, um die angesprochene kulturelle Differenz zur Alltagsorganisation und ihren Innovationsauftrag erfüllen zu können. Viele Projekte scheitern, weil sie sich gegenüber den beauftragenden Organisationen verselbstständigen und mit den Führungskräften in der Linie, aber auch mit Kolleginnen in Konflikt geraten. Die Verbesserungsprojekte, die im Rahmen der Qualitätsentwicklung der Stadt Zürich (Kapitel III) in den einzelnen Heimen durchgeführt wurden, kennen diese Konfliktgeschichte gut. Und als Berater von Projekten erleben wir sie regelmäßig auch in anderen Betrieben. Es handelt sich hier um einen notwendigen Widerspruch, der im Rahmen des Projektmanagements umsichtig zu balancieren ist. Diese prekäre Balance kann von zwei Seiten her zum Kippen gebracht werden: Entweder halten Führungskräfte oder auch Kollegen das Eigenleben des Projektes nicht aus und versuchen die alte Dominanz der Linie wiederherzustellen, bevor die Ergebnisse produktiv umgesetzt werden können. Häufig sind es nicht die unmittelbar auftraggebenden Führungskräfte, sondern von den Projektergebnissen in ihren

Bereichen betroffene Führungskräfte, die aversiv reagieren. Oder es neigen die Mitarbeiterinnen, angespornt von den ungewohnten Einflussmöglichkeiten im Rahmen eines Projektes, dazu, die Projektarbeit als Gegenwelt zu betreiben. Dann werden Auftraggeber und andere Betroffene nicht genügend informiert und einbezogen und gerade durch die Überbetonung der kulturellen Differenz werden Akzeptanz und Umsetzung der Ergebnisse gefährdet.

Das Verhältnis der Organisation Krankenhaus zu Projekten als Entwicklungsinstrumenten ist von einer Paradoxie gekennzeichnet. Die dominanten Faktoren der Organisationskultur schaffen sehr schwierige Ausgangsbedingungen für konsequentes Projektmanagement. Die meist scharf abgegrenzten parallelen Berufshierarchien, insbesondere von Medizin und Pflege, erschweren gemeinsame Beauftragungen von Projekten und kollektive Entscheidungen aller beteiligten Führungskräfte. Der permanente Arbeitsdruck im Alltag – ob er nun tatsächlich unvermeidbar ist wie komplizierte Dienstpläne und Notfälle oder „nur" ein verfestigtes kulturelles Phänomen darstellt, macht keinen Unterschied – macht es schwer, Freiräume für Projekte zu sichern.

Die auffällig starke Personalisierung und der eher informelle Charakter in der Behandlung von Organisationsfragen liegen quer zu den Anforderungen von Projekten, was klare Aufträge und Entscheidungen, verbindliche Spielregeln und offene Kommunikation über Organisationsfragen betrifft. Auch die starke Teamorientierung und der nicht hierarchische Charakter der Arbeit in Projekten stellen in der vorherrschenden Arbeitskultur der meisten Gesundheitsorganisationen eine Provokation dar. Andererseits beinhalten gerade aus diesen Gründen Projekte und projektförmige Arbeitsweisen große Lern- und Entwicklungschancen für die Gesundheitsorganisationen, wenn die Konzepte und Instrumente konsequent und kompetent genutzt werden. Mittlerweise gibt es viele gut dokumentierte Beispiele dafür, dass Projekte auch unter schwierigen Alltagsbedingungen effektiv und entwicklungsfördernd realisiert werden können. Vor allem auch im Rahmen des WHO-Projektes „Gesundheitsförderndes Krankenhaus" wurden die Konzepte der Organisationsentwicklung und des Projektmanagements von einer großen Gruppe von Krankenhäusern aufgegriffen (vgl. Pelikan/Wolff 1999).

Aber der Erfolg stellt sich eben nur bei konsequenter und kompetenter Handhabung der Konzepte ein. Das führt erstens zu der Frage, welche Rollen in Veränderungsprozessen zu besetzen sind, und zweitens, wie das dazu notwendige Wissen in der Organisation aufgebaut und verankert werden kann.

Rollen in Veränderungsprozessen

Die Ausdifferenzierung in unterschiedliche Rollen ist eine Antwort auf organisatorisch komplexe Vorhaben. Sie macht unterschiedliche Funktionen sichtbar und damit auch handhabbar und in der Kooperation der Rollenträger können komplexe und widersprüchliche Themen gut bearbeitet werden. Diese Kooperation stellt aber hohe Ansprüche. Die Fallbeispiele illustrieren, welche speziellen Rollen für das Gelingen von Organisationsentwicklungsprojekten notwendig sind: Es braucht das Zusammenspiel von *Führungskräften* auf allen hierarchischen Ebenen, von *Projektleiterinnen* – sowohl für das Gesamtprojekt als auch für Subprojekte –, von Spezialisten für das jeweilige Vorhaben als *„internen Beraterinnen"* in der Organisation (z.B. Stabsfunktionen für Organisationsentwicklung, Qualitätsmanagement etc.) und von *externen Beratern*, sowohl als Fachberaterinnen wie auch als Experten für die Gestaltung und Prozess-Steuerung des Veränderungsvorhabens.

* *Führungskräfte:* Das Aufgabenspektrum von Führungskräften hat sich in den letzten Jahren ganz deutlich dahingehend verändert, dass die laufende Beobachtung des Veränderungsbedarfs sowie die Beauftragung und Umsetzung von Veränderungsprojekten an Platz gewonnen haben. Die Einführung von Qualitätsmanagement z.B. kann eben nicht an Spezialisten delegiert werden. Es braucht Entscheidungsträgerinnen, die sich aktiv und laufend mit dem Veränderungsvorhaben auseinander setzen, Aufträge verhandeln, Zwischenbilanzen ziehen, die nötigen Entscheidungen für den Fortgang eines Projektes treffen sowie für die Umsetzung und Evaluierung von Projektergebnissen sorgen.
Darüber hinaus ist die Führung in allen grundlegenderen Veränderungen selbst sehr involviert, sie kann sich nicht ausklammern. Wenn sich an der Führung nichts ändert, kann sich auch in der Organisation nichts ändern. Im Kern geht es bei den Projekten um einen Musterwechsel in der Steuerungskonzeption, ihr Erfolg oder Misserfolg bemisst sich daran, inwieweit es jeweils gelingt, ein systemisch aufgeklärtes Steuerungsverständnis in die Realität umzusetzen und ihm Bestand zu geben (vgl. hier und in Kapitel I).
Die Fallbeispiele (besonders Kapitel II, III, IV, VI) dokumentieren sehr anschaulich, wie Führungskräfte auf unterschiedlichen Ebenen gefordert sind: als Auftraggeber, als Entscheider im Prozess in der Arbeit eines Steuerkreises und bei der Umsetzung im eigenen Bereich. Sie benennen den Veränderungsbedarf, setzen Anfang und Ende des Projektes fest, sind für die konkrete Ausgestaltung der Projektorganisation verantwortlich und entscheiden über Ausmaß und Auswahl der externen Beratung. Führungskräfte sind gefordert, in Ausgestaltung ihrer Rolle in Projekten von Beginn weg ein Steuerungsmodell zu realisieren, das implizites oder explizites Ziel des Veränderungsvorhabens ist. Das bedeutet in der Grundhaltung der Steuerung: Entschlossenheit im Anliegen und Offenheit in der konkreten inhaltlichen Ausrich-

tung. Offenheit im Ergebnis ermöglicht Partizipation und die Nutzung der Expertise der Mitarbeiterinnen, erzeugt jedoch auch große Unsicherheit. Umso mehr müssen Führungskräfte für Sicherheit im Verfahren und in der Vorgangsweise geben. Die Führungsarbeit in Projekten ist aktive Prozess-Steuerung in allen Phasen des Projektes. Aufträge und Entscheidungen sind prozesshaft zu gestalten.

Veränderungsprojekte etablieren meist auch neue Formen der Zusammenarbeit von Führungskräften in Form von bereichs- und hierarchieübergreifenden Führungsteams und schaffen damit ein Erprobungsfeld für adäquate Steuerungsformen.

Für Expertenbetriebe wie das Krankenhaus tut sich hier ein Engpass auf, der schwer zu managen ist. Veränderungsarbeit ist nicht delegierbar und zugleich sehr anspruchsvoll. Führungskräfte in Expertinnenorganisationen haben neben ihrer Führungstätigkeit wichtige fachliche Aufgaben, die Führungsposition ist meist durch besondere fachliche Expertise legitimiert. Nicht selten wird die organisationsbezogene Führungsarbeit als lästige Ablenkung von der fachlichen Arbeit konnotiert. Wie fachliche Expertise, die für Führungsfunktionen im Krankenhaus eine unabdingbare Voraussetzung darstellt, und qualifizierte „leadership" zu verbinden sind, ist eine bislang noch ungelöste Frage. Sie ist jedoch als zu lösendes Problem mehr in den Vordergrund zu stellen.

- *Projektleiterinnen:* Projektleitung ist eine Schlüsselfunktion des Projektmanagements. Sie vertritt das Projekt nach außen und ist zugleich für die Steuerung nach innen verantwortlich. Im Sinn des entwickelten Steuerungsverständnisses ist es hier entscheidend, in beiden Richtungen, nach außen wie auch nach innen, den Prozess und seine Gestaltung im Auge zu haben. Gegenüber dem Auftraggeber und anderen Entscheidungsinstanzen im Projekt ist darauf zu achten, ausreichend Gelegenheit für Aushandlungsprozesse zu haben und so die Führungskräfte kontinuierlich in den Prozess zu involvieren. Der Auftrag ist als Prozess zunehmender Präzisierung und Abstimmung zu organisieren, inhaltliche Auseinandersetzung muss ebenso eingefordert und durchgesetzt werden wie zeitgerechte Entscheidungen, die das Projekt vorantreiben.

  Die Steuerungsaufgabe gegenüber dem Projektteam inkludiert nicht nur eine transparente Arbeitsplanung und klare Rollenverteilung, sondern der Erfolg hängt ganz wesentlich von der Arbeitsfähigkeit des Teams ab. Der Projektleitung kommt hier die Rolle zu, ausreichend in die soziale Entwicklung des Teams zu investieren.

- *Stabsfunktionen/interne Berater:* Stabstellen für Qualitätsmanagement oder Organisationsentwicklung können als interne Beraterinnen sowohl bei der inhaltlichen Ausrichtung eines Projektes als auch bei der Konzipierung und Steuerung des Projektes wichtige Hilfestellungen geben. Es ist jedoch meist sehr schwierig, aber zugleich notwendig, die beratende Funktion den Koope-

rationspartnern im Projekt zu vermitteln und zu verhindern, Ersatzleistungen
für andere Rollen im Projekt (Auftraggeber, Projektleitung) zu übernehmen.
Speziell gegenüber den Führungskräften ist der Widerspruch zwischen Unterstützung und Loyalität einerseits und der nötigen Eigenständigkeit andererseits zu managen. Fachlich kann viel Know-how im Projektmanagement eingebracht werden: eine Projektarchitektur zu entwerfen, für Partizipation zu
sorgen, vorschnelle Lösungen zu verhindern u.a.

- *Externe Beraterinnen:* Die Fallbeispiele belegen einen sowohl intensiven und
  zugleich sparsamen Einsatz externer Beratung. Eine intelligente Verände-
  rungsstruktur ist sehr anspruchsvoll zu konzipieren und braucht auch im Prozess starken Rückhalt. Je offener der Prozess im Inhalt, desto wichtiger ist
  die Festigkeit in der Struktur des Veränderungsprozesses. Dafür kann externe Unterstützung sehr hilfreich sein. Insbesondere bei der Beratung von Führungskräften sowie bei der Einrichtung und Steuerung von Führungsteams
  kann man sich als Organisation durch externe Berater sehr entlasten.

Lernen in Veränderungsprozessen – Lernen der Organisation

Der „Umgang mit Wissen" ist zweifellos einer der entscheidenden Intelligenz-
faktoren von Organisationen, was ihre Entwicklungs- und Veränderungsfähigkeit betrifft (vgl. Wimmer 2000). Organisationen der Krankenversorgung sind
auf der Ebene der Personen sehr lernfreudige Betriebe. Fachliche Fortbildung
hat einen hohen Stellenwert. Die rasche Umwälzung des Wissens – insbesondere
in der Medizin, aber auch in den anderen involvierten Professionen – und die
Integration des neuen Wissens in die alltägliche Aufgabenerfüllung sind Merkmale der kontinuierlichen Veränderung, die in diesen Organisationen alltäg-
lich zu bewältigen ist.

Die rasante Entwicklung in Medizin und Pflege verlangt eine hohe Investition
in die Fortbildung, um „am Ball" zu bleiben. Bei der Aufgabe, dieses von Individuen erworbene Wissen in die Organisation zu transferieren und dort auch
zu nutzen, zeigen sich deutliche Unterschiede zwischen Krankenhäusern und
Abteilungen. Vielerorts werden Fortbildungen sehr betriebsnah organisiert: Es
wird eine Fallkonferenz organisiert und Vorträge werden in den Alltag eingebaut, mit der Möglichkeit, Fragen der Umsetzung des Gelernten sogleich zu
diskutieren. Anderenorts fehlen solche Praktiken zur Integration neuen Wissens und „Heimkehrerinnen" von Fortbildungen machen die Erfahrung, dass
der Betrieb nicht durch neue, mitgebrachte Ideen und Erkenntnisse gestört werden will. Das bekannte Muster, auf Fortbildungsseminaren zu lernen und dann
das Gelernte individuell in der Organisation umzusetzen, funktioniert nur, wenn

die Organisation von sich aus daran interessiert ist, neue Erkenntnisse aufzugreifen, und dafür organisatorische Rahmenbedingungen schafft.

Organisationskompetenz als Schlüsselqualifikation

So hoch der Stellenwert von Fachwissen im Krankenhaus ist, so wenig zählt das Wissen über die Steuerung und Entwicklung von Organisationen. Es gehört nicht zum anerkannten und etablierten Kernbereich der Wissensbasis. Die im letzten Jahrzehnt intensivierten Bemühungen um die Managementausbildung von Ärzten und Pflegekräften haben daran nicht sehr viel geändert. Die Spitäler, Universitäten und viele andere Expertenbetriebe ignorieren weitgehend die Tatsache, dass die Organisation nicht bloß eine äußere Rahmenbedingung für die fachliche Arbeit darstellt, sondern dass die Organisationsgestaltung sich direkt auf die Qualität der Leistung in Ausbildung, Forschung und Patientinnenversorgung auswirkt und ihr somit inhaltskonstitutive Bedeutung zukommt. Die Fallbeispiele in diesem Buch liefern dafür anschauliche Belege.

Die Expertinnenbetriebe und ihre Führungskräfte stehen gewissermaßen vor der Entscheidung, ob sie das organisationsbezogene Wissen – und das bedeutet vor allem: das notwendige Wissen für die Gestaltung von Veränderungsprozessen – als eine Schlüsselqualifikation anerkennen und gezielte Anstrengungen unternehmen, ihre Führungskräfte, aber auch jene Mitarbeiterinnen zu qualifizieren, die dieses Organisations-Know-how im Betrieb systematisch aufbauen und pflegen. Derzeit ist in Krankenhäusern, an den Universitäten und in den anderen Expertenbetrieben zu beobachten, dass Management- und Organisationsfragen, wenn sie überhaupt thematisiert werden, auf einer sehr personenbezogenen Ebene verhandelt werden: als eine Frage der persönlichen Begabung, des Charismas oder des persönlichen Versagens. Diese Form der Kommunikation über Führungsaufgaben ist sehr kränkungsanfällig und führt zu einer Tabuisierung dieser Themen. Diese Tendenz wird dadurch verstärkt, dass die Expertenorganisationen ein charakteristisches Muster des „Problemexports" hin zu den Personen erkennen lassen. Das gilt auch in der alltäglichen Bewältigung von Organisationsfragen. Einzelne Personen müssen in die Bresche springen und durch Ad-hoc-Interventionen Organisationsmängel ausgleichen, z.B. dort, wo Leistungsprozesse nicht optimal strukturiert und Kompetenz-, Kooperations- sowie Entscheidungsfragen nicht genügend geklärt sind. Dementsprechend werden diese Fragen auch in der vorherrschenden Kommunikationskultur personalisiert. Auf diese Weise immunisiert sich die Organisation auch gegenüber zu starkem Veränderungsdruck.

Dieses Muster wird auch so lange vorherrschen, so lange Management und Organisationsgestaltung nicht als eine Kernkompetenz der Profession angesehen werden. Es spricht viel für die Annahme, dass eine intensivierte Professionalisierung der Organisations- und Führungskompetenz Debatten auch über diese Fragen mit derselben Offenheit und Schärfe führen lässt wie bei medizinischen oder pflegerischen Fachdiskursen, ohne diese hohe Kränkungsanfälligkeit durch Vermeidung oder Tabuisierung auffangen zu müssen.

Im Zusammenhang mit Veränderungsprozessen haben wir es bezogen auf „Lernen" mit zwei Problemfeldern zu tun: Zum einen wird im Krankenhaus Wissen um die Gestaltung von Veränderungsprozessen nicht in derselben Weise als Wissen gesehen wie medizinisches oder pflegerisches Fachwissen. Zum anderen stellt sich die Frage, wie Veränderungswissen in einer Organisation hergestellt werden kann: Wie viel ist davon nötig, was kann an externe Berater delegiert werden? Was muss von den Fachkräften gelernt werden? Braucht es dazu Trainings oder kann und soll dies im Rahmen von Organisationsentwicklungsprozessen gelernt werden? Wie ist das Verhältnis des Lernens von Personen zum Lernen der Organisation zu sehen?

Ein gelungener Implementierungsprozess ist ein hoch anspruchsvoller Lernprozess der Organisation. Diese Kompetenz lässt sich nur beschränkt an Spezialisten delegieren, hier muss das System als System lernen. Externe oder interne Berater, in Organisationsentwicklung geschulte Fachkräfte auf Stabstellen können in der Konzipierung und Prozess-Steuerung von Veränderungen wertvolle Hilfestellungen liefern, sie können jedoch der Organisation den Lernprozess für eine wirksame Veränderung nicht abnehmen. Für die Gestaltung von Veränderungsprozessen werden spezifische Qualifikationen von Mitarbeiterinnen, vor allem aber von Führungskräften gebraucht, z.B. Beispiel Projektmanagement.

Ebenso wenig reichen Trainingsprogramme für Organisationsentwicklung aus. Letztere laufen Gefahr, dass das vermittelte Wissen in den Köpfen der Teilnehmerinnen bleibt und in der Organisation nicht zum Tragen kommt. Organisationen lernen nicht dadurch, dass ihre Mitglieder lernen, sondern dadurch, dass sich ihre Kommunikationsstrukturen weiterentwickeln. Lernprozesse bei den Mitgliedern sind dafür eine wichtige Voraussetzung, aber bei weitem nicht hinreichend.

Die intelligente Organisation fördert personenbezogene Lernprozesse zum Thema Organisationsentwicklung, ist aber auch als Organisation in der Lage, dieses Wissen ihrer Mitglieder zu nutzen. Zugleich werden Organisationsentwicklungsprozesse als Gelegenheiten zum Lernen genutzt. Neue Arbeitsstrukturen, bereichsübergreifende Kooperation in Veränderungsprojekten ermöglichen neue Erfahrungen und Einsichten. Die Fähigkeiten für die Gestaltung der Organisation sind am besten in Organisationsentwicklungsprozessen zu erwerben. Hier können sehr gut maßgeschneiderte Qualifizierungsangebote integriert werden.

Kapitel III schildert anhand einer Einführung von Qualitätsmanagement in Alters- und Krankenheimen die dabei gelungene Verknüpfung von Personal-

und Organisationsentwicklung. Trainingselemente waren in den Organisationsentwicklungsprozess integriert und damit waren Lernen und praktische Anwendung unmittelbar verknüpft. Einem Ausbildungsseminar in Qualitätsmanagement für Qualitätsmoderatorinnen als Start folgte eine Anwendungsphase in den Projektgruppen, diese wiederum wurde durch Praxisblöcke mit supervisorischer Unterstützung begleitet. Damit war der Lernprozess der Einzelpersonen so an die Praxis angeschlossen, dass Personal- und Organisationsentwicklung gleichzeitig und sich wechselseitig fördernd stattfanden.

Supervision und Coaching von Führungskräften und Schlüsselpersonen in Projekten sind eine besonders praxisnahe und wirksame Form der Unterstützung für organisationales Lernen. In dem Fallbeispiel über die Organisationsentwicklung einer onkologischen Abteilung (Kapitel VI) war das Coaching des Abteilungsleiters als Lernsetting von entscheidender Bedeutung und die dominante Form externer Unterstützung.

Förderstrategien für Organisations- und Veränderungswissen

Das Organisations- und Veränderungswissen kann gezielt gefördert und im System verankert werden, wenn parallel zwei Lernstrategien verfolgt werden: die Förderung von Know-how-Trägern sowie die systematische Auswertung von Veränderungsprozessen und Projekterfahrungen.

- *Förderung von Know-how-Trägern:* Durch geeignete Ausbildungen sind Personen zu qualifizieren, die Kompetenzen zur Gestaltung von Veränderungsprozessen in die Organisation einbringen und sich im Dienste der jeweiligen Organisationseinheit darauf spezialisieren.

- *Führungskräfte* sind hier als erste Zielgruppe zu nennen. Ihre Rolle im Kontext von Veränderungsprojekten wurde schon beschrieben (siehe oben). Um diese Rolle adäquat wahrnehmen zu können, brauchen sie selbst ein gerüttelt Maß an Wissen und Kompetenz um die Gestaltung von Veränderungsprozessen.

- *Stabsfunktionen:* Diese Know-how-Träger können in Stellen und sozialisierten Rollen für Organisationsentwicklung, Projektmanagement und Qualitätsmanagement angesiedelt sein und von dort aus beratend und unterstützend für die operativen Einheiten wirksam werden. Die Q-Moderatorinnen im Qualitätsentwicklungsprojekt der Stadt Zürich (Kapitel III) sind ein innovatives Beispiel für solche Know-how-Träger.

- *Mitarbeiterinnen:* Die Erfahrungen aus der Organisationsentwicklung zeigen, dass es besonders wichtig ist, auch in den unmittelbaren Leistungseinheiten, im Alltagsgeschäft über solche Know-how-Träger zu verfügen, die z.B. die Definition und Strukturierung von Projekten unterstützen, Projektgruppenleitungen oder spezielle Moderationsfunktionen in Projektveranstaltungen übernehmen und Teamentwicklung betreiben können. Es braucht Organisationskompetenz innerhalb eines Arbeitssystems, einer Klinik oder einer Abteilung, sehr eng gekoppelt an die jeweilige fachliche Aufgabe, vertraut mit der Arbeitsweise und der Arbeitskultur des Systems und vertreten durch Personen, die das Vertrauen der Führungskräfte und der Kollegen genießen. Auch die Wirksamkeit von Fachkräften in Stabsfunktionen der Gesamtorganisation ist wesentlich davon abhängig, ob sie innerhalb der jeweiligen Organisationseinheiten und Leistungsprozesse kompetente Ansprechpartner finden.

Der Know-how-Aufbau dieser Schlüsselpersonen kann durch Teilnahme an Trainingsprogrammen, durch Vernetzung mit vergleichbaren Rollenträgern anderer Betriebe in gemeinsamen Praxisberatungs- oder Supervisionsgruppen sowie durch Studienreisen und Besuche in anderen Organisationen erfolgen. Ein stabiles Netzwerk von Personen mit vergleichbaren Rollen – intern und extern geknüpft – ist sicher ein wesentliches Medium der fachlichen Stützung und der Professionalisierung, vor allem, wenn die Tätigkeit schwerpunktmäßig im Bereich der Organisationsentwicklung angesiedelt ist.

- *Systematische Auswertung von Veränderungsprozessen und Projekterfahrungen:* Durch die Qualifizierung von Personen, so unentbehrlich sie ist, wird nur Know-how bei Personen aufgebaut. Organisationales Wissen entsteht, wenn mit Unterstützung dieser Know-how-Träger die Themen der Organisationsentwicklung in etablierte Kommunikationen der Organisation Eingang finden und dort bearbeitet werden. Dazu eignen sich Review-Meetings von Projekten, in denen nicht nur Ergebnisse berichtet, sondern die Veränderungsarbeiten selbst reflektiert werden. Für diese Art von Wissensgenerierung und Know-how-Transfer eignen sich geschützte Kontexte wie etwa Beratungsgruppen, in denen Projektleiterinnen mit beraterischer Unterstützung neuralgische Punkte lösungsorientiert reflektieren.

In solchen Settings kann Erfahrung weitergegeben und gemeinsam spezielles Organisationswissen generiert werden. Aber auch Großgruppenveranstaltungen, bei denen mit unterschiedlichen dialogischen Arbeitsformen eine große Zahl von Personen Veränderungsthemen diskutieren kann wie z.B. die „Q-Tage" des Gesundheits- und Umweltdepartements der Stadt Zürich (vgl. Kapitel III), oder interne und externe Benchmarking-Workshops können die organisatorische Verbreiterung und Verankerung von Veränderungs-Know-how fördern.

Zweifellos macht es Sinn, methodisches Know-how, Instrumente, Projektergebnisse und auch Lernerfahrungen aus Veränderungsprozessen in speziellen Datenbanken zu speichern und anderen Teilen der Organisation oder Kooperationspartnern zugänglich zu machen. Gleichzeitig zeigt die Erfahrung aus der Organisationsberatung, dass die wirklich lernträchtigen Erfahrungen nur in geeigneten Formen der direkten Kommunikation zugänglich werden. Die gespeicherten Informationen werden erst durch die gemeinsame Einordnung in einen Erfahrungskontext zu Organisationswissen. Daher kommt den skizzierten Kommunikationsarrangements ein besonderer Stellenwert für die Entwicklung organisationaler Intelligenz zu.

Alle angesprochenen Kommunikationen bleiben relativ wirkungslos für die Veränderungsfähigkeit der Organisation, wenn das Lernen nicht auch in den etablierten Alltagskommunikationen stattfindet: in Besprechungen, Sitzungen und Klausuren. Erst wenn die Organisation sich auch im Alltag kontinuierlich in ihrer Arbeitsweise zu beobachten und auszuwerten beginnt und dazu entsprechendes Know-how in den Routinesitzungen anwendet, ist Organisationswissen etabliert.

Graz und Wien im Mai 2002   Ralph Grossmann, Klaus Scala

Literatur

Ahlemeyer, H. W./Königswieser, R. (Hrsg.) (1998): Komplexität managen. Wiesbaden: Gabler

Badura, B./Feuerstein, G. (1994): Systemgestaltung im Gesundheitswesen. Zur Versorgungskrise der hochtechnisierten Medizin und den Möglichkeiten ihrer Bewältigung. Weinheim – München: Juventa

Badura, B./Feuerstein, G./Schott, T. (Hrsg.) (1993): System Krankenhaus. Arbeit, Technik und Patientenorientierung. Weinheim – München: Juventa

Bachner, U. (1999): Qualitätsmanagement im Krankenhaus. Praxishandbuch zur Einführung eines Qualitätsmanagementsystems. Hannover: Schlütersche/VSB

Bellabarba, J./Schnappauf, D. (Hrsg.) (1996): Organisationsentwicklung im Krankenhaus. Göttingen – Stuttgart: Verlag für Angewandte Psychologie

Beule, G./Drolshagen, C. (1997): Grundsätzliche Aspekte zur Beratung und Weiterbildung in kirchlichen Systemen. In: Organisationsentwicklung, 2/1997, S. 26-35

Conrad, H. J. (2001): Balanced Scorecard als modernes Management-Instrument im Krankenhaus. Kulmbach: Baumann-Fachverlag

Damkowski, W./Meyer-Pannwitt, U./Precht, C. (2000): Das Krankenhaus im Wandel. Konzepte, Strategien, Lösungen. Stuttgart – Berlin – Köln: Kohlhammer

Deszy, J./Schwanzer, H. (1993): Einführung in das Krankenanstaltenmanagement. Der Betrieb Krankenhaus und seine Stellung im Gesundheitswesen. Wien – New York: Springer

DiD (2000): Diakonie In Düsseldorf, Leben im Alter: Verkaufsstatistik Organisations-Kultur des Sterbens. Mai 1998 – Mai 2000. Düsseldorf

Domayer, E. (1998): Potential- und Strategieorientierte Managemententwicklung. In: Organisationsentwicklung, 3/1998, S. 74-84

Dörner, D. (1997): Die Logik des Misslingens. Strategisches Denken in komplexen Situationen. Reinbek bei Hamburg: Rowohlt

Ebner, H./Heimerl-Wagner, P. (1996): Handhabung von Veränderungsprozessen in Gesundheitsorganisationen. In: Heimerl-Wagner, P./Köck, C. M. (Hrsg.): Management in Gesundheitsorganisationen. Strategien, Qualität, Wandel. Wien: Ueberreuter, S. 379-446

Ebner, H./Köck, C. M. (1996): Qualität als Wettbewerbsfaktor für Gesundheitsorganisationen. In: Heimerl-Wagner, P./Köck, C. M. (Hrsg.): Management in Gesundheitsorganisationen. Strategien, Qualität, Wandel. Wien: Ueberreuter, S. 72-101

Eichhorn, S./Schmidt-Rettig, B. (Hrsg.) (2001): Krankenhausmanagement. Zukünftige Struktur und Organisation der Krankenhausleitung. (Beiträge zur Gesundheitsökonomie, 32.) Stuttgart – New York: Schattauer

Freundlieb, A./Wolff, S. (1999): Evaluation. In: Pelikan, J. M./Wolff, S.: Das Gesundheitsfördernde Krankenhaus. Weinheim: Juventa, S. 80-91

Gerteis, M./Edgman Levitan, S./Daley, J./Delbanco, T. (1993): Through the Patients' Eyes. Introduction. San Francisco: Jossey-Bass, S. 1-18

Gesundheits- und Umweltdepartement der Stadt Zürich (2000): Projekt Qualitätssicherung in Alters- und Krankenheimen der Stadt Zürich. Dokumentation. Beratungsprojekt Ralph Grossmann. Zürich

Glaser, B. G./Strauss, A. (1998): Grounded Theory. Strategien qualitativer Forschung. Göttingen – Bern: Huber

Gorschlüter, P. (2001): Das Krankenhaus der Zukunft. 2. überarb. Aufl. Stuttgart: Kohlhammer

Grossmann, R. (1993a): Leitungsfunktionen und Organisationsentwicklung im Krankenhaus. In: Badura, B./Feuerstein, G./Schott, T. (Hrsg.): System Krankenhaus. Arbeit, Technik und Patientenorientierung. Weinheim – München: Juventa, S. 301-321

Grossmann, R. (1993b): Organisationsberatung im Krankenhaus. In: WBO-Team (Hrsg.): Krankenhaus als soziales System. Hildesheim: Franzbecker

Grossmann, R. (1994): Organisationsentwicklung im Krankenhaus im Interesse eines humanen Sterbens. In: Heller, A. (Hrsg.): Kultur des Sterbens. Bedingungen für das Lebensende gestalten. Freiburg i. Br.: Lambertus, S. 83-110

Grossmann, R. (1995a): Die Selbstorganisation der Krankenhäuser. Ein Schlüssel für die Organisationsentwicklung im „Gesundheitswesen". In: Grossmann, R. et al. (Hrsg.): Veränderung in Organisationen. Management und Beratung. Wiesbaden: Gabler, S. 55-78

Grossmann, R. (1995b): Das Krankenhaus auf dem Weg zur „lernenden Organisation". Zum Verhältnis von Qualifizierung und Organisationsentwicklung. In: Gruppendynamik, 2/1995, S. 203-222

Grossmann, R. (1995c): Teamarbeit im Krankenhaus. In: Frischenschlager, O. et al. (Hrsg.): Lehrbuch der Psychosozialen Medizin. Grundlagen der Medizinischen Psychologie, Psychosomatik, Psychotherapie und Medizinischen Soziologie. Wien – New York: Springer, S. 900-917

Grossmann, R. (1997): Supervision im Krankenhaus. In: Scala, K./Grossmann, R.: Supervision in Organisationen. Weinheim – München: Juventa, S. 159-198

Grossmann, R./Heller, A. (1997): Leiten im Krankenhaus – eine qualitätssichernde Dienstleistung. In: Besser Billiger Mehr – Zur Reform der Expertenorganisationen Krankenhaus, Schule, Universität. Hrsg.: Grossmann, R. (iff Texte, 2.) Wien – New York: Springer, S. 62-67

Grossmann, R./Krainz, E./Oswald, M. (Hrsg.) (1995): Veränderung in Organisationen. Management und Beratung. Wiesbaden: Gabler

Grossmann, R./Pellert, A./Gotwald, V. (1997): Expertenorganisationen Krankenhaus, Schule, Universität: Charakteristika und Optimierungspotentiale. In: Besser Billiger Mehr – Zur Reform der Expertenorganisationen Krankenhaus, Schule, Universität. Hrsg.: Grossmann, R. (iff Texte, 2.) Wien – New York: Springer, S. 24-35

Grossmann, R./Prammer, K. (1995): Reorganisation eines OP-Betriebs. Zur Überarbeitung zentraler Geschäftsprozesse im Krankenhaus. In: Organisationsentwicklung, 3/1995, S. 14-26

Grossmann, R./Scala, K. (1996): Lernen von Personen zur Entwicklung von Organisationen. In: Grossmann, R. (Hrsg.): Gesundheitsförderung und Public Health. Öffentliche Gesundheit durch Organisation entwickeln. Wien: Facultas, S. 377-409

Grossmann, R./Scala, K. (2001): Gesundheit durch Projekte fördern. Ein Konzept zur Gesundheitsförderung durch Organisationsentwicklung und Projektmanagement. 3. Aufl. Weinheim – München: Juventa

Grossmann, R./Wimmer, R. (1993): Informationsmaterial zum Mitarbeitergespräch für die Kammer für Arbeiter und Angestellte Oberösterreich. (Interne Broschüre.) Linz

Grossmann, R./Zepke, G. (1999): Das Mitarbeitergespräch als Führungsinstrument im Krankenhaus. Was leistet das Instrument und wie kann es in einer großen Gesundheitsorganisation implementiert werden? In: Organisationsentwicklung, 4/1999, S. 44-56

Grottenthaler, H./Schwendenwein, J. (1998): Zur Situation interner Berater. In: Dalheimer, V./Krainz, E./Oswald, M. (Hrsg.): Change Management auf Biegen und Brechen? Wiesbaden: Gabler, S. 117-128

Grundböck, A./Nowak, P./Pelikan, J. M. (Hrsg.) (1997): Gesundheitsförderung – eine Strategie für Krankenhäuser im Umbruch. Projekte aus Österreich und Deutschland. Wien: Facultas

Haeske-Seeberg, H. (2001): Handbuch Qualitätsmanagement. Stuttgart – Berlin – Köln: Kohlhammer

Heimerl, K. (2000): Lebensqualität bis zuletzt. Integrierte Palliative Versorgung. In: Heller, A./Heimerl, K./Metz, C. (Hrsg.): Kultur des Sterbens. Bedingungen für das Lebensende gestalten. Freiburg i. Br.: Lambertus, S. 149-161

Heimerl, K./Heller, A. (1997): Systemische Evaluation. In: Besser Billiger Mehr – Zur Reform der Expertenorganisationen Krankenhaus, Schule, Universität. Hrsg.: Grossmann, R. (iff Texte, 2.) Wien – New York: Springer, S. 78-79

Heimerl, K./Heller, A. (Hrsg.) (2001): Eine große Vision in kleinen Schritten. Aus Modellen der Hospiz- und Palliativbetreuung lernen. Freiburg i. Br.: Lambertus

Heimerl, K./Heller, A./Zepke, G./Zimmermann-Seitz, H. (1998): OrganisationsKultur des Sterbens. Das DiD-IFF-Projekt. Hrsg.: Diakonie in Düsseldorf

Heimerl-Wagner, P./Köck, C. M. (1996): Management in Gesundheitsorganisationen. Wien: Ueberreuter

Heintel, P. (1998): Thesen zur Rolle des internen Beraters aus externer Perspektive. In: Organisationsentwicklung, 2/1998, S. 42-51

Heintel, P./Krainz, E. E. (1994): Projektmanagement. Eine Antwort auf die Hierarchiekrise? 3. Aufl. Wiesbaden: Gabler

Heitger, B./Jarmai, H. (1998): „Wirklich ist, was wirkt". Unveröffentlichtes Manuskript zum gleichnamigen Workshop. Wien: Beratergruppe Neuwaldegg

Heller, A. (1998): Wie werden (nicht nur) Krankenhäuser intelligentere Organisationen. In: caritas, H. 5, Jg. 99/1998, S. 208-220

Heller, A. (Hrsg.) (2000): Kultur des Sterbens. Bedingungen für das Lebensende gestalten. 2. erw. Aufl. Freiburg i. Br.: Lambertus

Heller, A./Heimerl, K./Husebö, S. (Hrsg.) (1999): Wenn nichts mehr zum machen ist, ist noch viel zu tun. Wie alte Menschen würdig sterben können. Freiburg i. Br.: Lambertus

Hildebrand, R. (2001): Das bessere Krankenhaus. Total Quality planen, umsetzen, managen. 2. aktualis. Aufl. Neuwied: Luchterhand

Hinkel, N./Schmitt, M. I. (1993): Organisations- und Kulturentwicklung im Krankenhaus. In: Organisationsentwicklung, 1/1993, S. 26-39

Hoefert, H.-W. (1997): Führung und Management im Krankenhaus. Göttingen – Stuttgart: Verlag für Angewandte Psychologie

Höhn, C./Schwarz, K. (1994): Lebenserwartung in Deutschland heute und morgen – und die Folgen. In: Imhof, A./Weinknecht, R. (Hrsg.): Erfüllt leben – in Gelassenheit sterben. Geschichte und Gegenwart. Beiträge eines interdisziplinären Symposiums vom 23.-25. November an der FU Berlin. Berlin

Hungenberg, H. (1992): Die Aufgaben der Zentrale. Ansatzpunkte zur zeitgemäßen Organisation der Unternehmensführung in Konzernen. In: Zeitschrift Führung + Organisation, 6/1992, S. 341-354

Iding, H. (2000): Hinter den Kulissen der Organisationsberatung. Qualitative Fallstudien von Beratungsprozessen im Krankenhaus. Opladen: Leske + Budrich

Janes, A./Prammer, K. (1996): Gestaltung von Entgeltsystemen aus systemischer Perspektive. In: Conecta (Hrsg.): 20 Jahre Wiener Schule der Organisationsberatung. Wien: Conecta, S. 217-242

Janes, A./Prammer, K./Schulte-Derne, M. (1996): Outsourcing – Im Spannungsfeld zwischen internen und externen Märkten. In: Conecta (Hrsg.): 20 Jahre Wiener Schule der Organisationsberatung. Wien: Conecta, S. 107-120

Janes, A./Prammer, K./Schulte-Derne, M. (2001): Transformationsmanagement. Organisationen von innen verändern. Wien – New York: Springer

Janes, A./Schulte-Derne, M. (1996): Entwicklung und Irritation einer hierarchiegeprägten Unternehmenskultur durch hochintegriertes Projektmanagement. In: Conecta (Hrsg.): 20 Jahre Wiener Schule der Organisationsberatung. Wien: Conecta, S. 167-177

Kasper, H. (1987): Organisationskultur. Über den Stand der Forschung. Wien: Service, Fachverl. an der Wirtschaftsuniversität

Kasper, H. (1995): Vom Management der Organisationskulturen zur Handhabung lebender sozialer Systeme. In: Kasper, H. (Hrsg.): Post-Graduate-Management-Wissen. Schwerpunkte des Führungskräfteseminars der Wirtschaftsuniversität Wien. Wien, S. 193-228

Kasper, H./Heimerl-Wagner, P. (1993): Organisation. In: Kasper, H./Mayrhofer, W. (Hrsg.): Management-Seminar Personal, Führung, Organisation. Wien: Ueberreuter, S. 1-157

Katzenbach, J. R. (1998): Muß auf der Chefetage ein Team agieren? In: Harvard Business Manager, 3/1998, S. 9-17

Köck, C. M. (o.J.): Wie lassen wir sterben? In: Enquete Geriatriezentrum am Wienerwald. Dachverband „Menschenwürde bis zuletzt". Wie gehen wir mit dem Sterben um? Ethik in Institutionen – Illusion und Realität. Wien, S. 62-75

Köck, C. M. (1997): Qualitätsmanagement. In: Peters, S. H. F./Schär, W. (Hrsg.): Betriebswirtschaft und Management im Krankenhaus. Berlin: Ullstein-Mosby, S. 206-220

Köck, C. M./Ebner, H. (1994): Qualitätsmanagement im Krankenhaus. Kriterien und Abgrenzung erfolgreicher Qualitätsverbesserung. In: Zapotoczky, K./Grausgruber, A./Mechtler, R. (Hrsg.): Gesundheit im Brennpunkt. Bd 4: Anforderungen und Leistungen. Linz: Veritas, S. 51-61

König, E./Volmer, G. (1996): Systemische Organisationsberatung. Grundlagen und Methoden. 4. überarb. Aufl. Weinheim: Deutscher Studien Verlag

König, E./Volmer, G. (1997): Praxis der systemischen Organisationsberatung. Weinheim: Deutscher Studien Verlag

Königswieser, R./Exner, A. (2000): Systemische Intervention. Architekturen und Designs für Berater und Veränderungsmanager. Stuttgart: Klett Cotta

Königswieser, R./Beratergruppe Neuwaldegg/Cichy, U./Jochum, G. (2001): SIM*salabim* Veränderung ist keine Zauberei. Systemisches IntegrationsManagement. Stuttgart: Klett Cotta

Lauterbach, K. W./Schrappe, M. (Hrsg.) (2001): Gesundheitsökonomie, Qualitätsmanagement und Evidence-based Medicine. Stuttgart: Schattauer

Liebelt, J. (1999): Angewandtes Qualitätsmanagement. Gesundheitseinrichtungen als lernende Organisation. Wien – New York: Springer

Lobnig, H./Nowak, P./Pelikan, J. M. (1999): Die Umsetzung der Vision des Gesundheitsfördernden Krankenhauses. Projektmanagement, Organisationsentwicklung und Networking. In: Pelikan, J. M./Wolff, S. (Hrsg.): Das gesundheitsfördernde Krankenhaus. Konzepte und Beispiele zur Entwicklung einer lernenden Organisation. Weinheim – München: Juventa, S. 51-66

Managed Care. Schweizer Zeitschrift für Managed Care und Care Management. Neuhausen

Mingers, G. (1999): Wissensmanagement praktisch – Handlungsfelder rund um die Grundpfeiler des Unternehmens. In: Hernsteiner. Fachzeitschrift für Management Entwicklung, 3/1999, S. 24-27

Mintzberg, H. (1983): Structure in fives. Designing effective organizations. Englewood Cliffs: N. J. Prentice Hall

Mintzberg, H. (1992): Die Mintzberg-Struktur. Organisationen effektiver gestalten. Landsberg/Lech: Verlag Moderne Industrie

Mintzberg, H. (1999): Profis bedürfen sanfter Führung. In: Harvard Business Manager, 3/1999, S. 9-16

Morgan, G. (1986): Images of organization. Beverly Hills: Sage

Nagel, R./Oswald, M./Wimmer, R. (1999): Das Mitarbeitergespräch als Führungsinstrument. Ein Handbuch der OSB für Praktiker. Stuttgart: Klett-Cotta

Novak-Zezula, S./Nowak, P./Peinhaupt, C./Pelikan, J. M. (2001): Qualitätsentwicklung durch Benchmarking zwischen Krankenhäusern. In: Organisationsentwicklung, 3/2001, S. 26-41

Nowak, P./Pelikan, J. M./Lobnig, H. (1994): Organisationsentwicklung einer Krankenhausstation. In: Organisationsentwicklung, 3/1994, S. 12-22

Orendi, B. (1993): Veränderung der Arbeitssituation im Krankenhaus: Systemisch denken und handeln. In: Badura, B./Feuerstein, G./Schott, T.: System Krankenhaus. Arbeit, Technik und Patientenorientierung. Weinheim – München: Juventa, S. 137-160

Ovretveit, J.: (1998): Evaluating Health Interventions. Buckingham: Open University Press

Pelikan, J. M. (1993): Krankenhaus in den 90er Jahren. In: WBO-Team (Hrsg.): Krankenhaus als soziales System. Hildesheim: Franzbecker

Pelikan, J. M./Grossmann, R./Dalheimer, V. (1992): „Neue Wege" der Organisationsberatung im Krankenhaus am Beispiel des WHO-Modellprojektes „Gesundheit und Krankenhaus". In: Wimmer, R. (Hrsg.): Organisationsberatung. Neue Wege und Konzepte. Wiesbaden: Gabler, S. 285-322

Pelikan, J. M./Nowak, P./Lobnig, H. (1996): Das Krankenhaus auf dem Weg zu einer gesundheitsfördernden Organisation. In: Grossmann, R. (Hrsg.): Gesundheitsförderung und Public Health. Öffentliche Gesundheit durch Organisation entwickeln. Wien: Facultas, S. 148-170

Pelikan, J. M./Wolff, S. (Hrsg.) (1999): Das gesundheitsfördernde Krankenhaus. Konzepte und Beispiele zur Entwicklung einer lernenden Organisation. Weinheim – München: Juventa

Pietsch-Breitfeld, B. (1999): Qualitätsmanagement in Gesundheitsorganisationen. Konzept, Evaluation und Konzept der Evaluation. St. Augustin: Asgard Verl.

Pira, A. (1999): Umfassendes Qualitätsmanagement im Spital. Das EFQM-Modell als Basis. Zürich: VDF Hochschulverlag

Scala, K. (1995): Settings für Supervision im Krankenhaus. In: Gruppendynamik. Forschung und Praxis, 26. Jg., H. 2, S. 169-181

Scala, K. (1997a): Intervention. In: Wie wird Wissen wirksam? Hrsg.: Grossmann, R. (iff Texte, 1.) Wien – New York: Springer, S. 104-105

Scala, K. (1997b): Organisationsentwicklung. In: Wie wird Wissen wirksam? Hrsg.: Grossmann, R. (iff Texte, 1.) Wien – New York: Springer, S. 105-106

Scala, K. (1997c): Steuerung. In: Besser Billiger Mehr – Zur Reform der Expertenorganisationen Krankenhaus, Schule, Universität. Hrsg.: Grossmann, R. (iff Texte, 2.) Wien – New York: Springer, S. 101-103

Scala, K./Grossmann, R. (1997): Supervision in Organisationen. Veränderungen bewältigen – Qualität sichern – Entwicklung fördern. Weinheim – München: Juventa

Schedler, K./Proeller, I. (2000): New Public Management. Bern – Stuttgart – Wien: UTB

Schein, E. H. (1995): Wie können Organisationen schneller lernen? Die Herausforderung, den grünen Raum zu betreten. In: Organisationsentwicklung, 3/1995, S. 4-13

Schubert, H. J./Zink, K. J. (Hrsg.) (2001): Qualitätsmanagement im Gesundheits- und Sozialwesen. Neuwied: Luchterhand

Schwendenwein, J. (1999): Wenn sich Gegensätze anziehen – Teamarbeit und Führung. In: Gruppendynamik, 1/1999, S. 51-68

Senge, P. M. (1996): Die fünfte Disziplin. Kunst und Praxis der lernenden Organisation. Stuttgart: Klett-Cotta

Simon, F. B./Conecta (1992): Radikale Marktwirtschaft. Heidelberg: Auer

Wagemann, R. (1998): Kritische Erfolgsfaktoren bei der Schaffung von erfolgreichen eigenverantwortlichen Teams. (Foliensatz Vortrag)

Wagner, E. (1999): Training und Personalentwicklung: Systematisches Lernen in Organisationsentwicklungsprojekten. In: Pelikan, J. M./Wolff, S. (Hrsg.): Das gesundheitsfördernde Krankenhaus. Konzepte und Beispiele zur Entwicklung einer lernenden Organisation. Weinheim – München: Juventa, S. 67-79

WBO-Team (Hrsg.) (1993): Krankenhaus als soziales System. Hildesheim: Franzbecker

wif!-Projekt LORAS (1998): Outcome-Projekt Schlussbericht. Publik 2. Hrsg.: Gesundheitsdirektion des Kantons Zürich

wif!-Projekt LORAS (1999): Outcome 98. Publik 6. Hrsg.: Gesundheitsdirektion des Kantons Zürich

Willke, H. (1987): Strategie der Intervention in soziale Systeme. In: Luhmann, N./Baecker, D. (Hrsg.): Theorie als Passion. Frankfurt – New York: Suhrkamp, S. 333-361

Willke, H. (1997): Supervision des Staates. Frankfurt – New York: Suhrkamp

Willke, H. (1998): Systemtheorie 3: Steuerungstheorie. Stuttgart: UTB

Willke, H. (1999²): Systemtheorie 2: Interventionstheorie. Grundzüge einer Theorie der Intervention in komplexe Organisationen. Stuttgart: UTB

Wimmer, R. (1989a): Die Steuerung komplexer Organisationen. Ein Reformulierungsversuch aus systemischer Sicht. In: Sandner, K. (Hrsg.): Politische Prozesse in Unternehmen. Berlin – Heidelberg – New York: Springer, S. 131-156

Wimmer, R. (1989b): Ist Führen erlernbar? Oder warum investieren Unternehmen in die Entwicklung ihrer Führungskräfte? In: Gruppendynamik, 1/1989, S. 13-41

Wimmer, R. (1992): Was kann Beratung leisten? Zum Interventionsrepertoire und Interventionsverständnis der systemischen Organisationsberatung. In: Wimmer, R. (Hrsg.): Organisationsberatung. Neue Wege und Konzepte. Wiesbaden: Gabler, S. 59-111

Wimmer, R. (1993a): Zur Eigendynamik komplexer Organisationen. Sind Unternehmungen mit hoher Eigendynamik noch steuerbar? In: Fatzer, G. (Hrsg.): Organisationsentwicklung für die Zukunft. Ein Handbuch. Köln: Junfermann, S. 255-308

Wimmer, R. (1993b): Der systemische Ansatz – mehr als eine Modeerscheinung? In: Schmitz, C./Gester, P./Heitger, B. (Hrsg.): Managerie I: Jahrbuch für systemisches Denken und Handeln im Management. Heidelberg: Auer, S. 70-104

Wimmer R. (1995): Die permanente Revolution. Aktuelle Trends in der Gestaltung von Organisationen. In: Grossmann, R. et al. (Hrsg.): Veränderung in Organisationen. Management und Beratung. Wiesbaden: Gabler, S. 21-42

Wimmer, R. (1996): Die Zukunft von Führung. Brauchen wir noch Vorgesetzte im herkömmlichen Sinn? In: Organisationsentwicklung, 4/1996, S. 46-57

Wimmer, R. (1999): Wider den Veränderungsoptimismus. Zu den Möglichkeiten und Grenzen einer radikalen Transformation von Organisationen. In: Soziale Systeme. Systemtheorie für Wirtschaft und Unternehmen. Zeitschrift für soziologische Theorie, 1/1999, S. 159-180

Wimmer, R. (2000): Wie lernfähig sind Organisationen? Zur Problematik einer vorausschauenden Selbsterneuerung sozialer Systeme. In: Stahl, H. K./Hejl, P. M. (Hrsg.): Management und Wirklichkeit. Heidelberg: Auer, S. 265-293

Witschi, U./Schlager, G./Scheutz, U. (1998): Projektmanagement in komplexer werdenden Situationen. Vom Nutzen des systemischen Ansatzes beim Projektmanagement. In: Organisationsentwicklung, 1/1998, S. 76-87

Wolff, S. (1993): Soziale Modernisierung in Krankenhäusern. In: WBO-Team (Hrsg.): Krankenhaus als soziales System. Hildesheim: Franzbecker

Zauner, A. (1997): Von Solidarität zu Wissen: Nonprofit-Organisationen in systemtheoretischer Sicht. In: Badelt, C. (Hrsg.): Handbuch der Nonprofit-Organisationen. Stuttgart: Schäffer-Poeschel, S. 103-119

Zepke, G. (1997): Patienten, Schüler und Studenten: Klienten, Mitarbeiter oder Kunden? Kundenorientierung im Non-Profitbereich. In: Besser Billiger Mehr – Zur Reform der Expertenorganisationen Krankenhaus, Schule, Universität. Hrsg.: Grossmann, R. (iff Texte, 2.) Wien – New York: Springer, S. 36-38

Ralph Grossmann, Jg. 1949, Dr. jur., O. Universitätsprofessor für Organisationsentwicklung, seit 1981 wissenschaftliche Tätigkeit am IFF/Institut für Interdisziplinäre Forschung und Fortbildung, Leiter der Abteilung Organisationsentwicklung – Das Öffentliche organisieren, arbeitet als Organisationsberater und Coach; Lehrtrainer, Lehrberater und Vorstandsmitglied der Österreichischen Gesellschaft für Gruppendynamik und Organisationsberatung.

Klaus Scala, Jg. 1945, Dr. phil., Universitätsprofessor für Gruppendynamik und Supervision, seit 1987 wissenschaftliche Tätigkeit am IFF/Institut für Interdisziplinäre Forschung und Fortbildung, Leiter des Zentrums für soziale Kompetenz an der Universität Graz, arbeitet als Organisationsberater und Supervisor. Lehrtrainer der Österreichischen Gesellschaft für Gruppendynamik und Organisationsberatung.

Katharina Heimerl, Jg. 1961, Dr. MPH, Medizin, Gesundheitswissenschaft, IFF/Institut für Interdisziplinäre Forschung und Fortbildung, Abteilung Palliative Care und OrganisationsEthik, Lehrbeauftragte am IFF; wissenschaftliche Mitarbeiterin am Institut für Pflege und Gesundheitssystemforschung, PatientInnenorientierung, Systemische Evaluation und Organisationsentwicklungsforschung.

Andreas Heller, Jg. 1956, Univ.-Prof., Dr. MA, Theologie, Ethik, Sozialwissenschafts- und Organisationsentwicklung, Leiter der Abteilung Palliative Care und OrganisationsEthik am IFF/Institut für Interdisziplinäre Forschung und Fortbildung, Organisationsberater.

Georg Zepke, Jg. 1967, Mag., Psychologe, Unternehmensberater, Trainer und Organisationswissenschaftler, Universitätslektor an der Universität Graz, Mitglied der ÖGGO.